U0964165

应用型财经专业基础课系列教材

金融学理论与实训

（第二版）

白玮炜　高　西　石　磊　主编

对外经济贸易大学出版社
中国·北京

图书在版编目（CIP）数据

金融学理论与实训 / 白玮炜，高西，石磊主编. —2版. —北京：对外经济贸易大学出版社，2023.1 （2023.9重印）
应用型财经专业基础课系列教材
ISBN 978-7-5663-2470-2

Ⅰ. ①金… Ⅱ. ①白… ②高… ③石… Ⅲ. ①金融学–高等学校–教材 Ⅳ. ①F830

中国国家版本馆 CIP 数据核字（2023）第 000280 号

金融学理论与实训（第二版）

白玮炜 高 西 石 磊 主编
责任编辑：高 卓

出版发行：对外经济贸易大学出版社
社 址：北京市朝阳区惠新东街 10 号
网 址：www.uibep.com
资源网址：www.uibepresources.com
邮政编码：100029
邮购电话：010－64492338
发行部电话：010－64492342
E-mail：uibep@126.com

成品尺寸：185mm×260mm
印 张：16.5
字 数：371 千字
ISBN 978-7-5663-2470-2
印 刷：北京市泰锐印刷有限责任公司
版 次：2023 年 1 月北京第 2 版
印 次：2023 年 9 月第 2 次印刷
定 价：45.00 元

前　　言

金融是现代经济的核心，是实体经济的血脉，是国家重要的核心竞争力。金融安全是国家安全的重要组成部分，金融制度是经济社会发展中重要的基础性制度。习近平总书记高度重视经济金融工作，在多个重要场合对做好金融工作给出重要指示。党的二十大报告中关于“深化金融体制改革，建设现代中央银行制度，加强和完善现代金融监管，强化金融稳定保障体系，依法将各类金融活动全部纳入监管，守住不发生系统性风险底线”的论述对我国金融工作开展提出了更高水平、更现代化的要求，为新征程下金融事业高质量发展提供了根本遵循和行动指南。

随着绿色金融服务的发展和大数据技术在金融领域的广泛应用，既具有坚实理论基础，又具有较强实务操作能力的金融人才越来越被社会所需要。为了适应现代金融学课程专业教学和学生学习的特点，我们结合多年授课经验，编写了这本教材。

本教材的主要内容：微观金融，包括货币与货币制度，信用、利息与利率，金融市场，金融机构，商业银行，中央银行；宏观金融，包括货币需求、货币供给、通货膨胀与通货紧缩、货币政策、金融监管。既有详细的理论分析，又有对应的案例和实训。

本教材的特点和优势表现为：

第一，在教材内容的选择上，注意知识的系统性与重点性、前沿性与基础性、理论性与应用性的结合。突出原理，注重实用，简明扼要，通俗易懂。

第二，在教材体系的安排上，注重知识的内在逻辑和循序渐进，以便于学生理解和掌握。

第三，注意联系中国实际，坚持理论与现实相结合，不仅加深对国际纷繁复杂的金融现象的理解和分析，而且结合我国金融改革实践，对原理加以阐述，使学生在系统掌握金融学基础理论的同时，了解金融最新发展动态。

第四，注重对学生实训能力的培养。每章都有案例和实训的内容，丰富学生的知识体系，便于培养学生分析问题和解决问题的能力。

本教材为集体编写和团队合作的产物。白玮炜老师编写大纲、第六章，石磊老师编写第一、二、三章，李丹捷老师编写第四、七、九、十章，高嘉璘老师编写第五章，高西老师编写第八章，滕跃老师编写第十一章，各位老师都参与了整理和校对，最终由白玮炜老师定稿。

本教材既可作为高等院校经管专业老师和学生用书，也可作为金融理论研究与金融工作者的参考书。

在编写过程中，我们参阅、借鉴了大量的文献资料和网上资料，这些参考文献为我们提供了丰富的素材和创作的源泉，在此向这些作者表示诚挚的谢意！

由于作者水平有限，在编写过程中难免有疏漏之处，恳请专家和读者批评指正。

编　者

2022 年 10 月

目　　录

第一章

货币与货币制度

学习目标

通过本章的学习，学生需掌握货币的本质与职能；掌握货币制度及其演变和货币层次的划分，并且通过对货币的演变、货币制度发展历程的分析理解货币与经济运行的关系；深入理解马克思的货币理论。

第一节　货币的本质与职能

全世界有 200 多个国家和地区，近 200 种货币，货币既是社会经济发展中最根本的要素，也与我们每个人的生活息息相关。所以研究它从哪里来，又是如何影响世界的，以及在经济生活中到底扮演了什么角色，至关重要。

一、货币的起源

研究货币的起源是正确理解货币本质的关键。对于货币的起源，古今中外很多思想家、经济学家都看到了其与交换发展的联系。他们对于物物交换的困难及向媒介交换的转化，引述过很多生动的事例并做了多方面的剖析，得到的结论是：货币是商品生产和商品交换长期发展的产物，货币只能是进入交换的多种商品中的一种。

在对货币起源的论证方面，马克思用最完整的劳动价值论揭示出推动这一进程的本质矛盾，那就是从社会分工和私有制角度揭示劳动作为社会劳动和私人劳动的矛盾统一体，进而揭示价值的实质及其表现形式，通过价值形式的发展推导出货币这一范畴出现在经济生活中的客观必然性。马克思认为，货币的出现是与交换联系在一起的。货币是商品生产和商品交换长期发展的产物。商品是为了交换而生产的劳动产品，具有使用价值和价值两种属性，使用价值是商品的有用性，是商品的自然属性，它的表现形式就是商品的自然形式。价值是凝结在商品中的无差别人类劳动，是商品的社会属性，是看不见摸不着的，只有通过与其他商品的交换才能证明其存在，并在其他商品上相对地表现出来。马克思依据“货币根源于商品”的理论用以下两种方法阐述货币的起源。

（一）抽象的逻辑分析法

马克思运用抽象的逻辑分析法，说明货币本身也是一种商品，而且这种商品是其他一切商品的价值形式。在商品交换发展的过程中，价值形式经历了四个发展阶段。

1. 简单的或偶然的价值形式

这种价值形式可用如下等式来表示：2只羊=1把斧子，1担谷=1头牛。这是商品交换处于萌芽阶段的价值表现形式。商品交换最初是在原始公社之间发生的。原始部落都处于自给自足的自然经济，由于自然环境不同，生产条件不同，偶尔会发生互相交换余缺产品的行为。例如，内陆的人拿粮食同沿海的人交换食盐，平原地区的人拿牲畜同山区的人交换石刀、石斧。由于原始公社自给有余的产品不多，原始部落之间的这种商品交换，只是偶然现象。所以，一种商品的价值通过交换在另一种商品上体现出来，并且是偶然发生的，1把斧子只是偶然地成为2只羊的交换价值，1头牛只是偶然地成为一担谷的交换价值。

2. 扩大的或总和的价值形式

这种价值形式可用如下等式来表示：2只羊=1把斧子，2只羊=1担谷，2只羊=1包盐，等等。这一价值形式反映了生产力和社会分工发展条件下日益扩大的商品交换关系。在出现了农业和畜牧业的分离以后，尽管畜牧部落和农业部落基本上仍然是自给自足的自然经济，但由于劳动生产率的提高，自给以后可以用来交换的产品增多了。交换成为经常发生的事情，交换的范围也扩大了。一种产品已经不是只能偶然地同另一种产品相交换，而是可以同多种产品相交换了。因此，商品的价值表现形式扩大了，2只羊的价值，现在有了1把斧子、1担谷、1包盐等一系列的交换价值，即一系列的价值形式。

3. 一般价值形式

这种价值形式可用如下等式来表示：1担谷=2只羊，1头牛=2只羊，1包盐=2只羊，等等。这一阶段商品交换的特点是出现了表现商品价值的一般等价物。前两个阶段的商品交换都是直接的物物交换。一种商品同另一种商品交换，不借助于任何中介物。而到了第三阶段，一般等价物成了商品交换的中介。一切商品都首先同作为一般等价物的商品发生价值关系，然后借助于一般等价物的中介，完成交换过程。例如，在羊成为一般等价物的情况下，谷物与牛的交换便是通过“1担谷=2只羊=1头牛”的形式来实现的。一般等价物出现以后，一切商品的价值都通过它来表现。千千万万种商品的价值有了一般的（即统一的）表现形式，即一般价值形式。直接的物物交换有很大的局限性。交换双方必须恰巧互相需要对方的产品交换才能进行，而这样的情况是不容易碰到的。一般等价物便是适应商品交换发展的需要，为克服直接物物交换的困难而产生的。

4. 货币价值形式

充当一般等价物的商品往往具有地域性和时间性。在各国历史上，羊、布、贝壳、兽皮、公牛等都曾充当过一般等价物。一般等价物的地域性和不稳定性限制了商品交换的发展。商品生产和商品交换的发展，必然要突破一般价值形式的这种局限性。在一个很长的历史过程中，随着商品数量的增加和商品交换的发展，一般等价物的职能逐渐固定在金、银上。这种稳定地充当一般等价物的金或银便是货币。自从出现了货币，一切商品首先同货币相交换，用货币表现自己的价值，从而出现了价值的货币形式。它是价值形式发展的最高阶段。

以上四种价值形式的发展，解决了“商品怎样、为什么、通过什么成为货币”的问题，使货币从商品中脱离出来，成为一般等价物。价值形式发展的理论是马克思创立的。资产阶级经济学家虽然在他们的著作中曾对货币做了大量的论述，有些人还试图去探索货币的起源。但是，由于他们不能透彻地弄清楚劳动价值论，不能从价值关系的角度、价值形式的发展去考察货币的起源，因而也就不能真正认识货币的本质。马克思第一次对价值形式的发展做了历史考察，穷本溯源，揭示出上述这种富于神秘色彩的货币形式，原来就是从最简单、最不显眼的偶然的价值形式发展过来的。通过对价值形式发展的考察，马克思科学地阐明了货币的起源及其本质。

（二）具体的历史分析法

马克思运用具体的历史分析法，通过考察商品内在矛盾的发展来揭示货币的产生，侧重于说明货币的根源在于商品本身。马克思从商品和商品交换着手进行分析，认为在原始共同体中，劳动产品归整个共同体所有，既不存在商品，也不存在货币。随着社会分工和私有制的出现，不同生产者分别生产不同产品，产生了产品品种单一性与消费需求多样性的矛盾，从而出现了相互交换劳动产品的要求。但私有制的存在使劳动产品的交换关系变成了商品交换关系。在商品交换中，用一种商品的使用价值表现另一种商品的价值，这种商品就成为另一种商品价值的表现形式。在交换不断发展的进程中，逐渐出现了作为其他一切商品价值的表现形式，或者说作为其他一切商品等价物的商品，这种商品就是货币。

马克思运用上述两种分析方法，科学地揭示了货币之“谜”，从中可以得出：（1）货币是在商品交换过程中，为了适应交换的需要而自发地从一般商品中分离出来的。（2）商品变成货币是商品经济的内在矛盾——私人劳动与社会劳动之间的矛盾发展的产物。（3）商品变成货币是一个漫长的历史过程（经历了四种价值形态），是一个由低级向高级发展的过程。总之，货币是商品经济发展的必然产物，它根源于商品，并伴随着商品经济的发展而自发地产生。

二、货币的本质

货币的本质即货币“质”的规定性，实际上就是要解决“什么是货币”的问题，并对货币的本质做出理论说明。

一个普遍的错误概念是将货币的含义仅局限于通货——纸币与硬币上。今天，任何人实际理解的“货币”，可能更多的是指纸币和硬币。然而通货只是货币的实际数量的一小部分。所以货币的经济学含义，要远比人们口袋中和追求的货币更加宽泛。从其基本的含义来看，货币并不是某一特定的事物或物质，它存在各种不同的形式。从货币的发展历史可以看出，硬币和纸币只是近期才出现的。从货币的产生和发展过程中可以确定货币的本质。

（一）货币是固定充当一般等价物的特殊商品

在任何社会形态下，货币都是固定充当一般等价物的特殊商品，这是货币的本质特征。首先，货币本身是商品，是从普通商品中分离出来的。作为商品，货币也是用于交换的劳动产品，是价值和使用价值的统一体，是人类抽象劳动的凝结物。正因为货币本身具有价值，所以货币才能用来表现和衡量其他一切商品的价值，能和其他商品相交换。

此外，货币是特殊商品，它与普通商品相比虽有共性，但也有根本的区别，这个区别表现在使用价值上，货币商品具有使用价值的二重性。就其自然属性，货币有专门的使用价值，如黄金可以制成首饰，这点同普通商品是一样的。但是，货币还具有社会属性，是起着一般等价物作用的使用价值，这是普通商品所不具备的，也是货币商品区别于普通商品的根本点。

货币是固定充当一般等价物的特殊商品，它是商品交换发展到一定阶段和价值形式长期演变的产物，当所有商品的价值都由货币来表现时，货币就独占了价值形态的位置成为商品社会价值的天然代表。同时，货币具有流通性、普遍接受性、社会垄断性和排他性，这些为一般商品所不具有的基本特性，就是马克思在货币起源的理论分析中让我们看到的，即商品的价值表现是“怎样从最简单的最不显眼的样子一直发展到炫目的货币形式”。

作为一般等价物的货币，还必须具备以下条件。

（1）价值的稳定性。这是货币的先决条件。历史上的普遍情况是，货币的实物形态本身也应具有内在的价值，如金银。然而，内在价值的要求也可能会发生变化。现代货币的实物形态（纸币和硬币）只是纯粹的价值象征，它们不再由贵金属铸造，但这种情形也只是近期才出现的。

（2）数量上的有限性。与货币的需求量相比，货币的供给应处于短缺状态。这似乎与有效的交易媒介的基本条件相矛盾。但为了在支付中被接受，货币本身需具有价值或较为稀缺。正是由于其数量上的有限性，货币才成为人们持续追求的对象。

（3）普遍接受性。这是货币的基本特征，即货币必须为公众普遍接受。原则上，可接受性是通过法律来强制执行和加以保证的，没有哪个社会成员会坚持使用其他支付形式。如果人们对官方货币的价值失去信心，那么禁止他们拒收官方货币的做法也没有了合法性。他们可能需要其他商品或币值更稳定和更方便交易的货币作为支付手段。

（4）供给富有弹性。这是指货币必须能随着商品生产和交换的需要而有弹性的伸缩。货币能否满足此条件，关系到币值的稳定与否，这是货币能否发挥一般等价物作用的重要条件之一。若流通中的货币量超过了需求量，其价值就会下跌。这表明尽管货币作为交易媒介，是价值的单位标准，但它本身仍是一种商品，其价值也会波动。

（5）分割性。这是为了适应交易的需要。交易数额有大有小，货币应有分割的特性，如货币除有各种不同面值外，还有各种小额辅币。

（6）易于辨认与携带。这是保证货币被普遍接受的前提条件。如果很容易被仿制，则必然引起流通界的混乱；同时，货币也要容易携带和运输，即易于从一个地方携带到另一个地方，或从一个人手中转移到另一个人手中，只有这样才能保证公众愿意接受它。

货币充当一般等价物的本质特征表现在两个方面。

（1）货币是表现一切商品价值的材料。在商品交换中，商品的价值是通过商品同货币的交换体现出来的。商品能交换到货币，就使商品生产者的私人劳动转化为社会劳动，这样商品的价值就有了实际体现。如果商品不能与货币交换，那么商品就不能被公众承认，商品的价值也就无法实现。货币成为体现社会劳动的材料，也是体现一切商品价值的材料。

（2）货币对任何人都具有一般的使用价值，即具有和其他一切商品交换的能力。其他商品并不一定能交换成货币，而货币可以交换到任何其他商品，持有货币就等于握有任何一种商品的使用价值，货币具有了直接交换的能力。

货币作为一般等价物的两个本质特征，实质上是一个问题的两个方面。一切普通商品都要把自己的价值体现在货币上，货币才能成为体现一切商品价值的材料，才能成为社会劳动的直接体现者；同时，也正是由于所有的普通商品都要以货币体现自己的价值，货币才具有与其他一切商品直接交换的能力。

（二）货币体现一定的社会生产关系

货币本身不具有阶级性，并不是有了货币才有生产关系，而是先有生产关系才有货币的职能。货币可以反映经济关系，但货币本身不是经济关系。自从货币产生以来，商品交换的社会过程经历了不同的社会制度，由于社会经济条件不同，生产资料所有制不同，货币反映的生产关系也不同。

从历史角度看，交换发展的过程可以浓缩为价值形态的演化过程。货币的价值形式从偶然的价值形式、扩大的或总和的价值形式到一般价值形式、货币形式，经历了一个历史沿革。从这一发展过程可以看出：首先，货币是一个历史的经济范畴，是随着商品和商品交换的发展而产生的。其次，货币是商品经济自发发展的产物，而不是发明。最后，货币是交换发展的产物，是社会劳动和私人劳动矛盾发展的结果。

货币之所以能够体现出一定的生产关系，是因为在商品生产和商品交换存在的条件下，生产决定交换，生产资料所有制决定了产品的生产和占有关系，决定了生产的性质，并通过商品的交换过程，体现出特定的生产关系。一定社会制度下的商品生产，都带有该社会形态中的生产关系，并通过交换反映出来。货币是商品交换中的重要媒介，属于交换领域，因此，该社会形态的生产关系也必然在货币交换中得到反映。

三、货币的职能

货币的职能是货币本质的具体体现。关于货币的职能问题，经济学家有不同的表述。根据马克思的货币理论，将货币的职能描述为：价值尺度、流通手段、储藏手段、支付手段和世界货币。从货币银行学的角度，认为货币具有交换媒介、价值尺度、价值储藏和延期支付的职能。

（一）马克思关于货币职能的论述

马克思的货币理论认为，货币在与商品交换的过程中，逐渐形成了价值尺度、流通手段、储藏手段、支付手段和世界货币五种职能。其中，价值尺度和流通手段是货币的基本职能。

1. 价值尺度

货币的价值尺度是指货币能够表现和测量商品的价值。这是货币的首要职能。货币在表现和衡量其他一切商品价值时，执行价值尺度职能。货币能够充当价值尺度的职能是因为货币同样具有价值，是无差异人类劳动的凝结，同普通商品可以进行价值量的比较。

货币作为价值尺度，就是把各种商品的价值都表现为一定的货币量，以表示各种商品的价值在质的方面相同，在量的方面可以比较。货币在执行价值尺度的职能时，并不需要有现实的货币，只需要观念上的货币。例如，1头牛值2两金，只要贴上个标签就可以了。在商品价值量一定和供求关系一定的条件下，商品价值的高低取决于货币价值的大小。

商品的价值用一定数量的货币表现出来，就是商品的价格。价值是价格的基础，价格是价值的货币表现。

2. 流通手段

货币的流通手段是指货币在商品交换中充当交换的媒介。在商品交换过程中，商品出卖者把商品转化为货币，然后再用货币去购买商品。在这里，货币发挥交换媒介的作用，执行流通手段的职能。货币充当价值尺度的职能是它作为流通手段职能的前提，而货币的流通手段职能是价值尺度职能的进一步发展。

在货币出现以前，商品交换是直接的物物交换。货币出现以后，它在商品交换关系中则起媒介作用。以货币为媒介的商品交换就是商品流通，它由商品变为货币（W－G）和由货币变为商品（G－W）两个过程组成。W－G即卖的阶段，是商品的第一形态变化。这一阶段很重要，实现也比较困难。因为，如果商品卖不出去，不能使原来的商品形态转化为货币形态，则商品的使用价值和价值都不能实现，因而商品所有者就有可能破产。G－W即买的阶段，是商品的第二形态变化，由于货币是一切商品的一般等价物，如果商品充足，有货币就可以买到商品，所以这一阶段是比较容易实现的。

货币在执行流通手段职能时具有以下特点：（1）作为流通手段的货币，必须是现实的货币，因为必须用现实的货币进行交换，才能实现商品的价值。（2）流通手段起的是媒介作用，是个转瞬即逝的过程，完全可以用不足值的或没有价值的符号代替。

3. 储藏手段

货币退出流通领域后，被人们保存、收藏起来，成为储藏的货币，执行储藏手段职能。朴素的货币储藏的典型形式是金银窖藏。随着资本主义生产方式的出现，储藏的形式发生了变化，采取流通手段准备金、支付手段准备金和世界货币准备金，实现货币储藏职能。这是货币退出流通领域充当独立的价值形式和社会财富的一般代表而储存起来的一种职能。货币能够执行储藏手段的职能，是因为它是一般等价物，可以用来购买一切商品，因而货币储藏就有必要了。

作为价值尺度的货币可以是观念上的货币，作为流通手段的货币可以用货币符号来代替，但是作为储藏手段的货币，则必须既是实在的货币，又必须是足值的金属货币。因此，只有金银铸币或金银条块才能执行储藏手段职能。货币在质的方面，作为物质财富的一般代表，能直接转化为任何商品，因而是无限的；但在量的方面，每一个具体的货币额是有限的，只充当有限的购买手段。货币的这种量的有限性和质的无限性之间的矛盾，迫使货币储藏者贪婪地积累货币。

关于纸币能否充当储藏手段的问题，存在着不同的看法。传统的观点是：只有实在的、足值的金属货币，人们才愿意保存它，才能充当储藏手段。但也有人认为，如果纸币的发行数量不超过商品流通中所需要的金属货币量，纸币就能代表相应的金属量，保持稳定的社会购买力。在这种条件下，纸币也能执行储藏手段职能。当然，纸币如果发行量过多，就无法保持它原有的购买力，人们就不愿意保存它。可见，即使纸币能执行储藏手段职能，也是有条件的，并且是不稳定的。

4. 支付手段

在商品交换中，货币运动先于或后于商品运动。当货币用于单方面的支付或偿还债务时，执行支付手段职能。货币充当支付手段，是由赊购方式引起的，即在买卖行为完成后，经过一段时间，购买者才支付货币，买卖关系成为债权债务关系。这是货币作为独立的价值形式进行单方面运动（如清偿债务、缴纳税款、支付工资和租金等）时所执行的职能。

在货币当作支付手段的条件下，买者和卖者的关系已经不是简单的买卖关系，而是一种债权债务关系。作为流通手段的货币是商品交换中转瞬即逝的媒介，而作为支付手段的货币则是交换过程的最终结果。货币执行价值尺度职能是观念上的货币，执行流通手段职能可以是不足值的货币或价值符号，但作为支付手段的货币必须是现实的货币。

货币作为支付手段，可以减少流通中所需要的货币量，节省大量现金，促进商品流通的发展。货币执行支付手段职能后，商品流通中所需要的货币量可以用公式表示：

商品流通中所需要的货币量=商品价格总额/同一单位货币的平均流通次数

同时，货币作为支付手段，进一步扩大了商品经济的矛盾。在赊买赊卖的情况下，许多商品生产者之间都发生了债权债务关系，如果其中有人到期不能支付，就会引起一系列的连锁反应，“牵一发而动全身”，使整个信用关系遭到破坏。例如，某个人在规定期限内没有卖掉自己的商品，他就不能按时偿债，支付链条上某一环节的中断就可能引起货币信用危机。可见，货币作为支付手段以后，经济危机发生的可能性也增加了。

从货币作为支付手段的职能中，产生了信用货币，如银行券、期票、汇票、支票等。信用越发达，货币作为支付手段的职能也就越大，以致信用货币占据了交易的大多数领域。

5. 世界货币

货币在国际市场上发挥一般等价物的作用时，执行世界货币职能。作为世界货币必须具有内在的价值，如黄金。其主要内容为：作为国际支付手段，货币用来支付国际收支差额；作为国际的一般购买手段，一国单方面购买另一国商品，货币直接同另一国的一般商品相交换；在社会财富的转移方面，如资本转移、对外援助或战争赔款等，货币作为转移手段发挥作用。

货币在世界市场上执行一般等价物的职能。由于国际贸易的发生和发展，货币流通超出一国的范围，在世界市场上发挥作用，于是货币便有世界货币的职能。金融货币时期，作为世界货币，必须是足值的金和银，而且必须脱去铸币的地域性外衣，以金块、银块的形状出现。原来在各国国内发挥作用的铸币以及纸币等在世界市场上都失去了作用。

在国内流通中，一般只能由一种货币充当价值尺度。在国际上，由于有的国家用金作为价值尺度，有的国家用银作为价值尺度，所以在世界市场上金和银可以同时充当价值尺度的职能。后来，在世界市场上，金取得了支配地位，主要由金执行价值尺度的职能。

世界货币除了具有价值尺度的职能以外，还有以下职能：（1）充当一般购买手段，一个国家直接以金、银向另一个国家购买商品。（2）作为一般支付手段，用以平衡国际贸易的差额，如偿付国际债务、支付利息和其他非生产性支付等。（3）充当国际财富转移的手段。货币作为社会财富的代表，可由一国转移到另一国，例如，支付战争赔款、输出货币资本或由于其他原因把金银转移到国外去。当代，世界货币的主要职能是作为国际支付手段，用以平衡国际收支的差额。

（二）从货币银行学角度论述货币职能

从经济学含义来看，货币最好应理解为满足独立而又相关的四个方面的职能，即交换媒介、价值尺度、价值储藏、延期支付标准。任何具有其中全部或部分职能的事物，即使不可能用于储备，理论上它仍可称为货币。

1. 交换媒介

交换媒介或交易媒介是交换商品和服务、偿付债务、交换资产时被普遍接受的支付手段。货币必须具有交换媒介的职能。货币的该职能在于它是一种特定的物质并能在支付过程中被交易双方在给予和收受时普遍接受。在买卖交易中，货币被作为交换工具而提供，这种工具（货币计量单位）既可以是真实货币，也可以是货币符号。

2. 价值尺度

价值尺度是指衡量价格与价值的尺度及比较它们的标尺。在计量产品、服务的成本和债务以及出现支付活动时，货币充当一般计价标准。这使得人们能够确定毫不相关的商品的相对价值。例如，衣服和飞机票，其价值可用第三者的单位价值来表示（有时又被称为“计量单位”，它充当了货币的功效）。

3. 价值储藏

价值储藏是未来购买力的“蓄水池”，是指货币既是暂时性又是永久性的储存购买力的手段。无论是实物还是银行账户形态的货币，都提供了一种持有财富的有效方法，这种当时并不需要的财富，可以用来购买将来的产品和服务。为了满足此职能，实物形态的货币应耐用，这也正是历史上把金属作为优先选择的货币的原因。

4. 延期支付标准

在物物交换条件下，缺乏一种为人们所能共同接受的价值标准，作为衡量长期交易契约和借贷契约的基础，货币的出现为此提供了计价单位，以便在未来的特定时期，当前的债务能以合理的数额偿还。在特定时期内若出现延期支付，贷款人就会向借款人收取一定的费用。这笔费用被称为利息，它通常以贷款总额的百分比来计算。利息代表了一定时期内的借款成本。因此，货币的使用促进了信用制度的借贷关系的发展，成为现代货币信用经济发展的基金。

在货币的历史上，这四种职能并不必然同时具备。例如，在古代埃及和美索不达米亚文明中，货币是作为计量单位和延期支付标准而闻名，而其流通中的交换媒介和普遍接受的价值储藏的职能却不普遍。

第二节 货币形态的演变及层次划分

货币是商品交换的产物。从古至今，充当过货币的物品很多，货币的形态经历着由低级向高级不断演变的过程。不同时期，由于货币形态的不同，在进行货币量统计的时候，就会存在较大的差异。

一、货币的形态

中国货币的起源，有据可查的是商汤时期的“铜贝”，而在此之前的夏商，骨贝、石贝、陶贝已经开始流通。贝壳自装饰品发展为货币可以上溯到黄帝时期，因此中国货币自使用贝币至今已有四五千年的历史。虽然货币的形态经历了多次更迭，但大多数社会都很快确定用贵金属，特别是黄金和白银。随着货币体系的演进，出现了以国家权力为支持的价值符号，如纸币、铸币、信用货币等。

（一）实物货币

实物货币是指作为货币的价值与作为普遍商品的价值相等的货币。实物货币是货币最原始、最朴素的形式。它本身既作为商品，同时又作为货币在充当交换媒介。实物货币可以划分为两个阶段：非金属实物货币阶段和贵金属实物货币阶段。

1. 非金属实物货币

在原始社会末期最早出现的货币是实物货币。在人类历史的早期，任何交易者认为重要的商品，如牛、羊、铜、铁、贝壳、羽毛、石头、谷物等都可以并确实被用作货币。一般来说游牧民族以牲畜、兽皮类来实现货币职能，而农业民族以五谷、布帛、农具、陶器、海贝、珠玉等充当最早实物货币。海贝甚至被称为原始货币之祖，产于中国东南沿海的海贝在青海省的马家窑文化和齐家文化墓葬中均有发现，在卡约文化墓葬中海贝很常见，此外还发现骨贝、石贝和铜贝，这反映了当时商品交换的程度。新石器时代晚期的半坡遗址出土了大量陶罐作为殉葬物；大汶口文化出土了大量猪头和下颚骨，这表明猪和陶器在原始社会后期曾起过货币财富的职能。但众所周知，流通较广的古代实物货币为“贝”。因此中国汉字中与财富、价值有关的字大多与“贝”字有关，如贵、资、贪、贫、财、购等。

另一种经常被用作货币的物质是盐。在世界许多国家，盐是很难获得的，因此价值较高，盐自然就成为价值标准。马可波罗是威尼斯的探险家，他记录了在中国 13 世纪后期的四川，盐作为低价值的货币，而黄金作为高价值的货币，80 桶盐等价于一根金条。

2. 贵金属实物货币

充当货币的金属主要是金、银、铜，铁作为货币的情况较少。这是因为铁价值较低、用于交易过于笨重，而且易锈蚀、不便保存。公元前 6 世纪，古希腊斯巴达有使用铁钱的记载；中国五代十国时期出现铁钱，宋代四川专用铁钱。有些地方铁钱、铜钱并用，但流通范围有限。至于金、银、铜作为货币的先后顺序并非简单地、严格地从贱金属向贵金属过渡。西亚、中东、地中海沿岸等地，铜作为币材的时间大约在公元前 1000 年—

公元前 800 年。但在一些古文明较发达的国家，主要币材是白银，其出现在公元前 1000 年前后；金的出现或许更早，但与白银比，未占主要地位。中国境内出土有波斯、拜占庭等地的金币、银币，银币的数量大大多于金币。公元 13 世纪以来，在西欧，金币逐渐增多，到 18—19 世纪已占据主要地位。到 20 世纪初，在世界主要的工业化国家中，币种均已由黄金垄断。

以黄金白银作为货币，几乎是所有国家共同的历史。之所以如此，是因为这些金属有以下几个特点：（1）币值稳定，便于携带；（2）价值大，易于分割；（3）不受场景、季节的影响，易于储藏；（4）具有统一的价值衡量标准。

虽然货币最终固定在金银上，但金属货币最初仍是以条块形式流通的，这种做法给日益扩大的商品交换带来了诸多不便。为了适应经济发展对货币的新要求，国家便把金属块铸成一定的形状并打上面值，这样就出现了铸币。所谓铸币，就是指由国家统一铸造，具有一定重量和成色，铸成一定形状并标明面值的金属货币。政府根据铸币所包含的实际价值标明铸币的面值，并以其信誉做担保。

最初的铸币都是足值货币，但是铸币重量轻、成色低是古代货币流通中反复出现的情况。由于以下原因，铸币常出现重量和成色不断降低的现象：（1）有些人常从铸币的边上削刮下一点金属，然后再使其进入流通领域；（2）正常的磨损，随着铸币连续地使用，它必然会不断地磨损；（3）政府蓄意制造不足值的铸币，以此来搜刮财富。但这并不影响铸币的流通，因为它建立在政府的信誉和强制力的基础上。

目前黄金、白银等贵金属作为货币的属性主要表现在价值储藏方面。它们更多的是一般商品，发挥着一般商品的职能。

（二）代用货币

代用货币是黄金等贵金属的替代品，代表黄金等贵金属发挥货币的职能，其本身的价值低于它作为货币的价值。代用货币的出现是商品交换日益扩大的结果。

由于携带大量的铜币极其不便，在经济高度发达的北宋时期，出现了被称为“交子”的纸币，这是世界上最早出现的纸币之一。但是比起现代意义上的纸币，它更像一种汇票。元朝沿用了纸币，并将其视为解决经济困难的妙法之一，不顾实际的货币流通需求和经济水平，发行了大量没有保证的纸币，造成了最早的通货膨胀。明朝皇帝朱元璋是一位保守的农本主义者，他认为纸币是异族的东西，应该加以摈弃。明朝也发行了名为“大明宝钞”的纸币，但这种纸币在民间很少使用。

这个时期的纸币和现代的货币是不同的。在贵金属货币流通时期，有专门经营货币的行业。它们替客户保管金银、鉴别成色、兑换铸币等。在替客户保管金银时，需向客户出示相应的保管凭条。这些保管凭条，最初只是作为客户取回其保管金银的一种书面证明。随着商品交易活动的日益频繁，交易规模的日益扩大，在现实商品交易中，为避免兑换程序上的烦琐，保存金银的客户不再先用保管凭条去取金银，而是直接用保管凭条进行商品劳务的购买与支付。于是，保管凭条开始在市场上流通，取代金银发挥货币的各种职能。保管凭条就是典型的代用货币。

代用货币解决了贵金属数量上的不足。一些国家借助于国家权力，以黄金为准备金发行纸币，规定流通中的纸币按一定的比例兑换成黄金，比如，36 美元=1 盎司黄金等。

这些以贵金属为基础发行的纸币都是代用货币。资本主义国家通行的是可兑现的银行券。所谓银行券就是银行信用所产生的一种信用工具，它是由银行发行的以信用和黄金做双重保证的允诺兑现的银行票据，银行券从性质上说也是一种本票。在这一阶段，因为纸币（主要指银行券）是代表黄金流通的，所以各国都规定了银行券的含金量，并可按其含金量兑换金币。因此，必须保留足量的黄金做保证，这就使得银行券发行量受到限制。

所以，代用货币就是黄金等贵金属货币的替代品，代表黄金等贵金属发挥货币的职能。代用货币通常由政府和银行发行，其本身价值低于货币价值，是一种不足值货币。代用货币以十足金银做保证，可分为兑现纸币和不兑现纸币。兑现纸币是可随时向发行的银行兑换铸币或金银条块的纸币，其效力与金属货币完全相同，且有携带便利、避免磨损和节省金属等优点；不兑现纸币是不能兑换金属铸币或金银条块的纸币，是流通中的货币符号。

（三）信用货币

20 世纪 30—70 年代，由于经济危机频发，纸币的发行逐渐摆脱了黄金货币的束缚，这一时期的纸币虽规定了含金量，但不能兑现黄金。在此期间各主要资本主义国家对货币制度进行了重大改革，促进了纸币与黄金的分离。美国在 1971 年 8 月 5 日宣布停止各国中央银行以美元按官价向美国兑换黄金，这样纸币与黄金的联系就几乎不存在了。后期纸币逐渐进入完全独立的阶段。在这个阶段，纸币既不规定法定的含金量也不能兑换黄金，其价值形式也不再用金的价值表示。1973 年美国宣布取消美元含金量并实行浮动汇率制度。随着金本位制的崩溃，代用货币也随之被信用货币取代。

信用货币是目前世界上几乎所有国家普遍采用的货币形态。当政府或当局开始发行没有黄金或任何商品支持的票据时，这些票据被称为“信用货币”。所以，信用货币只是政府通过银行向社会提供的信用流通工具。其本身价值远远低于其货币价值，而且不再代表任何贵金属，不能与金属货币兑换，实际上它只是一种货币价值符号。

货币形式发展到信用货币有两个原因。第一，商品货币尤其是贵金属货币的生产成本高昂，相对而言，纸币或铜币、镍币生产成本很低。第二，贵金属的数量不能被轻易地改变，而纸币的数量几乎可在一瞬间发生增减。

信用货币作为一般的交换媒介必须有两个条件：一是货币发行的立法保障；二是人们对此货币抱有信心。

信用货币的主要形态有以下方面。

（1）辅币。辅币多以贱金属铸造，本身所含的金属价值低于其货币价值，一般由政府独占发行，主要承担小额或零星交易中的媒介手段。

（2）纸币。纸币一般由一国中央银行发行，其功能主要承担人们日常生活用品的购买手段。

（3）银行存款。存款是存款人对银行的债权，对银行来说，这种货币是债务货币。银行存款种类很多，主要有活期存款、定期存款和储蓄存款。随着信用的发展，一些小额交易，如顾客对零售商的支付、职工的工资等，也广泛使用这类货币。

（4）支票。现代银行的一项重要业务是给工商业者开立支票存款账户。银行给存款人一本有一定格式的纸片，称为支票，这样存款人就可以签发自己的票据了。支票就是存款人正确地填写后，命令银行向持有人支付其指定金额，顾客可依据存款向银行签发支付命令，支付货款和各种收费，履行对国家的财政义务。在交易中用支票比用通货更方便、安全。此外，用支票支付可提供交易记录，而用通货则不能。通常情况下，人们接受支票方式付款，但法律并不强制人们接受支票作为付款的工具。

（5）电子货币。随着电子计算机和通信技术的发展，支付系统目前已基本实现了向电子货币系统的转换。由于电子货币根本看不到货币的影子，而只是存储于银行电子计算机中的数据，所以也被称作超物货币。准确地说，电子货币是指电子计算机系统存储和处理的存款，是通过计算机网络系统，以电子信息传递形式实现支付功能的非现金货币。顾客在购物、享受服务或通过网络进行交易时，计算机自动将交易金额分别记入双方的银行账户。它具有转移迅速、安全和节约费用的优点，是货币形式发展的新趋势。

银行利用计算机进行电子货币支付的方式包括以下内容：① 利用计算机处理银行之间的货币汇划业务；② 银行计算机与其他机构计算机之间资金的汇划；③ 利用网络终端向客户提供各项服务，如自动柜员机（ATM）；④ 利用销售点终端（POS）向客户提供自动扣款服务；⑤ 电子货币通过公共网络直接进行购物转账等业务。

（6）信用卡。信用卡不是货币，但是它代表的延期货币支付行为紧随交易之后。储值卡或“智能卡”代表了新一代的塑制卡，且现在越来越普及。它们都是内置芯片的塑制卡，并按电子货币单位收费。利用电子支付系统，持卡人可直接在商店中进行支付，而无须考虑开立账户的银行地理位置。

信用卡1915年起源于美国。最早发行信用卡的机构并不是银行，而是一些百货商店、饮食业、娱乐业和汽油公司。他们为了招徕顾客，推销商品，扩大营业额，有选择地在一定范围内发给顾客一种类似金属徽章的信用筹码，后来演变成为用塑料制成的卡片，作为客户购货消费的凭证。

目前，国际上主要有威士国际组织（VISA International）、万事达卡国际组织（MasterCard International）、美国运通国际股份有限公司（American Express）、大来信用证有限公司（Diners Club）、日本国际信用卡公司（JCB）等信用卡公司。在各地区还有一些地区性的信用卡组织，如欧洲的EUROPAY等。

二、中国的货币

中国货币主要经历了从原始的实物货币到贝币、再到铸币、纸币等多个时期。中国最早的货币金属是铜和金两种。商代的墓葬中曾出土铜铸的贝。进入周代以后，中国一直是铜币流通的天下，直至20世纪30年代还有铜圆的流通。春秋时期，黄金已作为货币出现，如子贡“家累千金”，越大夫范蠡“十九年之中三致千金”，都说明黄金已作为衡量财富的尺度、作为一般等价物出现了。春秋时期黄金与铜铸币虽已出现，但在实际生活中似乎并未被普遍使用。战国时期，由于商品经济的发展，货币普遍使用，当时处于金属铸币、贵金属货币和实物货币并用的时期。在古籍中已有很多用黄金论价、估价财富、馈赠、赏赐之类的记载，而其单位为“斤”或“镒”，已很确定。到战国时期，除了黄金是各国的通用货币外，铜铸币是各国民间的通用货币。

最初的铜币形状多种多样，有刀币、布币、蚁鼻钱等很多形式。秦始皇统一中国后，下令全国的铜币以秦国的铜钱为标准。由于浇注铜币使用砂模，铸造好的铜币带有毛边，所以在其中央留有方孔，以便用木棍串联起来打磨修锉。这种特殊的形状使它被赋予很多象征性的解释，有人认为铜币的圆形代表“天”，中央的方孔代表“地”。铜币上面通常带有铸造时的皇帝年号。

白银作为货币在西汉的著述中已经出现，但直到宋代才逐渐成为主币，与铜币并行流通。唐朝以后，白银货币逐渐得到广泛流通。虽然国库和官方银库里的白银按照统一的成色与重量铸造成元宝以便存放，但是流通的白银不是铸币，而是以零碎的块状流通，在市场上使用时要经过计算成色、称量重量这些烦琐的手续。大块的银锭要用夹剪切割，零碎的小块银锭需要在银匠那里重新铸造成更大的银锭。中国不使用白银铸币的原因有很多，最主要的原因是，由于政治的不稳定性，官方无法为发行的银币提供担保，同时由于战乱频繁，民众经常将白银窖藏起来，导致市场流通额不足以支持银本位货币系统。

明朝中后期，白银开始大量流入中国，成为和铜钱一样普遍的金属货币。清朝时期，白银已经成为国家的主要货币，单位“两”。清朝末年，墨西哥的银圆开始在中国大量流通。清宣统二年（1910 年），清政府颁布《币制则例》，造币总厂开始铸造一圆、五角、二角五分、一角四种银币。1935 年，中国实行法币制度，正式废除银本位。根据 1936 年《中美白银协定》，法币一圆等于 0.265 美元。

中国当前的货币主要包括现金和银行存款。现金由硬币和纸币构成，主要用于日常零星交易，是使用最广泛的货币形式。由于历史和结算方式等方面的原因，中国目前的现金流通量相对于其他国家要多得多。近年来，随着市场经济的发展，信用卡、商业票据等各种替代现金支付的结算工具快速增长，现金在货币供应量中所占比重已在逐年下降。2022 年 6 月，中国的货币供应量为 674 374.81 亿元，流通中的货币为 96 011.17 亿元，占货币供应量的 14.23%。

三、货币层次的划分

发达国家从 20 世纪 60 年代开始划分货币层次。当时划分货币层次主要是为了便于中央银行控制货币供给。在如何划分货币层次的问题上，西方国家的学者有不同的见解。

在西方国家对货币的统计指标中，货币的范围不仅包括流通中的纸币和辅币，而且包括银行存款，甚至包括有价证券等。通常我们把被排除在货币定义之外但又和货币定义颇为相似的如银行存款、有价证券等称为准货币。许多经济学家普遍认为，流通中的纸币或辅币是通货，它们只是货币的一部分，而不是货币的全部。货币包含的范围要比通货大得多，因此货币可以划分为许多层次。

（一）西方国家货币层次的划分依据

不同国家对货币划分的标准各不相同，所以对货币层次的划分也各不相同，但基本思路都是按照货币的流动性或可接受性来划分的。所谓金融资产的流动性，是指这种金融资产能迅速转换成现金，而对持有人不发生损失的能力，也就是变为现实的流通手段和支付手段的能力，也称变现力。因为变现力越强的货币其流动性越强，而流动性越强的货币就越容易被人们接受。一般各国都把 M_1 称为狭义的货币量，M_2 称为较广义的货币量，M_3 称为更广义的货币量，M_4 则称为最广义的货币量。有的国家则简单地将货币划分为 M_1（狭义货币量）和 M_2（广义货币量）。

国际货币基金组织（International Monetary Fund，IMF）于 1996 年制定了《货币与金融统计手册》，并于 1997 年、2000 年进行了两次修订。在 1997 年修订手册中指出：中央银行在编制货币供应量统计时，必须依据机构组织和市场特点，以满足政策制定和经济分析的需要。根据这一基本原则，各国在编制货币供应量时，主要考虑本国经济和金融的特点，以实证分析为依据。货币供应量的统计口径为：

M_0：流通中现金

M_1：M_0 + 可转让本币存款和在国内可直接支付的外币存款

M_2：M_1 + 单位定期存款和储蓄存款 + 外汇存款 + 大额可转让定期存单（CDs）

M_3：广义货币，M_2 + 外汇定期存款 + 商业票据 + 互助金存款 + 旅行支票

2000 年版的《货币与金融统计手册》取消了对货币定义及货币层次的划分，转而从金融资产、货币持有部门、货币发行部门三个方面描述广义货币量。（1）金融资产充当广义货币，必须具有流动性和价值储藏的功能。一项金融资产是否纳入货币，主要由交易成本、可划分性、期限以及收益等基本因素决定。广义货币通常包括本币现金、可转让存款、储蓄存款、旅行支票、外币存款、回购协议、短期证券、CDs、商业票据、中期证券等金融资产。（2）货币持有部门。只有常住企业、居民和非银行金融机构持有的上述金融资产，才包括在广义货币的范围内，而中央政府、存款性公司和非常住单位持有的上述金融资产，不包括在广义货币中。（3）货币发行部门。通常中央银行和存款性机构发行的上述金融资产为广义货币，国外发行的外币，政府、企业发行的短期债券也可纳入广义货币范围。

此外，IMF 还建议在编制广义货币的同时，编制广义流动性总量。广义流动性的范围要超过广义货币。除广义货币外，广义流动性总量还包括其他被认为具有一定流动性、但还不足以纳入国家定义的广义货币范围之内的负债。

当今世界各国在确定货币供应量范围及层次上，主要从各国实际出发，各国的总原则基本相同，下面介绍美国、英国、日本及欧洲中央银行的货币供应量统计情况。

1. 美国

货币供应量分为 M_1、M_2 和 M_3 三个层次。

M_1=流通中现金 + 支票账户存款 + 旅行支票

M_2=M_1 + 居民储蓄存款 + 定期存款 + 互助基金存款

M_3=M_2 + 货币市场基金存款 + CDs + 回购协议 + 欧洲美元

2. 英国

货币供应量分为 M_0、M_1、M_3 和 M_3H 四个层次。

M_0=流通中现金

M_1=M_0 + 国内私人部门活期存款

M_3=M_0+国内私人部门所有类型本币存款

M_3H=M_3+国内居民持有外汇存款

3. 日本

货币供应量分为 M_1、M_2+CDs、M_3+CDs 三个层次，另编制广义流动性。

M_1=流通中现金+非金融机构活期存款

M_2+CDs=M_1+准货币+居民储蓄存款+外币存款+CDs

M_3+CDs=M_2+CDs+邮政储蓄存款+劳动信贷协会以及农业合作社存款

广义流动性=M_3+CDs+信托投资性存款+金融机构签发的商业票据+回购协议+国外政府在日本发行的债券

4. 欧洲中央银行

欧洲中央银行将货币供应量划分为 M_1、M_2、M_3 三个层次，重点监测 M_3。

M_1=现金+活期存款

M_2=M_1+2 年期以下定期存款

M_3=M_2+回购协议+货币市场基金存款+货币市场票据+2 年期以下债券

通过对货币定义及货币层次划分的理论和实际操作的分析，我们可以得出如下几点结论：（1）对货币供应量的定义，应从注重理论上的定性研究，发展到注重对经济影响的定量研究。如中央政府的财政存款，从定性方面分析，它具有货币的四个基本职能，但从其对经济的影响来说，它不被划入货币供应量的范围。货币与货币供应量二者不能完全画等号，货币供应量已限定于对本国经济起影响作用的货币量。（2）货币供应量的范围逐步扩大，货币层次不断延伸，从 M_0、M_1、M_2 发展到编制广义流动性总量。（3）尽管货币供应量可以划分为多个层次，但针对一定时期货币供应量与经济的关系，监测的重点可能是货币供应量的某个层次。比如日本中央银行，货币供应量划分为三个层次，另外还编制了广义流动性总量，重点监测 M_2+CDs。（4）货币供应量的范围和层次划分是动态的，为监测货币对经济的作用，应当根据金融市场的变化做出适当的修订。

（二）我国货币层次划分的演变

随着职能的转变，中国人民银行对宏观经济从直接调控转向间接调控，由此中国人民银行正式推出了货币供应量统计监测指标，并定期公布。从我国具体的金融经济运行状况出发，根据国际通用的按货币流动性的强弱进行划分的原则，在 1994 年 12 月 28 日颁布的《中国人民银行货币供应量统计和公布暂行办法》中，根据当时的实际情况，将我国货币供应量划分为 M_0、M_1、M_2 几个层次，各层次所涵盖的内容如下：

M_0=流通中现金

M_1=M_0+单位活期存款（狭义货币）

M_2=M_1+储蓄存款和企业定期存款（广义货币）

2001 年 6 月，中国人民银行第一次修订货币供应量统计，将证券公司客户保证金计

入 M_2。2002 年初，中国人民银行第二次修订货币供应量统计，将在中国的外资、合资金融机构的人民币存款业务，分别计入不同层次的货币供应量。2011 年 10 月，中国人民银行对货币供应量统计口径进行了第三次正式调整，将非存款类金融机构在存款类金融机构中的存款和住房公积金存款计入广义货币供应量 M_2。2018 年 1 月，中国人民银行完善货币供应量中货币市场基金部分的统计方法，用非存款机构部门持有的货币市场基金取代货币市场基金存款（含存单）。经过统计口径调整，目前我国货币供应量仍划分为 M_0、M_1 和 M_2 三个层次。

M_0=流通中现金（包含境外人民币流通量）

M_1=M_0+活期存款

M_2=M_1+准货币

准货币又可进一步细分为定期存款、储蓄存款和其他存款。其他存款包括信托存款、应解汇款、临时存款、保证金、财政预算外存款、租赁保证金、证券公司客户保证金（90%）、非存款类金融机构在存款类金融机构中的存款及住房公积金存款等。

（三）货币数量与货币购买力

所谓货币购买力是指单位货币能够交换到的商品劳务数量的多少。在给定条件下，单位货币交换到的商品劳务数量越多，其购买力就越大；反之，则越小。在金属货币时期，由于货币本身具有价值，货币数量对其购买力的影响不大。货币数量多了，会自动退出流通，形成储藏；货币数量少了，储藏的货币量又会进入流通。在信用货币时期，由于货币本身的内在价值很小，其购买力与商品劳务的市场价格直接相关。而市场价格又与流通中的货币数量相关。一般而言，在其他条件既定情况下，流通中的货币数量多了，商品劳务的价格就会上涨，单位货币的购买力就会下降；反之，如果流通中的货币数量少了，商品劳务的价格就会下跌，单位货币的购买力就会上升。因此，在信用货币时期，要维系价格的稳定，保证经济的平稳运行，就要有效地控制好货币数量。

第三节 货币制度

货币制度简称“币制”，是国家以法律形式规定货币流通的结构和组织形式。建立统一的货币制度，有利于本国货币流通的正常与稳定。货币制度是国家对货币的有关要素、货币流通的组织与管理等加以规定所形成的制度，完善的货币制度能够保证货币和货币流通的稳定，保障货币正常发挥各项职能。根据货币制度作用的范围不同，货币制度包括国家货币制度、国际货币制度和区域性货币制度；根据货币的不同特性，货币制度分为金属货币制度和不兑现的信用货币制度。货币制度是随着商品经济的发展而逐步产生和发展的，到近代形成比较规范的制度。

一、货币制度的含义

货币制度也是货币本位制，它包括四个因素：本位货币以及货币的材料，货币单位，通货的铸造、发行和流通程序，金准备制度。

（一）本位货币以及货币的材料

本位货币以及货币的材料是货币制度的基础。本位货币是一国货币制度规定的标准货币。其特点是具有无限法偿的能力，即用它作为流通和支付手段债权人不得拒绝接受。非本位货币不具有这种能力。当被用于流通和支付时，超过一定数量的非本位货币，债权人可以拒绝接受，因而被称为有限法偿。

币材是指规定用哪一种金属作为货币材料，不同的货币金属就构成了不同的货币制度。如用金、银、金银并用，就分别称为金本位制、银本位制、金银复本位制。但是哪种物品可以作为货币材料不是国家随心所欲指定的，而是对已经形成的客观现实在法律上加以肯定。国家不能滥用权力、随心所欲地指定一种金属作为货币材料，而是根据客观经济发展的条件，确定适宜的货币金属。

目前各国都实行不兑现的信用货币制度，对货币材料不再做明确规定。

（二）货币单位

货币单位，又称价格标准。货币单位通常是指一个单位的本位货币，它是一个尺度或一个标准。比如，中国目前的货币是人民币，单位是“元”。在很多情况下，商品劳务的交换价格会出现低于一个货币单位，或者一个货币单位后有小数，于是需要一个小于货币单位的流通手段完成现时的商品劳务交易。这就出现了有限法偿的辅币。辅币的面值通常是本位货币的一个百分比。例如，中国辅币的名称为“角”“分”，美国辅币的名称为“分”，英国辅币的名称为“便士”。

确定货币单位就是规定货币单位的名称及其所含的货币金属的重量。如英国的货币单位为英镑，1816 年 5 月的金币本位法案规定 1 英镑合成色 11/12 的黄金 123.744 7 格令，即纯金 113.001 6 格令。美国的货币单位定名为“元”，按 1934 年 1 月的法令，1 美元含金量规定为 13.714 格令。

（三）通货的铸造、发行和流通程序

通货是指流通中的货币，包括金属货币、纸币、各种信用货币，如银行券、支票、商业票据等。

金属货币分为本位币和辅币。本位币又称主币，是一个国家法定的作为价格标准的主要货币，是用于计价、结算的基本货币单位，具有无限法偿的能力。主币有以下规定：(1) 主币可以自由铸造。每个公民有权请求政府免费或低费代铸，这样可以防止主币金属材料的市场价格波动，自发调节流通中的货币量。（2）规定铸币的磨损公差。为避免重量不足的铸币自由流通而导致主币贬值，在货币制度中要规定每枚铸币的法定重量与磨损以后的实际重量的差别。如英国 1870 年的铸币条例规定，1 金币的标准重量是 123.274 47 格令，磨损后的铸币重量不得低于 122.5 格令。（3）本位币具有无限的法定支付能力，即无限法偿。法律上赋予主币流通的权力，不论支付金额有多大，受款人不得拒绝接受，对方无权要求改用其他货币。

辅币是主币单位以下的小额货币，专供零星交易和找零使用。如美国的辅币为分，1 美元=100 分。1972 年以前，英国的辅币是先令、便士、法新，1 英镑=20 先令，1 先令=12 便士，1 便士=4 法新。辅币的主要特征是：（1）辅币是用贱金属，如铜、镍、银等铸造的不足值的铸币，其名义价值高于实际价值。辅币不能自由铸造，统一由国库的金属铸造，铸币收入归国家所有。辅币可以按固定的比例与主币自由兑换，以保证它可以按名义价值流通。（2）辅币的支付能力是有限的，即有限法偿，当支付的金额超过一定限额时，对方有权拒绝接受。不过辅币在向国家纳税或向银行兑换时，可不受此限制。

银行券和纸币是贵金属储量以及相应的金银货币不能满足商品经济发展扩大的需要而出现的产物。银行券是由银行发行、以商业信用为基础的信用货币。早期银行券流通的前提和背景是持券人可随时向发行银行兑换金属货币。经历 1929—1933 年世界经济危机之后，西方各国中央银行发行的银行券停止兑现，其流通已不再依靠银行信用，而是依靠国家政权的强制力量，从而使银行券转化为纸币。

（四）金准备制度

建立国家的金准备或称黄金准备的用途有三点：一是国际支付的准备金；二是国内货币流通的准备金；三是支付存款或兑换银行券的准备金。国家的金准备集中于中央银行或国库。当前，金币已退出流通领域，作为国际支付准备金的用途仍然存在，其他两个用途已基本消失。

金准备制度有两种情况：一种是在金属货币与银行券同时流通条件下，为了避免银行券过多发行、保证银行券信誉，发行机构按照银行券的实际规模保持一定数量的黄金；另一种情况是纸币流通条件下，发行纸币的金融机构（中央银行或者商业银行）维持一定规模的黄金。发行货币机构按照一定要求与规则持有黄金就是黄金储备制度，是货币制度的一项重要内容，也是一国货币稳定的基础。多数国家的黄金储备都由中央银行或财政部管理。

各国中央银行为了保证有充足的国际支付手段，除了持有黄金外，还可以选择储备外汇资产，具体选择何种外汇资产，既取决于该外汇资产所对应的外国货币作为国际支付手段的可接受性，也要考虑国际金融市场上的汇率变动以及各种不确定性因素。由于面临汇率风险，中央银行外汇储备应考虑持有适当的外汇资产组合而不是单一外汇资产。

二、货币制度的类型

货币制度的演变过程大致可以划分为两个阶段，即金属货币本位制阶段和纸币本位制阶段。金属货币本位制可以分为银本位制、金银复本位制、金本位制。

（一）金属货币本位制

1. 银本位制

银本位制是近代最早实行的货币制度之一，其历史最为久远，在币制萌芽的中世纪为许多国家所采用。15 世纪末，意大利人哥伦布发现了美洲，美洲的白银矿山也被相继发现，随着白银生产技术的日益提高，世界白银的产量猛增，为许多国家实行银本位制创造了条件。最早实行银本位制的国家有西班牙、墨西哥、秘鲁，日本、中国、印度等国，后来西欧各国也都相继采用了银本位制。我国也是最早以白银为货币的国家，公元前 119 年，西汉武帝时期便开始铸造银币，但是直到公元 1910 年（即清宣统二年），清政府颁布了《币制则例》后才正式将银本位制由国家法律确认为一种货币制度。

实行银本位制的国家规定：白银为币材，由政府的铸币厂铸造的银币为本位货币，在流通中具有无限法偿的能力；银币可以自由铸造，自由熔化；白银和银币可以自由输出与输入；纸币和其他货币可以自由兑换银币。银本位制盛行了三四百年，即从16世纪到19世纪。各国实行银本位制是顺乎时代潮流。随着商品经济的发展，白银已不便于大宗商品的交易，加上白银产量逐年增加，白银价值猛烈跌落，必须以币值更高的贵金属充当本位币。19世纪40年代，在北美、南非、澳大利亚等地相继发现了金矿，黄金产量大幅增长，黄金取代白银为主币的物质条件逐步成熟。到了19世纪末，各国先后放弃了银本位制，而采取金银复本位制或金本位制，这是因为随着时间的推移银本位制产生了不少缺陷。

2. 金银复本位制

金银复本位制是以金银两种金属同时被法律确定为金属本位币，金银皆可自由铸造，自由输入输出，同为无限清偿的货币本位制。

银本位制的主要缺陷是价值不稳。世界白银的产量继续增加。据记载，18世纪40年代白银的年平均产量是1521—1544年年平均产量的五倍。由于产量增加，白银的价格逐渐降低。在这种情况下，既不利于国内货币流通，也不利于国际收支，影响一国经济的发展。加上银币体重价轻不适合巨额支付，因而许多国家纷纷由银本位制过渡到金银复本位制，最早实行金银复本位制的国家是英国，1663年铸造金币“基尼”与原来的银币“先令”并用。

实行金银复本位制的国家颁布法令规定：金银为币材，以金银铸造的货币为本位货币，具有无限法偿的能力；金银可以自由铸造，自由熔化；金银和金银币可以自由输出、输入；纸币和其他货币可以自由兑换金银币。在金银复本位制下，金币与银币必须有一定的比价。最初这种比价完全由市场价格确定，后来由政府规定。

根据确认金银比价关系方式的不同，复本位制有三种形式。

（1）平行本位制。平行本位制指两种货币按各自所含金属的实际价值流通，其比价完全由市场价格确定的金银复本位制。1663年英国发行“基尼”金币与原来的“先令”同时并用，两种通货间的兑换比率完全随市场比价的变动而变动。

在实行平行本位制的条件下，市场上每一种商品都必然有两种价格表现形式：一种是金币价格，另一种是银币价格。由于金银市价不断变动，金银铸币的兑换比率也不断变动，用金银两种铸币表示的商品的两种价格的对比关系也随市场金银比价的变化而变化。这就使货币价值尺度功能的发挥受到影响，对商品价值的衡量缺乏统一的标准。因此，平行本位制是一种不稳定的货币制度。这种不稳定的根源在于：货币具有的排他性、独占性不容许金、银同时执行价值尺度的职能。

（2）双本位制。双本位制指国家用法律形式规定金银之间的比价，金银按法定比价流通的本位制。从“平行本位制”到“双本位制”的原因是金银市场价格的涨落，使得它们的比价不断波动。因为这种波动，从国内来说，必然使交易双方的某一方受害。从国际来说，必然使黄金、白银对流（国内银价高时，白银流入，黄金流出；相反，国内金价高时，黄金流入，白银流出），从而影响币值的稳定。

金银复本位制中的“双本位制”在历史上存在了相当长一段时期，它是资本主义发展初期（18—19世纪）最典型的货币制度。这种币制下的金银比价试图割断与市场比价的联系，以法定的金银比价为特征，它是复本位制的主要形式。1803 年，法国规定金银法定比价为 1:18.5。美国 1792 年货币条例规定，金银法定比价为 1:15。

在双本位制下，金币和银币是按照法律规定的比价来流通的，这就克服了平行本位制下那种混乱的局面。但在双本位制下，当市场上金银比价发生变化时，会引起金币或银币的实际价值与名义价值背离。这时，实际价值高于名义价值的货币（良币）就会被人熔化，退出流通领域，而实际价值低于名义价值的货币（劣币）则会充斥市场。这就是“劣币驱逐良币”规律。即在金属货币流通条件下，如果在同一地区同时流通两种货币，则价值相对低的劣币会把价值相对高的良币排挤出流通领域。“劣币驱逐良币”规律又称“格雷欣法则”（Gresham Law）。例如，当金银的法定比价是 1:15 时，如果由于采银技术进步或其他原因使银价跌落，市场上金银比价变为 1:16，这时，倘若把金币熔化为金块，把金块在市场上按市价换成白银，再把白银铸成银币，并把银币按法定比价换为金币，如此循环一周，就可得到 1 份银的利润。这种情形发展的结果是金币敛迹而银币充斥市场。反之，亦同。

因此，在双本位制下，虽然法律规定金银两种铸币可以同时流通，但实际上，在某一时期市场上只有一种金属铸币流通。银贱则银币充斥市场，金贱则金币充斥市场。马克思认为，凡有两种商品依法充当价值尺度的地方，事实上总是只有一种商品保持着这种地位。价值尺度的二重化是同价值尺度的职能相矛盾的。

（3）跛行本位制。因为实行“双本位制”与当时商品经济的发展相适应。后来，世界上白银供应量激增，国际市场上银价跌落，使得实行“双本位制”的国家银币充斥市场，金币减少。在这种情况下，政府不得不规定：金币可以自由铸造，银币不能自由铸造，并将银币的铸造权完全收归政府以保持银币与金币的比价稳定。人们把这种金银复本位制称为“跛行本位制”。

跛行本位制和双本位制的区别仅在于金币可以自由铸造而银币不能自由铸造。由于银币限制铸造，银币的币值实际上不再取决于其本身的金属价值而取决于银币与金币的法定兑换比率。因此，跛行本位制下的银币实际上已演化为金币的符号，起着辅币的作用。之所以实行跛行本位制，是因为实行双本位制的国家在劣币驱逐良币的情况下，不得不将劣币的铸造权收归国有，以保持流通中金币和银币的法定比价。19 世纪末世界白银过剩，银价暴跌，金银币比价日益脱离市场比价，复本位制日趋没落，这些国家或者是由于流通中的银币一时难以收回，改铸的费用太大，或者是缺乏黄金，于是只好用跛行本位制来维持复本位制的残局。

金银复本位制有以下优点：① 以金银作为币材，币材充足，能满足流通的需要；② 在复本位制下，金银比价由政府规定，能够“矫制”金银的市场价格有利于金银币值的稳定；③ 便于交易，人们可以根据交易额的大小，选择不同的货币支付。但是，金银复本位制的缺陷是会产生“劣币驱逐良币”现象，导致“跛行本位制”。

随着经济的发展，金银复本位制的不稳定性会造成商品价格的起伏不定和货币流通的动荡，这对迅速发展的资本主义经济起着阻碍作用，因而客观上要求建立一种稳定的货币制度。于是，从 18 世纪末开始各资本主义国家的货币制度都逐渐从复本位制向金本位制过渡。到 20 世纪初，金本位制已在各国广泛流行了。

3. 金本位制

在金本位制度下，一国的基本货币单位与一定成色及重量的黄金维持固定关系。从物质条件说，金本位制的兴起是由于19世纪中叶在美国加利福尼亚、南非和澳大利亚发现了丰富的金矿，出现了“淘金热”，世界黄金的产量大量增加，为“金本位制”的产生提供了物质基础。在世界上，最早实行金本位制的国家是英国，它在1816年通过金本位制法案，继后，许多经济发达的资本主义国家也实行金本位制。

金本位制按基本货币单位与黄金的联系程度来分可分为金币本位制、金块本位制和金汇兑本位制。

（1）金币本位制。金币本位制是典型的金本位制。它的主要内容是：以一定数量与成色的金币作为本位货币，金币具有无限法偿能力；金币可以自由铸造、自由熔化；黄金可以自由输出入；辅币和银行券可以自由兑换成金币。

金币本位制具有自由铸造、自由兑换和自由输出入三个特征，其落脚点在于稳定币值。金币的自由铸造和熔化是为了保证金币的价值和黄金一致，可以自发地调节流通中的货币量；黄金的自由输出入，可保持国内外黄金价格维持同一水平，从而保证外汇行市的相对稳定和国际金融市场的统一；银行券和辅币同金币之间的自由兑换，可维持这些货币之间按照法定比价流通。金币本位制是相对稳定的货币制度，对资本主义经济的发展起了积极作用。

由于黄金的价值比较稳定，货币对内对外的价值在较长时期保持不变，从而促进了各国商品经济的发展。这种货币制度兴盛了将近一个世纪，直到1914年第一次世界大战爆发时有的国家才开始废除，因为黄金的产量有限，黄金的储备有限。第一次世界大战结束后，资本主义国家曾企图恢复金币本位制，但由于黄金供应不足和分配不均等问题，传统的金本位制很难恢复。于是除美国继续实行金币本位制外，英、法两国开始实行金块本位制，其他资本主义国家则逐步实行金汇兑本位制。

（2）金块本位制，又称生金本位制。金币本位制被废除以后，实行的是金块本位制。金块本位制的特点是：政府停止了金币的铸造；不允许金币流通，代替金币流通的是中央银行发行的纸币；纸币的发行必须以金块为准备；货币的价值与黄金保持等值关系，即一元钱纸币的价值相当于一元纸币的含金量所具有的价值；人们持有的其他货币不能兑换金币，但可以兑换为金块；黄金仍然可以自由输出入。由于金块较重，价值较高，规定兑换的限额较大，非一般人所能兑换，因而这种制度被人们称为“富人本位制”。

在这种货币制度下国内不铸造，不流通金币，黄金退居准备金地位，集中存储于政府，由国家发行代表一定重量和成色黄金的纸币来流通，而纸币不能自由兑换黄金，只能按规定的含金量在一定数额以上、一定用途内兑换金块。如英国的英格兰银行对所发行的银行券不负兑换金币的义务，但可向英格兰银行请求兑换金块，根据规定，每次兑换额以纯金 400 盎司为最低限；美国则规定不再享有兑换或保存金币、金块的权利。实行金块本位制，可以节省黄金，但要维持金块本位制，必须以国际收支平衡或有大量的黄金以供对外支付之用为条件。在世界经济动荡的冲击下，金块本位制延续的时间并不长，英国从1925年5月率先推行、1931年就首先放弃，以后法国、比利时、荷兰、瑞士等国相继放弃了金块本位制。

（3）金汇兑本位制，又称虚金本位制。金汇兑本位制的内容与金块本位制的内容大体相同，只是人们持有的其他货币在国内不能兑换黄金只能兑换与黄金有联系的外币。这实际上是把黄金存于国外，国内中央银行以外汇作为准备金发行纸币流通。进一步说，也就是只能让国内居民购买外汇，外汇虽然代表着并能兑换一定的黄金，但一般难以到国外去兑换黄金，所以人们称这种货币制度为“虚金本位制”。

在这种货币制度下，货币单位仍规定有含金量，但国内不流通金币，以国家发行的银行券当作本位币流通。银行券不能直接在国内兑换黄金。中央银行在另一个实行金币本位制或金块本位制的国家存储黄金和外汇，并规定本国货币与该国货币的兑换比率。居民可按这一比率用本国银行券兑换该国货币，再向该国兑换黄金。实行金汇兑本位制的国家，通过无限制在国内买卖外汇，以维护本国币值的稳定。由于实行金汇兑本位制国家的货币与实行金币或金块本位制国家的货币相联系，所以其货币与黄金的联系是间接的。

金汇兑本位制最早于1877年在荷兰的殖民地爪哇被采用，后来，印度、菲律宾、马来西亚、泰国、墨西哥、巴拿马等国也相继采用，通常适用于殖民地、半殖民地国家。第一次世界大战后，为整顿币制，德国于1924年实行金汇兑本位制，意大利等30多个国家也随即实行，把本国货币与英镑、美元等挂钩，保持固定比价，并把贷款用作外汇基金。1931年德国放弃了金汇兑本位制，同年9月英国放弃金块本位制，1934年4月美国放弃金本位制，一系列与英镑和美元相联系的国家和地区也相继放弃了金汇兑本位制。我国于1935年进行币制改革，让法币与美元挂钩，美元与黄金挂钩，人们持有的法币不能兑换黄金，只能兑换美元，也是“虚金本位制”。它反映了旧中国货币制度的半殖民地半封建的性质。

金块本位制和金汇兑本位制是不稳定的货币制度，表现在以下几个方面：一是国内均没有黄金流通。由于黄金失去了流通手段的职能，从而也就不能自发地调节流通中的货币量。二是银行券与黄金的自由兑换均受到限制，因而削弱了金币本位制所具有的相对稳定性。三是实行金汇兑本位制的国家，一方面其货币依附于他国，一旦所依附国家的币值变动或不履行义务，实行金汇兑本位制国家的币值就会随之变动，且本国货币依附于他国，必然在政治上、经济上受制于人；另一方面，若金汇兑本位制国家大量提取外汇储备兑换黄金，则实行金币或金块本位制国家的通货稳定也必然受到威胁。

在整个金本位主导的时代，黄金实物本身（黄金的价值、银行金库的地理位置和黄金货币的流通量）对于世界经济的运行仍然很关键。这一情况结束于20世纪30年代，由金本位维持的经济平衡，经常面临着非常大的社会压力。从一国输出黄金后，该国价格水平下跌，这将导致高失业率和经济萧条。20世纪30年代的世界性经济大萧条是1929年华尔街崩溃的结果，同时此次大萧条还暴露了金本位的缺陷。1931年全球经济的衰退引发了伦敦黄金的挤兑狂潮，这说明人们只想持有黄金这种安全货币离开英国。但在伦敦并没有足够的黄金来满足需求，英格兰银行停止了黄金兑换业务，不得不放弃金本位。到了 1936 年，全部西方国家的货币都放弃了金本位。

（4）金本位制的崩溃。第二次世界大战后，美国经济实力急剧增长，成为世界最大的债权国，而其他国家的货币竞相贬值。为重建国际货币体系，1944 年 7 月，由 44 个国家参加的“联合国货币金融会议”在美国新罕布什尔州的布雷顿森林举行。经研究讨论，确定了“二战”后国际经济体系，通过了《国际货币基金协定》又称“布雷顿森林协定”，创立了两个永久性的国际金融机构，即“国际货币基金组织”和“国际复兴开发银行”（又称“世界银行”）。

布雷顿森林协定的有关内容是：① 以黄金为基础，以美元为最主要的国际储备货币。各国政府或中央银行可按 35 美元 1 盎司的官价用持有的美元向美国兑换黄金。其他国家的货币则与美元挂钩，把美元的含金量作为各国货币的平价标准。② 实行固定汇率制。各国货币对美元的汇率一般只能在平价上下 1%的幅度内浮动。这是以美元为中心的资本主义货币体系，这个货币体系的实质是美元—黄金本位制，美元与黄金直接挂钩，其他国家的货币与美元确定固定汇率，与美元挂钩，这是布雷顿森林协定的两大支柱。美元取得了与黄金同等的地位，充当了“国际货币”，被广泛用作国际计价单位、支付手段和储藏手段，也可以说，这个货币体系确定了美元的霸权地位。

布雷顿森林体系从 1945 年运行到 1973 年，对“二战”后世界经济贸易的发展产生了巨大的促进作用。美元作为黄金的补充，满足了国际贸易增长对国际储备的需求，在一定程度上解决了国际储备的短缺，弥补了国际清偿能力的不足，缓解了国际收支的逆差，促进了国际资本的流动。

布雷顿森林体系在促进国际经济货币合作方面有着重大的作用。但是，布雷顿森林体系从一开始就存在着严重的缺陷，而且在运行期间并不能按设想的轨道运作。首先，固定汇率制很难调整，顺差国不愿其货币升值，逆差国不愿其货币贬值，为维持固定汇率又不影响到国内经济，顺差国只能采取扩张性货币政策，这将导致通货膨胀。逆差国则采取收缩性货币政策，这将导致衰退和失业。所以在这种汇率制度下，难以按实际情况经常调整汇率。1971 年美国完全停止黄金兑换，1973 年各国货币同美元的金平价完全取消。此时更重要的一点是，以美元为中心的国际货币体系必须具备两个基本要素：一是要保证各国以 35 美元 1 盎司的官价向美国兑换黄金；二是美国要向各国提供足够的美元。然而，20 世纪 60 年代中期后，美国通货膨胀严重，国际收支状况恶化，美国的黄金储备流失达 14 亿美元。在此情况下，美国不得不实行“黄金双价制”，即一个是官价，仍维持 35 美元 1 盎司，但只在各国官方结算时使用；另一个是自由市场价格，私人买卖黄金完全由市场供求情况决定。“黄金双价制”标志着以美元为中心的国际货币体系的动摇。1971 年，由于英国和法国希望以美元兑换黄金，在各国掀起抛售美元、抢购黄金和硬通货的浪潮，美国总统理查德·尼克松于 8 月 15 日宣布，美元停止兑换黄金。各国货币纷纷脱离和美元的固定比价。同时，美国国际收支逆差越来越大，引起人们对美元信心的动摇，如果美国要保持国际收支平衡，就会影响到国际储备，引起国际清偿能力不足。由于美元供给困难和美元贬值，到 1973 年，以美元为中心的国际货币体系彻底崩溃，金本位制全面瓦解。

（二）纸币本位制

纸币本位制度又称信用货币制度，是货币制度的高级形式，它使用国家的强制手段，以本身没有价值的纸币代替金银执行货币职能。在流通中，以真实货币代表出现的货币符号通常有两种：纸币与银行券，它们同是本身没有内在价值的纸制货币符号。

所谓纸币本位制，即一国本位货币采用纸币而不与黄金发生关系，它的特点是：（1）纸币的发行不受黄金准备的限制，其发行量取决于货币管理当局实现货币政策的需要；（2）纸币的价值不取决于黄金的价值，而取决于购买力；（3）纸币的流通完全取决于纸币发行者的信用，如纸币发行者是中央银行，则取决于中央银行的信用；（4）中央银行是政府的银行，政府以法律手段强制社会公众接受，保证纸币的流通。

1. 纸币

纸币是由国家强制发行的不兑换的纸制货币符号。

在金属货币流通时，金银本身都具有一定的价值，然而，在商品交换中，商品所有者关心的是货币能否作为购买手段买回等值的商品，并不关心币材是否足值。加上铸币在流通中不断转手，受到磨损，磨损了的铸币虽然重量不足，实际价值减少，但在流通中依然同十足的铸币一样发挥着流通手段职能，这就为用货币符号代替铸币提供了可能。再者，当执政者为弥补国家财政的亏空，意识到可用货币符号取代铸币时，就有意识地铸造重量不足、成色不正的铸币，投入流通，强制使用，继而用贱金属取代金银铸币，最后被纸币所代替。以纸为币材确立为一种货币制度是在 1929—1933 年世界经济危机之后才实行的。

纸币的流通取决于两个条件：一是中央集权制国家的政权干预，因为只有国家发行的纸币才具有权威性，只能由国家赋予纸币以强制使用的权力；二是市场经济的形成和发展，市场经济提供了吸收大量纸币的场所，使纸币能够被广泛使用。

2. 银行券

在商品生产和交换不断扩大的趋势下，市场对货币的需求量剧增，由于金属货币的生产能力有限，难以满足供应，客观上要求流通中以信用货币代替金属货币，另外，商品流通促进了信用制度的发展。赊购、延期支付、清偿债务等方式，使买卖行为变成了信用关系。用于买卖双方的、标明金额的定期支付凭据，即为商业票据。银行券是在票据流通的基础上产生的，持有商业票据者需要把它转变为现款时，就会到银行贴现，以取得现款。银行券是代替商业票据的银行家票据，是不定期的，持票人可以随时到发行银行券的银行兑换黄金，银行本票经背书后可以流通，这是原来意义上的银行券。

信用货币制度下，各国的主要货币是中央银行发行的纸币。它是国家强制流通的价值符号，具有无限法偿能力。纸币本身没有价值，不能兑换黄金，它的发行不以金、银为保证，而是依据经济发展的客观需要，通过信用程序进入流通领域。

信用货币制度有以下特点：（1）流通中的货币都是信用货币。纸币的流通完全取决于纸币发行者的信用。如纸币发行者是中央银行，则决定于中央银行的信用。银行券是银行发行的，则取决于发行机构的信用。现实经济生活中的货币，都是银行对所有者的负债，体现着信用关系。（2）流通中的货币都是通过信用程序投入流通的，即是通过信用程序发行的，这与金属货币制度下货币通过自由铸造投入流通不同。它们既不能兑换黄金与白银，也不能规定纸币的金、银的含量。（3）国家对货币流通的管理成为经济正常发展的必要条件。在纸币制度下，货币大多是通过银行放款程序投入流通的，货币的发行不用黄金做保证，而是取决于货币当局实现货币政策的需要。如果银行放款过多就会造成通货膨胀；如果放款过少，就会造成通货紧缺。因此中央银行必须控制、调节货币供应量保持货币流通的稳定。

纸币制度克服了金属货币制度下货币数量受金属供给限制的缺点，国家可以根据经济活动的客观需要来发行或回笼货币，以便灵活地调整货币供应量。同时，纸币本身造价低廉，携带方便，可大大节约流通费用。然而也正是由于纸币发行的人为性，货币发行存在着超过经济发展需要的可能。不兑换的纸币会发生通货膨胀，造成纸币贬值。特别是当一个国家采取赤字财政政策时，往往因纸币的超额发行而导致恶性通货膨胀的后果。第二次世界大战后，各国均受到通货膨胀的困扰。

3. 区域性货币制度

区域性货币制度是指区域内的有关国家（地区）通过协调形成一个货币区，组建联合中央银行来统一发行与管理区域内单一货币的制度。

所谓区域本位货币，就是指在一定的地理区域内的国与国之间的经济往来中，各国出于经济条件和政策上的考虑，用法律的形式将本国货币与之固定起来，作为衡量本国货币价值的标准以及区域内经济往来的最终清偿手段，区域本位货币的终极目标是形成区域内单一货币。区域本位货币的理论基础是 1999 年获得诺贝尔经济学奖的蒙代尔于 1961 年提出的“最优货币区”理论。他认为那些在商品、劳动力、资本等生产要素方面流动比较自由，经济发展水平和通货膨胀率比较接近的国家和地区，可以组成一个独立的货币区，在区域内通过协调的货币政策、财政政策和汇率政策来达到经济增长、充分就业、物价稳定和国际收支平衡等目标。在该理论的指导下，欧洲各国基于政治和经济的利益建立了区域本位货币——欧元。

货币制度的发展史表明：货币制度是对货币运动的约束和规范。其核心内容是稳定币值，促进商品经济的发展。而稳定币值的办法，在金属本位制的条件下以贵金属做保证，在纸币本位制条件下以社会公众提供的资源或资产做保证。金属本位制中各种货币制度的更替，始终是以怎样稳定币值展开的。在纸币本位制下，虽然没有贵金属做保证，但中央银行发行纸币时，也需有准备金，准备金或者以外汇形式存在，或者以基础货币的形式存在，无论是前者还是后者都是社会公众提供给中央银行的信用。社会公众对中央银行提供信用意味着自己持有的资源或资产供中央银行分配。可以说社会公众提供给中央银行分配的资源或资产是稳定币值的基础，这个基础越扎实，纸币的价值越稳定。

三、人民币制度

1948 年 12 月 1 日，中国人民银行在石家庄正式宣告成立，并开始发行人民币，人民币成为国家的本位货币。中国人民银行的成立和人民币的发行，标志着新中国货币制度的开端。

人民币发行后，迅速收兑了法币、金圆券和银圆券，解放区的货币也逐步统一。但是由于多年的恶性通货膨胀，人们对纸币缺乏信心，金银尤其是银圆又重新进入流通，在某些地区外币成为主要通货，港币则在广州通行。为稳定人民币制度，国家禁止金银计价流通和私下买卖，统一管理金银购销，坚决取缔外国银行在我国发行货币，禁止外币流通，并垄断了外汇经营的特权。通过一系列措施，政府迅速克服了货币流通混乱的状况。

中华人民共和国成立初期，为恢复国民经济、救济灾民、保障军队和公职人员的供给，财政出现巨额赤字，不得不依靠货币发行来弥补。如果不及时消除通货膨胀，新的货币制度很难巩固。为此，国家统一全国财政收支、统一全国物资调拨、统一全国现金管理，建立信贷、结算和现金统一管理制度，终于在 1950 年 4 月现金开始回笼，物价不再上涨，人民币的币值基本稳定，为以后人民币制度长期稳定奠定了基础。

鉴于当时人民币票面额过大（大面额的是 5 万元，最小面值是 50 元），单位价值太低，国务院于 1955 年 3 月 1 日起发行新的人民币，按 1:1 000 的比例无限制无差别地收兑了全部旧币，并同时建立辅币制度，这种格局一直保存至今。

中国的人民币制度是一种纸币本位制。它的发行不与任何贵金属挂钩，也不依附于任何一国的货币。它是一种独立的货币。

我国人民币制度主要包括五个方面内容。

（1）我国法定货币是人民币。人民币单位为“元”，元是本位币，即主币，辅币名称为“角”和“分”。

（2）人民币是一种不兑现的信用纸币，是代表一定价值的货币符号。没有含金量的规定，不能兑换金银。黄金外汇储备主要是作为国际收支的准备金。

（3）人民币发行坚持高度集中统一和经济发行（也称信用发行）的原则。由中国人民银行按照商品流通规模扩大和经济增长的客观合理需要发行货币。

（4）人民币是一种管理通货。人民币政策经历由直接调控向间接调控过渡的阶段，逐步放弃信贷计划管理，运用“三大政策工具”调节和控制货币流通。

（5）人民币对外国货币的汇率采用直接标价法，由国家外汇管理局发布。随着人民币国际化的推进，人民币的跨境流通和跨境结算更加普通。我国现行的人民币制度还有比较特殊的就是“一国多币”。

本章小结

1. 货币是固定充当一般等价物的特殊商品。

2. 货币有价值尺度、流通手段、支付手段、价值储藏和世界货币五个职能。

3. 货币经历了实物货币、代用货币和信用货币的阶段，货币价值的稳定取决于对货币数量的控制。

4. 货币制度的构成要素有：本位货币以及货币的材料，货币单位，各种通货的铸造、发行和流通程序，金准备制度。

5. 货币制度经历了银本位、金银复本位、金本位和纸币本位的历程。在当今世界经济一体化、全球化的发展趋势下，一些区域性或世界性的本位货币也值得我们关注。

6. 马克思的货币理论是马克思劳动价值理论的重要一环。深入理解马克思的货币理论有利于深入理解社会主义核心价值体系，将马克思主义货币理论同中国货币制度发展相结合有利于马克思主义中国化。

重要概念

货币　实物货币　代用货币　信用货币　有限法偿　无限法偿　货币购买力　货币流通量　广义货币　货币制度　本位货币　格雷欣法则

复习思考题

1. 货币的基本职能是什么？

2. 马克思是如何理解货币的本质的？

3. 货币制度的主要内容有哪些？

4. 为什么金银复本位制不稳定？

5. 货币制度的演变过程是怎样的？

6. 如何划分货币层次？

实训案例

实训案例一：数字货币

数字货币（DC）是指以数字形式存在的货币，在不同语境下，有着不同的内涵和外延。国际货币基金组织（IMF）称之为“价值的数字表达”。数字货币被认为是一种基于节点网络和数字加密算法的虚拟货币。数字货币的核心特征主要体现在三个方面：(1) 由于来自某些开放的算法，数字货币没有发行主体，因此没有任何人或机构能够控制它的发行；（2）由于算法解的数量确定，所以数字货币的总量固定，这从根本上消除了虚拟货币滥发导致通货膨胀的可能；（3）由于交易过程需要网络中的各个节点的认可，因此数字货币的交易过程足够安全。2018 年，国际清算银行（BIS）下属支付及市场基础设施委员会（CPMI）提出了一个“货币之花”的概念模型（见图 1），从四个方面对数字货币进行分类：发行人（中央银行或非中央银行）、货币形态（数字或实物）、可获取性（广泛或受限）及实现技术（基于账户或基于代币）。

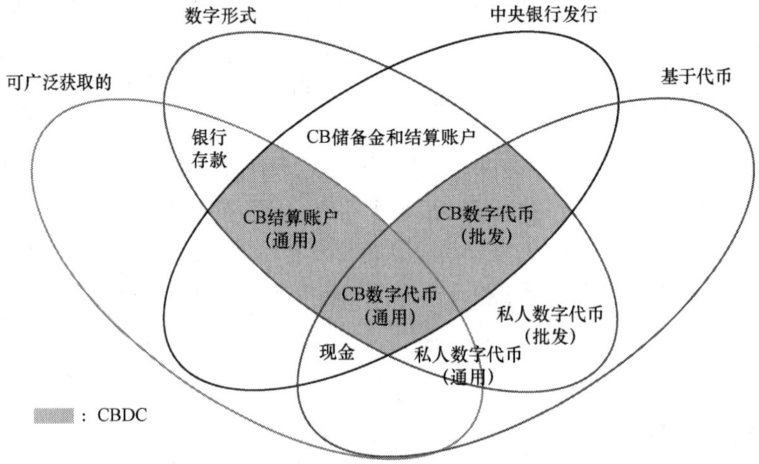

图 1　国际清算银行“货币之花”模型

注：CB 代表中央银行，CBDC 代表中央银行数字货币。

为区分和识别数字货币的特点，从发行主体、适用范围、发行数量、储存形式、流通方式、信用保障、交易成本、交易安全等方面将数字货币、电子货币和虚拟货币进行了对比，区别如表 1 所示。①

表 1　数字货币、电子货币和虚拟货币对比

主要要素	电子货币	虚拟货币	数字货币
发行主体	金融机构	网络运营商	无
使用范围	一般不限	网络企业内部	不限
发行数量	法币决定	发行主体决定	数量一定
储存形式	磁卡或账号	账号	数字
流通方式	双向流通	单向流通	双向流通
货币价值	与法币对等	与法币不对等	与法币不对等
信用保障	政府	企业	网民
交易安全性	较高	较低	较高
交易成本	较高	较低	较低
运行环境	内联网、外联网、读写设备	企业服务器与互联网	开源软件以及 P2P 网络
典型代表	银行卡、公交卡	Q 币、论坛币	比特币，莱特币

① 朱阁. 数字货币的概念辨析与问题争议. 价值工程，2015，34（31）：163－167.

数字货币是一把双刃剑。一方面，其所依托的区块链技术实现了去中心化，可以用于数字货币以外的其他领域，这也是比特币受到热捧的原因之一；另一方面，如果数字货币作为一种货币受到公众的广泛使用，则会对货币政策、金融基础设施、金融市场、金融稳定等方面产生巨大影响。

（1）对货币政策的影响。如果数字货币被广泛接受且能发挥货币的职能，就会削弱货币政策的有效性，并给政策制定带来困难。因为数字货币发行者通常都是不受监管的第三方，货币被创造于银行体系之外，发行量完全取决于发行者的意愿，因此会使货币供应量不稳定，再加上当局无法监测数字货币的发行及流通，导致无法精准判断经济运行情况，给政策制定带来困扰，同时也会削弱政策传导和执行的有效性。①

（2）对金融基础设施的影响。基于分布式分类账技术进行价值交换的分散机制改变了金融市场基础设施所依赖的总额和净额结算的基本设置。分布式分类账的使用也会给交易、清算和结算带来挑战，因为它能促进不同市场和基础设施中传统服务供应商的非中介化。这些变革可能对零售支付体系以外的市场基础设施产生潜在影响，如大额支付体系、证券结算体系或交易数据库。

（3）对广义金融中介和金融市场的影响。数字货币和基于分布式分类账的技术如果被广泛使用，就会对金融体系现在的参与者特别是银行的中介作用带来挑战。银行是金融中介，履行代理监督者的职责，代表存款人对借款人进行监督。通常，银行也开展流动性和到期转换业务，实现资金从存款人到借款人的融通。如果数字货币和分布式分类账被广泛使用，任何随后的非中介化都可能对储蓄或信贷评估机制产生影响。

（4）对安全隐患与金融稳定的影响。假定数字货币被公众所认可，其使用大幅增加并在一定程度上替代法定货币，则与数字货币有关的用户终端遭到网络攻击等负面事件会引起币值的波动，进而对金融秩序和实体经济产生影响。②

法定数字货币是法币的数字化形式，是基于国家信用且一般由一国央行直接发行的数字货币。法定数字货币实现形式可以基于传统中央银行集中式账户体系发行；也可以不基于账户，类似于传统认知中比特币那样是于名下的特定密码学与算法构成的数字，可称为基于价值（Value）或基于代币（Token）。根据应用场景不同，又可分为批发端和零售端中央银行数字货币。前者应用于银行间支付清算、金融交易结算等；后者流通于社会公众。

数字人民币，又称中国央行数字货币、DC/EP、e-CNY，是由中国人民银行发行的数字形式的法定货币，由指定运营机构参与运营并向公众兑换，以广义账户体系为基础，支持银行账户松耦合功能，与纸钞和硬币等价，具有价值特征和法偿性，支持可控匿名。2017 年末，中国人民银行组织部分商业银行和有关机构共同开展数字人民币体系的研发。在坚持双层运营、现金替代、可控匿名的前提下，基本完成了顶层设计、标准制定、

① 张荣丰. 关于数字货币的发行与监管初探. 华北金融，2017（1）：36－38.

② 范一飞. 中国法定数字货币的理论依据和架构选择. 中国金融，2016（17）：10－12.

功能研发、联调测试等工作。2019 年末，数字人民币相继在深圳、苏州、雄安新区、成都及未来的冬奥场景启动试点测试；2020 年 11 月，增加了上海、海南、长沙、西安、青岛、大连 6 个试点测试地区。2021 年 7 月 16 日，中国人民银行发布《中国数字人民币的研发进展白皮书》，透露了有关数字人民币的一些重大信息。截至 2021 年末，数字人民币试点场景已超过 808.51 万个，累计开立个人钱包 2.61 亿个，交易金额达 875.65 亿元。截至 2022 年 9 月，数字人民币试点已扩大到北京全域，累计落地 40 余万个场景。

数字人民币采取了双层运营体系。即中国人民银行不直接对公众发行和兑换央行数字货币，而是先把数字人民币兑换给指定的运营机构，比如商业银行或者其他商业机构，再由这些机构兑换给公众。运营机构需要向中国人民银行缴纳 100%准备金，这就是 1∶1 的兑换过程。这种双层运营体系和纸钞发行基本一样，因此不会对现有金融体系产生大的影响，也不会对实体经济或者金融稳定产生大的影响。数字人民币投放采用双层运营模式，不对商业银行的传统经营模式构成竞争，同时能充分发挥商业银行和其他机构在技术创新方面的积极性；数字货币投放系统保证数字人民币不超发，当货币生成请求符合校验规则时才发送相对应的额度凭证。

资料来源：根据科普中国、百度百科整理。

实训项目：数字货币发行流通的优缺点有哪些？数字人民币的发行能否实现去货币化？

实训案例二：构建多层次广覆盖的支付清算网络

中国人民银行坚持独立自主原则，逐步构建大额支付与零售支付协同发展、国内支付与国际支付统筹兼顾的现代化支付清算网络。

（1）建立四通八达的境内支付清算网络。大额支付系统为银行机构、企事业单位提供跨行资金汇划服务，连接各银行机构、金融市场，是我国的核心支付清算系统。小额支付系统和网上支付跨行清算系统提供 7×24 小时“全天候”零售支付清算服务。中央银行会计核算数据集中系统（ACS）为中央银行业务提供全面账务处理服务，为中国人民银行履职提供有力保障。中国银联、网联清算、农信银资金清算中心、城银清算等为商业银行、城市及农村中小金融机构、支付机构等提供清算服务。

（2）推动支付清算网络向境外延伸。为提高人民币跨境支付结算效率，中国人民银行组织建设人民币跨境支付系统（CIPS）。截至 2022 年第一季度末，已接入 76 家直接参与者和 1 228 家间接参与者，连接 178 个国家和地区，实现对全球各时区金融市场的全覆盖，能够满足各类跨境贸易、投融资业务等结算需求。截至 2021 年底，中国银联网络已延伸至全球 180 个国家和地区，境外受理商户超过 3 500 万户，在境外 75 个国家和地区发行超过 1.8 亿张银联卡，部分支付服务技术和标准陆续出海，成为我国自主银行卡品牌，并跻身国际三大卡组织。

多层次、广覆盖的支付清算网络，为促进我国经济高质量发展，维护金融安全发挥了重要作用。一是在资金循环中的中枢作用日益突出。2021 年，中国人民银行支付清算系统处理业务 219 亿笔、金额 6 622 万亿元。根据支付与市场基础设施委员会（CPMI）最新数据，我国支付系统业务处理金额在其 27 个成员中排名第二。二是为普惠金融发展提供支撑。商业银行重点发挥网点多、分布广、服务全的基础作用；支付机构重点深耕小额、便民零售支付领域，为社会公众提供安全、高效、便捷的支付服务。目前，我国借记卡、ATM、POS 机数量等多项指标已位居 CPMI 成员之首。三是推动支付产业创新发展。在安全高效、遍及全国的支付清算网络基础上，以移动支付为代表的支付产业快速发展。普华永道的消费者调查数据显示，我国移动支付使用率为 86%，居全球第一。

资料来源：中国人民银行，www.pbc.gov.cn。

实训项目：便捷高效的支付清算网络对货币流通有何影响？对货币制度有何影响？

第二章

信用、利息与利率

学习目标

通过本章学习，学生应理解信用的产生和发展过程，掌握信用的本质与特点，了解信用形式和信用工具的分类，理解其在现代金融活动中的作用，理解诚实守信在社会主义价值体系中的作用；通过对利息来源的分析明确其与经济运行的关系，掌握利率体系的构成和利率的影响因素，理解利率理论；深入理解马克思的利率决定理论及其劳动价值论在中国现代化发展中的作用。

第一节 信用概述

在现代市场经济中，信用是广泛存在的经济现象。对信用的研究不但具有理论价值，而且具有深刻的现实意义。信用是一种价值运动的特殊形式，所以，信用是从属于商品货币经济的范畴。信用最初产生于商品交换之中，私有制的出现是借贷关系存在的前提条件。

一、信用的产生和发展

（一）信用的产生

人类最早的信用活动开始于原始社会末期。社会生产力的发展使原始社会出现了两次社会大分工：畜牧业与原始农业的分工、手工业与农业的分工。这两次社会大分工促进了商品的生产和交换，加速了原始社会公有制的瓦解和私有制的产生。信用是从属于商品货币关系的经济范畴。信用产生离不开商品货币经济。私有制出现以后，社会分工不断发展，大量剩余产品不断出现。私有制和社会分工使得劳动者各自占有不同的劳动产品，剩余产品的出现则使交换行为成为可能。

人类的信用活动一直是以实物借贷和货币借贷两种形式存在的，最早的信用是实物借贷。实物借贷是以信用方式进行的物物交换，虽然能够直接满足借者的某种需要，具有直接性、及时性等优点，但物物交换又需耗费大量的人力、物力和时间，成交也十分困难，使得信用关系难以广泛发展。随着经济的发展和货币的产生，商品货币关系逐渐确立，以货币为媒介的商品交换克服了物物交换的困难，货币越来越成为借贷的主要对象，货币借贷逐渐取代了实物借贷而占据主导地位，随着货币支付手段职能的发展，信用开始广泛地发展起来。

随着商品生产和交换的发展，商品流通出现了矛盾，货币与商品的互换在时间和空间上产生了不一致，"一手交钱、一手交货"的方式由于受到客观条件的限制经常发生困难。例如，一些商品生产者出售商品时，购买者却可能因自己的商品尚未卖出而无钱购买，这就出现了货款的延期支付，即商品赊销。于是，赊销即延期支付的方式应运而生。赊销意味着卖方对买方未来付款承诺的信任，意味着商品的让渡和价值实现发生时间上的分离。买卖双方除了商品交换关系外，又形成了一种债权债务关系，即信用关系。当赊销到期、支付货款时，货币不再发挥其流通手段的职能而只充当支付手段。整个过程实质上就是一种区别于实物交易和现金交易的交易形式，即信用交易。这时商品所有者只是将商品价值单方面转移；当归还价值时，则是货币价值的单方面转移，货币发挥着支付手段的职能。正是由于货币作为支付手段的职能，使商品能够在早已让渡之后独立地完成价值的实现，从而确保了信用的兑现。在这种特殊的价值运动中，买卖双方结成了借贷关系，即信用关系，也就是债权人与债务人的关系，信用便由此产生了。随着商品经济的发展，为克服商品赊销的局限性，产生了货币形态的借贷。因此，信用产生的客观基础是商品货币经济。它是在商品交换发生延期支付、货币发挥支付手段职能时产生的。

后来，信用交易超出了商品买卖的范围。作为支付手段的货币本身也加入了交易过程，出现了借贷活动。从此，货币的运动和信用关系联结在一起，并由此形成了新的范畴——金融。现代金融业正是信用关系发展的产物。在市场经济发展初期，市场行为的主体大多以延期付款的形式相互提供信用，即商业信用；在市场经济较发达时期，随着现代银行的出现和发展，银行信用逐步取代了商业信用，成为现代经济活动中最重要的信用形式。

总之，信用交易和信用制度是随着商品货币经济的不断发展而建立起来的，信用交易的产生和信用制度的建立促进了商品交换和金融工具的发展，现代市场经济发展成为建立在错综复杂的信用关系之上的信用经济。

（二）信用发展

信用随着商品经济的发展而发展，经历了高利贷信用、资本主义信用和社会主义信用三种形态。

1. 高利贷信用

高利贷信用是指以取得高额利息为特征的一种信贷活动，是最原始的信用形态。

高利贷产生于原始社会末期。当时私有制出现，贫富分化，人们开始采用还本付息方式借贷。因当时剩余产品有限，可贷资金和财物极少，借入者只有付出高额利息才能得到急需的商品和货币，这是高利贷产生的历史根源。高利贷在奴隶社会和封建社会中是占主导地位的基本信用形式。当时小生产占主导地位的自然经济是其存在的客观基础。在奴隶社会和封建社会，生产力水平低下，小生产者的经济极不稳定，其生活常常陷入窘迫境地，而且他们还背负各种苛捐杂税，为维持简单再生产不得不向高利贷者借贷。高利贷的另一个放贷对象是奴隶主和封建主，他们为维持荒淫无度的奢侈生活或出于政治斗争的需要借高利贷。由于高利贷的借者不是为了获得追加资本进行经营，而只是为了获得购买手段和支付手段，所以只能忍受高利盘剥。

高利贷信用具有两个鲜明的特点。

（1）一是高利贷资本来源于商人、官吏、宗教机构，主要用于生活性消费，因而与社会生产没有直接的密切联系。高利贷的对象包括小生产者、奴隶主和封建主。小生产者的经济基础十分薄弱，往往遭受天灾人祸等意外事故打击而被迫告贷；封建主和奴隶主借高利贷主要是为了满足奢侈生活需要。

（2）二是高利贷具有资本的剥削方式，却不具有资本的生产方式，即货币在贷者手中作为资本使用，使货币增值，但借入者无法把它作为资本来使用，只能作为购买手段或支付手段解决燃眉之急。

因此，高利贷在历史上的作用主要表现在两个方面：一方面，高利贷导致生产力发展缓慢，受残酷高利盘剥的小生产者需要在极端困难的条件下维系简单再生产，从而使社会生产力发展受阻；另一方面，高利贷在客观上促进了资本主义产生的前提条件的形成，即高利贷者手中集中了大量货币资本，实现了资本的原始积累，而大批小生产者、封建主破产，成为无产者，又为雇佣劳动创造了条件。

新兴资产阶级反对高利贷的原因是：高利贷的利率过高，影响资本主义生产方式的运转，不能满足新兴资产阶级的需求；加上高利贷者竭力维护其赖以生存的小生产方式的保守行为阻碍了资本主义的发展。斗争的焦点是降低利率，使之低于资本平均利润率。斗争的结果是新兴资产阶级建立了自己的信用制度，以借贷资本形式取代了高利贷的垄断地位。这样，资本主义信用便产生了。

2. 资本主义信用

资本主义信用表现为借贷资本的运动。资本主义信用的实质是银行信用，它是信用的基本形式。资本主义生产关系确立以后，为了发展资本主义经济，以资本主义再生产为基础的资本主义信用便取代了高利贷信用，取得了垄断地位。资本主义信用的作用具有两重性。

一方面，信用促进了资本主义经济的发展。这表现在以下方面：（1）信用促进了利润率的平均化。利润率的平均化以资本在各部门之间的自由转移为条件，但只有货币形态的资本才能在各部门之间自由转移。信用的发展为职能资本家提供了大量的货币资本，为实现资本转移提供了条件，从而促进了利润率的平均化。（2）信用能够节省流通费用，缩短流通时间。由于信用的发展，商品买卖可以采用赊账方式，这大大加快了商品流通，缩短了资本周转时间，并节省了与商品流通有关的费用。（3）信用可以促进资本集中。首先，信用是股份公司发展的前提，而股份公司是资本集中和生产集中的重要形式；其次，大资本利用信用机构的有力支持而加强了竞争能力，从而加速了吞并中小资本的资本集中过程。

另一方面，资本主义信用的发展又会加剧资本主义基本矛盾，促使经济危机的爆发。这是因为：（1）信用制度的发展，使资本主义的生产规模可以不受资本家自有资本的限制而不断扩大，促进了生产的社会化；（2）信用加速资本集中，使生产资料和产品日益集中到少数大资本家手里，这就使资本主义社会的内在矛盾进一步尖锐化；（3）信用造成了对商品的虚假需求，加剧了各生产部门之间发展的不平衡性，从而促进和加深了资本主义经济危机。

3. 社会主义信用

社会主义信用体现了社会主义生产关系。我国社会主义制度建立以后，利用信用为社会主义建设和发展服务，建立起新型的信用关系，使信用成为国家有计划地动员和分配货币资金的一种重要形式。

随着商品经济的发展，现代信用有了突飞猛进的发展。不仅信用形式多样化，信用工具多样化，而且信用关系已渗透到商品经济生活的方方面面。无论微观经济活动，还是宏观经济活动，都离不开货币信用形式，都需要借助信用工具。

二、信用的定义及其本质

（一）信用的定义

信用是一个古老的经济范畴。“信用”一词，古已有之，原义多指相信、信任、声誉等，不同的人从不同的角度，对信用有不同的理解。我们日常所说的信用的包含信任、恪守诺言、实践承约等内容。“信用”一词有许多不同的含义。经济学中的信用有其特定的含义，专指借贷行为，即信用是商品和货币的所有者把商品和货币让渡给需求者并约定一定时间由借者还本付息的行为。

所以，信用是以偿还和付息为条件的价值单方面的运动，是价值运动的一种特殊形式。

（二）信用的本质

信用的本质就是一种债权债务关系。借贷行为发生后，借方是债务人，有付款的法定义务；贷方是债权人，有要求付款的权利。所以借贷关系反映债权债务关系，信用关系是债权债务关系的统一。

（1）信用不是一般的借贷行为，而是有条件的借贷行为，是以偿还和支付利息为条件的借贷行为。人们互相不计息的借贷行为和借贷关系不是信用和信用关系。只有有条件的借贷行为即必须偿还和支付利息才是信用。现实生活中有时也有无利息的借贷，但这是由于政治目的或某种经济目的而采取的免除利息的优惠，是一种特殊借贷。西方不少国家的银行对企业的活期存款也往往不付利息，但存款者可以享受银行的有关服务和取得贷款的某些权利，所以这实际上还是有利息的。

（2）信用是价值运动的特殊形式，即价值运动是通过一系列的借贷、偿还、支付过程实现的。在发生信用借贷行为时，借者只有暂时使用货币或商品的权利，所有权仍属于贷者；贷出的货币或商品的所有权并没有转移，只是让渡使用权。借贷行为发生时，并没有进行对等的交换，而只是价值单方面的转移。借方在到期后必须还本付息，贷方得到了价值增值。

（3）信用是一种特殊的经济关系，它是从属于商品货币经济的经济范畴，是发生在不同人、不同团体或国家之间有条件让渡货币或商品的一种经济关系。信用体现一种社会关系。信用不仅是个体行为，而且是发生在授信人和受信人之间的社会关系。成千上万的授信人和受信人形成信用关系，行为主体时而是授信人，时而是受信人，身份在不断变换。如银行在吸收存款时，是受信人，与存款客户形成信用联系；银行在发放贷款时，则为授信人，与贷款客户形成信用联系。这充分体现信用错综复杂的社会关系。

随着信用的发展，信用内涵及其表现形式愈加丰富，信用作为一种社会关系也愈加复杂。在现代社会，信用关系逐步深入社会生活的方方面面，尤其是经济领域。可以说，现代市场经济实质上是由错综复杂的信用关系编织而成的巨大社会关系网络。

三、信用与现代经济的关系

（一）现代经济是信用经济

现代经济中债权债务关系是最基本、最普遍的经济关系。经济活动中的每一个部门、每一个环节都渗透着债权债务关系。经济越发展，债权债务关系越紧密，越成为经济正常运转的必要条件。现代经济中信用货币是最基本的货币形式。各种经济活动形成各种各样的货币收支，而这些货币收支最终都是银行的资产和负债，都体现了银行与其他经济部门之间的信用关系。所以信用就成为一个无所不在的最普遍的经济关系。信用关系中的个人、企业、政府、金融机构、国际收支等部门的任何经济活动都离不开信用关系。

（二）信用对现代经济发展的作用

1. 积极作用

积极作用主要表现在以下方面：（1）信用促进了资金优化配置，提高了资金使用效率；（2）信用可加速资金周转，节约流通费用；（3）信用加速了资本积聚和集中；（4）信用有效地调整着国民经济；（5）信用促进了国际贸易的发展和世界市场的形成与扩大。

2. 消极作用

消极作用主要表现在以下方面：（1）信用制度加剧了资本主义社会的基本矛盾；（2）信用关系会产生信用风险；（3）信用还会引发经济危机；（4）信用会刺激投机，产生泡沫。

因此，在发挥信用各种作用的同时，必须把握适度原则。只要信用活动建立在真实的社会再生产基础之上，信用膨胀和过度投机就能够得到有效的监管和控制，就能够避免出现泡沫经济。

第二节 信用形式与信用工具

信用作为一种借贷关系和借贷行为，总是需要通过一定的形式表现出来，信用形式就是信用关系和信用活动表现出来的具体形式。随着商品经济的发展，商品交换和货币流通范围不断扩大和延伸，信用关系和信用活动日益发展扩大和复杂化，信用形式也日趋多样化。

一、信用形式的分类

信用形式按照不同的标准，有着不同的分类。

以信用发放主体为标准划分，信用可分为商业信用、银行信用、政府财政信用、股份公司信用、国际投资信用、个体信用等。

以信用成立时作为起因的标的为标准，信用可分为商品信用和货币信用，前者指以商品形式提供的信用，后者指货币的借贷。

以偿还期限为标准，信用可分为定期信用和即期信用。前者又可分为短期信用、中期信用、长期信用，后者又可分为必须预告的即期信用和无须预告的即期信用。

以取得信用的用途为标准，信用可分为消费信用、资本信用、财政信用、投机信用等。消费信用具体形式为高档耐用消费品的分期付款、房屋的分期付款等；资本信用又可按部门分为农业信用、工业信用等；投机信用在我国是被禁止的。

以不同的标准对信用进行分类，目的在于从不同角度考察信用与经济发展之间的关系。下面就对几种常见的信用形式进行介绍。

（一）商业信用

商业信用是指企业之间提供的，与商品交易直接联系的一种信用，是古老的信用形式。它是在商品交易中超前交易和滞后交易下产生的，其基本形式主要有赊销商品、委托代销、分期付款、预付定金、按工程进度付工程款、补偿贸易等。

要理解商业信用的含义，必须把握两点：（1）商业信用是处于生产流通过程中的信用，直接为商品生产和流通服务。它贷出去的是处于产业资本循环过程中最后一个阶段的商品资本，不是已经从再生产过程中分离出来的货币资本。预付货款从形式上看是货币的单方面转移，但实质上是与特定的商品交易联系在一起的。因此，企业之间不以商品交易为对象所进行的货币借贷行为，不是商业信用。（2）商业信用是一个企业以商品形态提供给另一个企业的信用，借贷双方当事人都是直接从事生产经营的工商企业，因为只有企业才能以商品提供信用，所以企业与个人之间进行的赊销和预付，不是商业信用。

1. 商业信用的特点

商业信用与其他信用形式相比较，其最基本的特点就在于它是与特定的商品交易紧密地结合在一起的。

（1）商业信用具有二重性，授信企业与受信企业之间既是信贷关系，又是买卖关系。商业信用活动的完成，实际上是进行了两种不同性质经济行为的转换，即由商品买卖活动转换为货币借贷活动。例如，在商品赊销活动中，卖方企业将商品赊销给买方企业，商品的买卖活动完成，商品的所有权由卖方转移到买方，但由于货款尚未支付，卖方成为债权人，买方成了债务人，商品买卖关系变成了货币借贷关系。到了约定时间，买方企业清偿了货款，此时商业信用活动才算完结。

（2）商业信用是解决买方企业流通手段不足的最便利的购买方式。作为买方企业，如果缺乏货币或其他必要的流通手段，为了购买维持生产所必需的生产资料，在卖方企业可以接受买方企业的债务时，采用商业信用解决流通手段不足的困难是最便利、可行的。但是，如果买方企业信用不好，企业间的信用活动就需要银行加以保证。

（3）在产业周期的各阶段上，商业信用的动态是与产业资本的动态相平行的。在经济繁荣阶段，生产增长，流通范围扩大，需要以信用方式出售的商品增加，商业信用随之扩大；反之，在经济危机阶段，生产下降，流通迟滞，需要以信用出售的商品减少，商业信用随之缩减。

2. 商业信用的优点

商业信用可以促进卖方商品销售和买方再生产的及时进行，加强企业之间经济联系，有利于生产和流通的发展。同时商业信用可发挥企业之间相互监督作用，有利于加速资金周转，提高资金使用效益。

借者在资金没到位的情况下实现购买，增加资金的来源，扩大生产和流通。贷者既卖了商品，又使闲置的资金投入了生产，增加了利息收入。

3. 商业信用的局限性

（1）商业信用的授信规模受工商企业现有资本量的限制。由于商业信用是工商企业之间相互提供的信用，贷出的资本是处于产业资本循环阶段的商品资本，而且是个别商品资本，所以，这既受到个别资本量的限制，又受到整个工商企业现有资本量最充分利用的总量的限制，它不可能使工商企业现有资本量得到追加的增长。

（2）商业信用的范围和期限被严格限制。商业信用只适用于有商品交易关系的企业，这样就限制了商业信用的活动领域。而且由于工商企业持有闲置的资金时间很短，如果以商品形态贷出的资本不能很快地以货币资本形态收回，就会影响产业资本的正常循环周转，所以，商业信用只能是短期信用。

（3）商业信用受企业信用能力有限性的限制。受借贷双方了解程度和信任程度的局限，商业信用带有一定的盲目性、风险性。如果买方企业的信用能力不能被卖方企业所信任、接受，更进一步讲，工商企业的信用能力不能为社会了解、承认，那么，商业信用就难以成立，其商业票据的流通空间也十分有限。

（4）商业信用具有连锁效应。在整个社会经济环境中，各个企业在经济关系上是相互关联、互相依存、环环相扣的。如果社会经济中大量采用商业信用这种形式，就会把许多原本并不相关的债权债务关系联结起来，形成债权债务的链条。此时如果其中某个环节出现了问题，就有可能影响到其他企业。

商业信用是直接与商品生产和流通相联系的，是直接为产业资本的循环周转服务的。它直接、方便，但其局限性又可能对经济发展产生不利影响。由于商业信用是在企业之间分散自发进行的，因而具有一定的盲目性，不利于资金和物资的集中分配和使用，极可能会被一些企业用来掩盖生产经营管理中存在的问题。因此，对商业信用要加强引导和管理，从而使商品经济发展，资金周转得以顺利进行。

（二）银行信用

由于商业信用的局限性，不能充分满足商品经济发展的需要，银行信用便应运而生了。银行信用是指银行及其他非银行金融机构以存款、贷款等业务形式向社会国民经济各部门提供信用的形式。

银行信用是在商业信用和货币经营业发展的基础上产生的。在商业信用发展到一定阶段，作为定期支付凭证的商业融资工具——商业票据开始具有支付手段的职能，可以在一定范围内流通，进行债权债务关系的抵消，无须最终转化为货币。但在必要时，商业票据的流通需求助于货币资本拥有者（货币经营业），这样，商业票据就成为“真正的”信用货币——银行券的基础。银行信用的产生就是因为客观上需要银行融资工具银行券去取代商业融资工具商业票据来进行流通。在这一取代过程中，货币经营业逐步发展成为现代银行业，银行信用避免和克服了商业信用的局限性，逐渐成为现代信用的主要形式。

银行信用的特点以及与商业信用的区别包含以下方面。

（1）银行信用具有很大程度的灵活性。银行信用所贷出的货币资本是从产业资本中分离出来的，是相对独立的借贷资本。由于银行信用贷放出去的资本不是处于产业资本循环周转过程中任何阶段的资本，而是从产业资本循环周转中暂时游离出来的货币资本的汇集以及居民的储蓄，因而它既不受个别企业所拥有的资本数量的限制，也不受个别资本循环周转在时间上的限制。同时，因为它是以货币形态提供的信用，所以它适用于任何一个生产部门，可以提供给任何一个企业，在流通规模、范围、期限上有很大的灵活性，可以根据工商企业的不同需要，提供期限、数量不同类型的信用。银行信用在灵活性上大大超过商业信用，可以在更大程度上满足经济发展的需要。而商业信用处于再生产过程中还未分离。

（2）银行信用具有广泛的接受性和活动范围。银行信用是以银行为中介开展活动的信用形式。银行是信用活动的中心，起着社会信贷活动中枢的作用。在银行信用借贷双方中，一方是银行或其他金融机构，相对于众多的工商企业，金融组织的信誉更好，它的债务凭证被视为货币充当流通手段和支付手段，较之商业票据具有更大的流通空间，具有最广泛的接受性。实际上，商业票据也需依赖于银行信用的支持，才能流通并发展。银行信用不同于商业信用，其活动对象除了生产经营企业外，还涉及国家的政府部门、各种经济单位以及居民个人等各个社会阶层，其影响极其广泛。商业信用的借贷双方都是企业。

（3）银行信用可广泛动员社会各方面闲置资金，突破个别企业拥有资金限制，信用规模大大超过商业信用；银行信用可广泛集中再生产过程中游离出的过剩资本和社会各阶段的货币收入，可向任一家企业提供。商业信用在借贷数量、方向、期限上受到严格限制；银行信用以货币形态提供不受商品流通方向的限制，克服了商业信用在方向和对象上的局限性。

（4）银行信用具有自身创造信用的功能。任何经济实体只有在先获得货币的前提下才能提供信用，唯有现代银行才能够创造（存款）货币提供信用。由于创造货币的成本很小，通过创造货币提供的信用近似“无本经营”，所以银行信用在竞争中处于非常有利的地位。历史上，银行正是利用货币发行的特权，击败了高利贷信用，成为信用的主要形式。

（5）在产业周期的各阶段上，银行信用的动态和产业资本的动态不一致。因为银行信用贷出的货币资本是处于个别资本的循环周转以外的独立的借贷资本。因此，无论是繁荣阶段，还是危机阶段，银行信用都与产业资本的动态不尽相同。

由于银行信用的这些特点，银行信用成了现代信用的基本形式。

（三）国家信用

国家信用是以国家政府作为债务人，以借债的方式向国内企事业单位、团体、居民个人等筹集资金的一种信用形式。国家信用是以国家或政府为主体所取得或提供的信用，直接影响着国家财政收支，所以又称为国家财政信用，通常在政府财政收入入不敷出、出现赤字时发生，是政府弥补财政赤字的一种手段。

国家信用的产生与政府财政收支有着直接的联系。政府财政预算有时会因支出大于收入而出现赤字，有时是由于先支后收而出现临时资金短缺，在这种情况下，政府就会采取国家信用形式来解决资金问题，可以抵补额外的开支。国家信用可以用作调剂政府财政年度收支不平衡的手段，也可以用作弥补财政赤字，还可以当作通过金融市场调节经济和货币流通的工具（中央银行的公开市场业务），从而确保和促进国民经济的正常运行和发展。

1. 国家信用的特点

（1）由于国家的信誉度最高，可以在特殊条件下强制性地发行公债，并以一些优惠条件吸引人们减少自身的消费，从而动员使用其他信用形式动员不了的资源，扩大可融资金总量。

（2）由于国家信用的安全性强，风险小，因此其融资工具的期限一般较长，具有资金使用的稳定性，所以适用于财政部门；而且由于其较高的安全性，在金融市场上国债也是广受欢迎的品种。因此国债虽然一般不能提前兑现，但在金融市场上流动性很强，人们也乐于持有。

（3）国家信用的利息由纳税人承担，而其他信用的利息由借款人承付，所以国债利息是财政的支出，其他利息可能部分地成为财政的收入。

2. 国家信用的形式

（1）发行国家公债，用于国家大型重点项目投资或较大规模的建设。

（2）发行国库券，用于弥补国库短期收支差额。

（3）专项债券，是一种指明用途的债券。

（4）银行透支或借款。

（5）向国外借款或在国外发行债券。

现代生活中，国家信用是促进社会主义经济发展的有效措施。它有利于弥补财政赤字，调节货币流通，稳定经济发展；有利于集中重点建设基金，解决社会基础建设资金的需要。

（四）消费信用

消费信用是指对消费者个人提供的，用以满足其消费方面的货币需求的信用。现代经济生活中的消费信用是与消费性商品，特别是住房和耐用消费品的销售紧密联系在一起的。

现代消费信用的方式多种多样，例如：商人直接以赊销的方式，特别是分期付款的赊销方式，对顾客提供信用；银行和其他金融机构直接贷款给个人用以购买耐用消费品、支付旅游等费用；银行和其他金融机构对个人提供信用卡，客户只需持信用卡，便可以在接受该种信用卡的商店购买商品，定期与银行结账；等等。消费信用是商业企业、银行和其他金融机构对消费者提供用以满足其消费方面的货币需要的信用。提供信用的对象和债务人与商业信用、银行信用有所不同。消费信用提供的对象是耐用消费品（家具、汽车、电器、房屋等），债务人都是购买消费品的消费者。

消费信用主要有两种形式：一种是类似商业信用，由工商企业以赊销方式向消费者提供商品或劳务，或者是以分期付款方式向消费者提供耐用消费品，如汽车、房屋等。另一种属于银行信用，由银行直接向购买耐用消费品的个人发放贷款，或者是由银行向提供商品与劳务的工商企业发放贷款。

消费信用可缓和消费者有限购买力对现代化生活需求的矛盾，对生产有一定的积极作用。但消费信用发展需要一定的条件，如银行雄厚的资金实力，市场充足的商品供应等。

消费信用与其他信用形式相比，具有以下特点：（1）非生产性。与商业信用和银行信用不同，消费信用提供的贷款是用于消费的。（2）期限较长。消费信用多数通过分期付款支付，所需时间较长。（3）风险较大。消费信用是完全消费性的，还款是由借款人的收入做保证，因此具有较大的风险性。

放在现代经济生活的背景中来考察，消费信用在一定条件下可以促进消费品的生产与销售，甚至在某种条件下可以促进经济的增长。据估计，若不采取分期付款这一消费信用的典型支付方式，汽车的销售数量将会减少三分之一。此外，消费信用对于促进新技术的应用、新产品的推销以及产品的更新换代，也具有不可低估的作用。但是如果消费需求过高，生产扩张能力有限，消费信用则会加剧市场供求紧张状态，进一步扩大生产与消费的脱节，造成虚假繁荣，促使物价上涨，加剧通货膨胀等。

（五）其他信用

1. 国际信用

国际信用是国际间相互提供的信用。其债权人、债务人是不同国家的政府、机构或公民。其主要方式有国际银行信贷、出口信贷、项目贷款、政府贷款、国家租赁等。

2. 合作信用

合作信用是集体合作性金融组织，以组织成员内部为主要对象，采用货币形式提供的信用。它是银行信用的一种补充形式，包括农村信用合作社、城市信用合作社、互助储金会，它是金融组织提供的信用。农村信用合作社担负着调剂农村信贷资金的重任；城市信用合作社主要为参与入股或存款的小型集体经济单位和个体经济融通资金。互助储金会是国家职工和人民群众运用自己力量，发挥团结、互助精神，解决生活上一些临时急需资金。

3. 民间信用

民间信用是居民个人之间以货币或实物形式所提供的有偿有息的借贷。民间信用是不通过银行或其他金融机构的直接信用，具有较强的自发性、分散性和非公开性，且借贷利率较高，风险亦较大。

二、信用形式的演进关系

在现代市场经济的运行中，每一种信用形式都有其存在的必然性和必要性，它们在各自的领域内有着不同的优势，对经济发展起着不可替代的作用。因此，在现代经济发展过程中，不可能出现一种信用形式取代所有其他信用形式的局面，否则，将会对经济发展产生阻碍作用。在复杂的市场经济及其社会再生产过程中，各种信用形式之间有其相互独立、自成一体的一面，同时也有相互联系、制约、相互作用的一面。通过银行购买国家债券以及办理国家债券的贴现，银行信用与国家信用联系起来；通过办理商业票据的贴现，银行信用与商业信用联系起来；由于工商企业及银行等金融机构都可以提供消费信用，所以消费信用、银行信用、商业信用三者又交织在一起。各种信用形式之间相互制约、此增彼减、此消彼长，这种状况反映了信用形式以商品经济为基础，又服务于商品经济发展的同一性。在信用形式的相互关系中，中心是银行信用，银行信用的规模及利率影响和制约着其他信用形式的规模和状况（见图 2－1）。

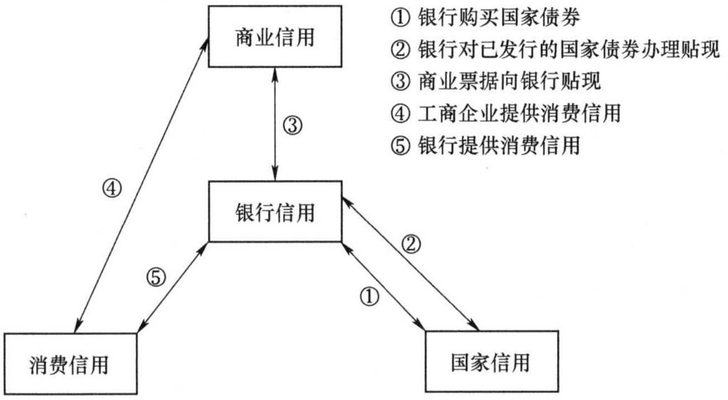

图 2－1　信用关系图

三、信用工具

信用工具是指以书面形式发行和流通、借以保证债权人或投资人权利的凭证，是资金供应者和需求者之间继续进行资金融通时，用来证明债权的各种合法凭证。信用工具也叫金融工具，是重要的金融资产，是金融市场上重要的交易对象。

（一）信用工具的特征

1. 收益性

信用工具能定期或不定期地带来收益，这是信用的目的。信用工具的收益有三种：第一种为固定收益，是投资者按事先规定好的利息率获得的收益，如债券和存单在到期时，投资者即可领取约定利息。固定收益在一定程度上就是名义收益，是信用工具票面收益与本金的比例。第二种是即期收益，又叫当期收益，就是按市场价格卖出时所获得的收益，如股票买卖价格之差即为一种即期收益。第三种是实际收益，指名义收益或当期收益扣除因物价变动而引起的货币购买力下降后的真实收益。在现实生活中，实际收益并不真实存在，必须通过再计算。投资者所能接触到的是名义收益和当期收益。

2. 风险性

为了获得收益，必须承担风险。风险相对于安全而言，所以风险性从另一个角度讲就是安全性。信用工具的风险性是指投入的本金和利息收入遭到损失的可能性。任何信用工具都有风险，只是程度不同而已。其风险主要有违约风险、市场风险、政治风险及流动性风险。违约风险一般称为信用风险，是指发行者不按合同履约或是公司破产等因素造成信用凭证持有者遭受损失的可能性。市场风险是指由于市场各种经济因素发生变化，如市场利率变动、汇率变动、物价波动等各种情况造成信用凭证价格下跌，进而遭受损失的可能性。政治风险是指由于政策变化、战争、社会环境变化等各种政治情况直接引起或间接引起的信用凭证遭受损失的可能性。

3. 流动性

信用工具可以买卖和交易，可以换得货币，因此具有变现力或流通性。在短期内，在不遭受损失的情况下，能够迅速卖出并换回货币，称为流动性强；反之，则称为流动性差。

4. 偿还性

这是指信用工具的发行者或债务人按期归还全部本金和利息的特性。信用工具一般都注明期限，债务人到期必须偿还信用凭证上所记载的应偿付的债务。

（二）信用工具分类

随着信用在现代经济生活中的不断深化和扩展，信用工具的种类越来越多。

1. 按信用形式分类

按信用形式划分，信用工具可分为：商业信用工具，如各种商业票据等；银行信用工具，如银行券和银行票据等；国家信用工具，如国库券等各种政府债券；社会信用和股份信用工具，如债券、股票等。

（1）商业信用工具。商业信用工具主要是商业票据。它是在商业信用中，表明债务人有按照约定期限无条件向债权人偿付债务义务的合法凭证。商业票据分为期票和汇票两种。期票是债务人对债权人发出的在一定时期内支付款项的债务证书；汇票是债权人签发给债务人令其支付一定款项给第三人或持票人的支付命令书。商业票据可以经过背书等手续在一定范围内流通，一般由持票人提请银行贴现，以取得现款。

（2）银行信用工具。银行信用工具有银行券和支票。在商业票据流通的基础上，为满足生产发展和信用要求，扩大对贴现业务的需要，首先产生了银行券。它是由银行发行、用来代替私人票据、具有不定期性质并随时保证兑现的债务凭证。随后，在银行存款业务的基础上产生了支票形式的债务凭证。支票是活期存款存户对银行发出的一种支付通知，有记名支票、不记名支票、现金支票（可支取现金）、转账支票（又称划线支票，专用于转账）和保付支票（银行确认兑付）等多种形式。借助于支票，银行可以超越自有资本和吸收资本的总量扩大信用。当支票被存款人用来提取现款时，只作为一种普通信用凭证发挥职能。但是，当被存款人用来向第三者履行支付义务时，就成为代替货币发挥流通与支付手段职能的信用流通工具了。随着商品经济的发展，尤其是银行业的发展，支票流通的比重大大超过了银行券流通的比重。支票流通在节省现金方面起着巨大作用，由此推动了非现金结算制度的形成和票据交换所的出现。此外，本票作为由出票人本人付款的票据，也是银行信用的一种重要工具。

（3）国家信用工具。国家信用的主要工具是政府债券，其中，国库券是由政府发行的一种筹借短期性借款的证书；而公债券则是政府为取得长期借款向债权人开具的债权凭证。国家信用债券的持有者除定期向债券发行者取得利息外，到期还要收回本金。

（4）社会信用和股份信用工具。社会信用和股份信用工具主要有股票和公司债券。股票是按股份制形式组织起来的企业用来筹集自有资金而发行的代表企业管理权力并给持有人带来收益的所有权证书。股票持有者可以将股票转让给他人，但是无权向企业要求退股。股票按照股东享有的权利可以分为普通股和优先股，普通股票的股息随企业利润的变动而变化；优先股票的股息则是固定的。公司债券是股份制企业为了筹措资金而发行的一种债权证书，持券人每年可以依票面规定的利率从企业取得固定利息，到期时企业应向持券人偿还本金。

一般情况下，商业信用工具和银行信用工具都可以在市场上直接流通；而国家信用工具、社会信用和股份信用工具作为有价证券不能作为流通手段和支付手段在市场上自由流通，但作为有价证券本身具有价格，可以在证券市场上进行买卖。

2. 按期限分类

按期限划分，信用工具可分为长期信用工具、短期信用工具和不定期信用工具。长期与短期的划分没有一个绝对的标准，一般以一年为界，一年以上的为长期，一年（含）以下的则为短期。

（1）短期信用工具。短期信用工具一般是指期限在一年期以内的各种票据，是具有一定格式、指定日期、到期由付款人对持票人无条件支付款项的书面凭证。短期信用工具主要有以下几种。

① 本票。本票又称期票，是一种承诺式的信用凭证，是债务人 （发票人）承诺在指定日期支付一定金额给债权人（持票人）的债务凭证。按签发人不同，本票可分为银行本票和商业本票。经持票人背书后，未到期的本票可以转让或向银行贴现。贴现是票据所有者在票据到期以前，为获得现款而向银行贴付一定利息的票据转让行为。贴现扣除利息的多少，主要取决于贴现率的高低和未到期的时间长短。

② 汇票。汇票是一种命令式信用凭证，是由债权人签发，要求债务人在见票时或指定日期向收款人支付一定金额的支付命令书。按出票人不同，汇票可分为商业汇票和银行汇票。由于汇票是由债权人开出的，必须经付款人承认并兑付后才能生效。经过承兑的汇票称为承兑汇票。凡由企业承兑的汇票称为商业承兑汇票，凡由银行承兑的汇票称为银行承兑汇票。商业汇票经持票人背书后，未到期的汇票也可以转让或向银行贴现。

③ 支票。支票是活期存款的支付凭证。支票按其支付方式分为现金支票和转账支票。前者可用于支取现金，后者只能用来转账。在转账支票上往往划两条红色平行线来表示，故也称为划线支票、平行线支票或横线支票。支票按是否记名可分为记名支票和不记名支票。前者是银行只对票面上指定的人付款；后者是银行可以对支票的任何持有人付款，故又称“来人支票”。支票按支付期限可分为即期支票和远期支票。此外，还有保付支票、旅行支票等。

④ 国库券。国库券是政府为了解决急需的预算支出而发行的一种国家债券。我国于1981 年恢复国库券发行，1995 年推出了记账式国库券、凭证式国库券和无记名式国库券。由于国库券安全性高、收益稳定、流动性强，因而又称为“金边债券”。

⑤ 信用卡。信用卡是银行或专业公司对具有一定信用的客户所发行的一种信用证书。它产生于 1915 年，是美国一些商店和百货公司发给顾客赊购商品的凭证。1950 年，纽约大来俱乐部发给会员信用卡，持卡人可在约定的饭店、餐馆、航空公司赊购商品和劳务。20 世纪 60 年代以来，西方国家大银行以及一些旅馆、旅行组织、饭店和其他机构，也普遍发行提供消费信用的信用卡。

（2）长期信用工具。长期信用工具一般是指期限在一年期以上的各种有价证券，主要有债券和股票。

① 债券。债券是债务人发行的信用凭证，是一种借款者向贷款者出具的、承担还本付息义务的书面凭证。债券一般可分为政府债券、企业债券和金融债券。政府债券主要

包括国家公债和国库券。公司债券包括中央及地方企业债券、住宅建设债券、投资公司债券等。金融债券主要有银行金融债券（包括累进利息债券和贴现债券）、政策性金融债券和信托受益债券。

② 股票。股票是股份公司为筹集资金而公开发行的证明股东持有公司股份的所有权凭证。股票一经发行，持有者即为发行股票公司的股东，有权参与公司的决策，分享公司的利益，同时分担公司的责任和经营风险。股票一经认购，持有者不能要求退还股本，只能通过证券市场转让和出售。作为交易对象，股票已成为资本市场上主要的、长期的信用工具。但实际上，股票只代表股份资本所有权的证书，其本身并没有价值，只是独立于实际资本之外的虚拟资本。

（三）我国信用工具的发展

中华人民共和国成立以后，信用工具单一，并且禁止流通，不开展贴现。1979 年后，在金融体制改革过程中，信用工具逐步趋于多样化，贴现业务也有了一定的发展，并有步骤地开放证券市场，开展证券转让业务。可上市转让的有价证券主要包括债券、股票、基金等。上市债券按照发行主体划分主要有政府债券、中央银行票据、政府支持机构债券、金融债券、企业信用债券、资产支持证券 ABS、熊猫债券、同业存单等；上市股票按照上市地点主要包括 A 股、B 股、H 股、N 股、S 股等；上市交易的基金主要有交易型开放式指数基金（ETF）、上市开放式基金（LOF）、封闭式基金；上市交易的金融衍生产品有股指期货、国债期货和股指期权。

第三节　利息与利率

一、利息及其本质

利息是指在借贷活动中，债务人支付给债权人的超过借贷本金的那部分货币资金，是债务人为取得货币使用权所付出的代价。或者说，它是债权人让渡货币的使用权所获得的报酬。从债权人的角度看，利息是债权人因贷出货币资金而从债务人处获得的报酬，即多于本金的部分；从债务人的角度看，利息是债务人为取得货币资金的使用权所花费的代价，即比本金多还的部分。所以可以看出利息实际是使用资金的“价格”，是债务人支付给债权人的使用其资金的代价。

那么资本为什么会“产生”利息，即利息的本质是什么呢？利息的本质取决于利息的来源，而利息的来源是由信用关系的性质决定的。对利息本质的论述，有很多观点，概括来讲，可以分为两大类。一类是马克思对利息本质的论述，另一类是西方经济学对利息本质的论述。

（一）马克思主义的观点

马克思认为，在资本主义制度下，利息是借贷资本运动的产物。职能资本家用其所借来的货币资本，通过生产获得利润，利润的一部分以利息的形式支付给借贷资本家。

而利息是剩余价值的特殊转化形式，是利润的一部分，是货币资本家凭借他们对借贷资本的所有权，与职能资本家共同瓜分劳动者所创造的剩余价值。货币本身并不能创造货币，不会自行增值，只有当职能资本家用货币购买到生产资料和劳动力，才能在生产过程中通过雇用工人的劳动，创造出剩余价值。而货币资本家凭借对资本的所有权，与职能资本家共同瓜分剩余价值。因此，资本所有权与资本使用权的分离是利息产生的内在前提。而由于再生产过程的特点，导致资金盈余和资金短缺者的共同存在，是利息产生的外在条件。当货币被资本家占有，用来充当剥削雇佣工人的剩余价值的手段时，它就成为资本。货币成为资本，获得一种追加的使用价值，即生产平均利润的能力。所有资本家追求剩余价值的利益驱使，利润又转化为平均利润。平均利润分割成利息和企业主收入，分别归不同的资本家所有。因此，利息在本质上与利润一样，是剩余价值的转化形式，反映了借贷资本家和职能资本家共同剥削工人的关系。

社会主义利息也来源于利润，而社会主义利润是劳动者为社会创造的、归社会所有的剩余劳动价值形式，因此，社会主义利息体现了社会主义积累在社会主义经济内部再分配的本质特征，不存在剥削关系。

（二）西方经济学的观点

在前资本主义社会，高利贷信用占据着主导地位。高利贷信用的利息是高利贷者通过高利贷活动无偿占有奴隶、农民小生产者所创造的剩余劳动产品的价值，甚至包括必要劳动价值的一部分。

资本主义经济学家对于利息的本质有很多种说法，比如威廉•配第（英国古典政治经济学的创始人）认为，利息是因暂时放弃货币的使用权而获得的报酬，因为当贷者贷出货币后，在约定的时间内，无论自己怎样迫切需要货币，也不能在到期前收回供自己使用，所以借贷行为就给贷款者带来了事实上的损失，贷者理所当然要获得报酬来弥补这种损失，这种报酬就是利息。亚当•斯密（英国资产阶级古典政治经济学的主要代表）认为，借款人借钱以后，可用作资本，投入生产，也可用作消费，所以，利息的来源有两个：一是当借款用作资本时，利息来源于利润；二是当借款用于消费时，利息来源于别的收入，例如地租等。凯恩斯（当代西方经济学最有影响力的经济学家）认为，利息是在一定时期内，放弃资金周转灵活性的报酬。利息不是储蓄本身或等待本身的报酬，而是持有货币者的不愿意程度——不愿意放弃对货币的灵活性的控制权，利息即是对这种控制权放弃的补偿。这些论述回答了为什么需要支付利息的问题，实际上利息是与资金的所有权分不开的。所以在现实生活中，利息已经成了一种普遍现象，贷放资金收取利息是很自然的事情，同时利息也已经被看作是收益的一般形态，因为在借贷关系中利息是资金所有者对其资金所有权的实现。即无论资金贷出与否，利息都被看作资金所有者理所当然的收入——可能取得的或将会取得的收入。

（三）利息转化为收益的一般形态

按照以上的分析可以看出，利息是资本所有者由于借出资本而取得的报酬，它来自生产者使用该笔资金发挥生产职能而形成的利润的一部分。因此，应该说，没有借贷，便没有利息。但在现实经济生活中，利息已被看作是收益的一般形态，即资本使用者无论使用的是自有资本还是借入资本，总是把自己的利润分为利息和企业收入两部分，似乎只有扣除利息余下的利润才是“真正”的利润，而利息是资本本身“增殖”带来的。在现代会计制度中，资本的利息支出也都是列入成本的，利润也是扣除利息支出后所剩余的那部分利润。

二、利率及其种类

（一）利率的概念

利率又叫利息率，是衡量利息高低的指标，是一定时期内利息额同本金的比率。它用以表示利息水平的高低，也用以反映资金的“价格”和增值能力。

在实践中，它是一个比利息更有意义的经济指标，如：存款利息与存款额之比为存款利率；贷款利息与贷款额之比为贷款利率；因购买证券而获得的收益与购买时的本金之比为购买证券的收益率。利率作为一种重要的经济杠杆，对宏观经济运行和微观经济运行都有着极其重要的调节作用。适当的利率可以促进消费基金转化为生产资金，把分散的社会资金集中起来，增加国家建设资金力量；可以促使企业为了减少利息支出，降低成本，进一步改善经营管理，节约资金使用；可以较好地调节储蓄和消费之间的关系，有利于投资以及经济的发展；可以通过提高或降低利率，强化宏观经济调控。总之，通过利率的调节，可以积累资金，调节社会资金供求、经济结构和人们的收入分配，也可以激励和约束企业的行为。利率的变动对企业的借贷行为、老百姓的储蓄行为也会产生很大的影响。可见，利率是一个非常重要的经济变量。

（二）利率的种类

现实经济生活中的利率都是以某种具体形式存在的。随着金融活动和金融创新的日益发展，利率的种类也日益繁多。这些多种多样的利率共同构成一个经济社会的利率体系，它们往往相互作用、相互影响。按照不同的标准可以有不同的利率类别，实践中较为重要的分类有以下几种。

1. 年利率、月利率和日利率

年利率、月利率和日利率是按计算利息的时间长短来划分的。年利率是以年为时间单位计算利息，通常以百分之几表示，俗语叫“分”；月利率是以月为时间单位计算利息，通常以千分之几表示，俗语叫“厘”；日利率，习惯叫“拆息”，是以日为时间单位计算利息，通常以万分之几表示，俗语叫“毫”。它们之间的换算关系是：月利率乘以 12 为年利率，日利率乘以 30 为月利率；反过来，年利率除以 12 为月利率，月利率除以 30 为日利率。

年利率通常以本金的百分之几来表示，在我国习惯上称为年息几厘，如本金 100 元，每年利息为 5 元，则年利率为 5%，又称年息 5 厘；月利率通常以本金的千分之几来表示，习惯上称为月息几厘，如本金 1 000 元，每月利息 5 元，则月息为 5‰，又称月息 5 厘；日利率通常以本金的万分之几来表示，习惯上称为日息几厘，如本金 10 000 元，每日利息 2 元，则日利率为 2/10 000，又称日息 2 厘。

2. 长期利率和短期利率

以信用行为的期限长短为标准，利率可分为长期利率和短期利率。长期利率指借贷时间在一年以上的利率；短期利率指借贷时间在一年（含）以内的利率。利率的高低与期限长短、风险大小有着直接的关系。

3. 固定利率和浮动利率

按借贷期内利率是否调整为标准，利率可分为固定利率和浮动利率。固定利率是指在整个借贷期限内，利率不随借贷资金的供求状况而变动的利率，它适宜短期借贷。它是传统采用的利率方式，它的不足之处是在通货膨胀比较严重的情况下，债权人的利益容易受到损失。浮动利率是指在借贷期限内随市场利率的变化而定期调整的利率。根据借贷双方的协定，由一方在规定的时间依据某种市场利率进行调整，一般调整期为半年。浮动利率尽管可以为债权人减少损失，但手续繁杂，计算依据多样，从而增加了费用开支，所以它一般适宜借贷时期较长，市场利率多变的借贷关系，它一般被用于长期借贷和国际金融市场。

4. 市场利率、官定利率和公定利率

按是否由市场规律自发调节，利率可分为市场利率、官定利率与公定利率。市场利率是指由借贷资金的供求关系决定，市场能调节自由变动的利率，供大于求，市场利率下跌；供小于求，市场利率上升。因此，市场利率高低由借贷资金供求的均衡点决定。官定利率是由政府金融管理部门或者中央银行确定的利率，它是当局出于政策推行上的考虑而确定的，它的升降变动更多地顺应政策意图，体现着国家对融资市场的控制。所以利率是国家为了实现宏观调控目标而采取的一种政策手段。公定利率是由非政府的金融民间组织所确定的利率。公定利率对会员银行具有约束力。市场经济国家，以市场利率为主，同时有官定利率、公定利率。官定利率对公定利率和市场利率有着较大的影响。当官定利率提高或降低时，公定利率和市场利率往往随之提高或降低。

5. 名义利率和实际利率

按是否考虑通货膨胀影响，利率可分为名义利率和实际利率。名义利率是指金融市场上实际存在并发挥作用的利率，指借贷契约和有价证券上载明的利率，对债权人来说，是应按此利率向债务人收取的利息。对债务人来说，应按此利率向债权人支付利息。实际利率是指名义利率减去通货膨胀率，通常有两种形式：一种是事前的实际利率，它等于名义利率减去预期的通货膨胀率；另一种是事后的实际利率，它等于名义利率减去实际发生的通货膨胀率。在经济决策中，更重要的是对事前的实际利率的估计，因此事前的实际利率比事后的实际利率更有意义。

在经济活动中，区分名义利率和实际利率是很重要的，实际利率才是人们更应看重的。因为在借贷过程中，债权人不仅要承担债务人到期无法归还本金的信用风险，还要承担货币贬值的通货膨胀风险。名义利率和实际利率的划分正是从这个角度来看的。

6. 平均利率、基准利率和到期收益率

平均利率指一定时期（通常指一个产业周期）不断波动的市场利率的平均水平，与不断变动的市场利率不同，平均利率会在较长时间内表现为不变的量。平均利率只能是平均利润率的一部分，这是由利息的性质决定的。平均利率不是市场利率波动的中心、摆动的基础，相反，平均利率是从市场利率中引申出来的。平均利率不是市场利率的简单加总的算术平均，而是按各种利率贷出的资本量的加权平均。由于竞争的加剧，平均利润率的下降，使得平均利率的变化呈下降趋势。但这种下降趋势在政府干预经济活动的情况下，会受到一定程度的抑制。

基准利率指在整个金融市场上和整个利率体系中处于关键地位、起决定性作用的利率。在金融市场上，由于利率的多样性与利率体系的复杂性，投资者不可能对每种利率都给予高度的关注。同时，在多种利率并存的情况下，总有某种利率起决定性作用，当它变动时，其他利率也相应发生变动。所以，借贷双方只需了解这种关键性利率——基准利率的水平及变化趋势即可。西方国家一般以中央银行的再贴现利率为基准利率。在我国，1984年以前，国家银行制定的利率起着基准利率的作用，市场利率的形成及其变动都以银行利率为参考。1984年中央银行体制确立后，以中国人民银行对各专业银行（现称为商业银行）的再贴现、再贷款利率为基准利率。基准利率变动时，其他各档次的利率也相应地跟着变动。

在金融市场上，存在着各种各样的债务工具，这些债务工具的计息方式各不相同。为了便于比较，需要有一个统一的衡量利率高低的指标，这个指标就是到期收益率。它是衡量利率的最精确指标。到期收益率是指从债务工具上获得的回报的现值与其今天的价值相等的利率。

7. 一般利率和优惠利率

按利率是否带有优惠性质，利率可分为一般利率和优惠利率。优惠利率是指国家通过金融机构或金融机构本身对于认为需要扶植或照顾的借款提供的低于一般贷款利率水平的利率。它与一般利率的差别就在于优惠性质。我国实行的贴息贷款就是实行的优惠利率。贴息贷款就是借款者支付低于一般利率水平的利息，贷款者少获得的利息差额由批准贴息的部门支付。外汇贷款利率中低于伦敦银行间同业拆借利率的为优惠利率。我国外汇优惠利率贷款主要由中国银行发放。

8. 存款利率和贷款利率

按商业银行的业务性质，利率可分为存款利率和贷款利率。存款利率是存款的利息与存放金额之比，存款利率比较统一，往往受当局的利率牵制，难以灵活反映资金供求关系，因此，相对而言，存款利率在利率体系中不占重要地位。贷款利率是贷款的利息与贷款金额之比。银行贷款大部分面向企业，各银行对不同的企业采取不同的贷款利率。存款利率和贷款利率存在着较大的差异，这是由银行的经营特性决定的。但差额的大小随银行垄断程度的不同而有所不同。银行众多而且同业竞争激烈的，存贷利差趋小；反之，存贷利差较大。当存贷利差过大时，企业会抛开银行直接融资；存贷利差过小又使银行收益下降。因此，存贷利差的合理确定对银行、企业都有着不可忽视的影响。

（三）影响利率的因素

1. 社会平均的利润率水平

在社会主义市场经济中，利息仍作为平均利润的一部分，因而利率也是由平均利润率决定的。在一般情况下，社会平均利润率是利率的最高界限，如果利率达到或超过平均利润率，则表示货币所有者通过利息形式拿走了生产经营者借入资本的全部利润，生产经营者无利可图，从而就不会借款。利息来源于生产经营利润，利润率水平的高低必然制约利率水平的高低。

2. 借贷资金的供求状况

在平均利润率既定时，利息率的变动取决于平均利润分割为利息与企业利润的比例。而这个比例是由借贷资本的供求双方通过竞争确定的。资金的供求关系是影响各个时期市场利率的决定性因素。在资金市场上，当借贷资本供不应求时，借贷双方的竞争结果将促使利率上升；相反，当借贷资本供过于求时，竞争的结果必然导致利率下降。因此，市场利率主要取决于借贷资金的供求关系。在社会主义市场经济条件下，由于作为金融市场上的商品的“价格”——利率与其他商品的价格一样受供求规律的制约，因而资金的供求状况对利率水平的高低仍然有决定性作用。

3. 物价变动的幅度

利率的最低界限不能低于同期的通货膨胀率。如果低于同期的通货膨胀率，则表明货币所有者贷出的货币没有实际利息收入，从而他就不会把货币作为资本贷出。这样预期通货膨胀率便成为市场利率的下限。同时，由于价格具有刚性，变动的趋势一般是上涨，因而怎样使自己持有的货币不贬值，或遭受贬值后如何取得补偿是人们普遍关心的问题。这种关心使得从事经营货币资金的银行必须使吸收存款的名义利率适应物价上涨的幅度，否则难以吸收存款；同时，也必须使贷款的名义利率适应物价上涨的幅度，否则难以获得投资收益。所以，名义利率水平与物价水平具有同步发展的趋势，物价变动的幅度制约着名义利率水平的高低。

因此，合理的市场利率总是在预期的通货膨胀率和平均利润率之间随着供求关系的变化而波动。

4. 国际利率水平

国际利率水平对国内利率的变化具有一定的影响作用，因为国内利率水平的高低直接影响本国资金在国际间的流动，进而对本国的国际收支状况产生影响。当国际利率水平较低而国内利率水平较高时，会使外国货币资本流入国内，从而有利于国际收支状况的改善；反之，当国际利率水平较高，而国内利率水平较低时，会使本国的资金外流，不利于本国的国际收支平衡。国际利率水平与国内利率水平差距太大不仅对国际收支产生影响，而且还会影响本国通货的对外价值，直接影响本国的对外贸易。所以，为了平衡国际收支，往往参照国际利率水平来调整国内利率水平，以减少国际收支逆差或顺差。

5. 政策性因素

利率对社会再生产具有调节作用。因此，国家把利率作为调节经济的一种重要工具。利率不能完全随借贷资金的供应状况自由波动，而必须受到国家的调节，因此而产生的一些代表国家意向的经济政策就对利率产生直接的干预和影响。世界各国政府都根据本国的经济状况和经济政策目标，通过中央银行制定的金融政策影响市场利率，进而达到调节经济、实现其经济发展目标的目的。当经济处于萧条阶段，一国通常采用扩张的货币政策，中央银行供应的基础货币增加，经济运行中的货币数量增加，流动性效应使名义利率下降，经济扩张，产出和就业增加，居民收入增加，收入效应对资金需求增大，拉动利率上升；经济增长和人们收入水平上升会使预期通货膨胀率上升，在通货膨胀效应作用下，利率可能上升。因此，国家的货币政策直接影响利率水平。在社会主义市场经济中，利率不是完全随着信贷资金的供求状况自由波动的，它还取决于国家调节经济的需要，并受国家的控制和调节。

6. 借贷资金的风险

利率作为借贷资金的价格，必然要反映其风险的大小，借贷资金的风险表现为违约风险、流动性风险等。在其他条件不变时，违约风险越大，利率也就越高。一般来说国库券违约风险为零，有违约风险的普通债券与无违约风险的国库券收益率之差反映了违约风险的大小，这种收益率之差被称为风险报酬。

7. 借贷期限的长短

金融工具期限的长短对其利率或收益率都有重要影响。比如，其他因素不变时，债券的期限越长其利率越高。这是因为时间越长，不确定性因素越多，该金融工具要求的报酬水平越高。

三、利息的计算

（一）单利和复利

单利和复利是两种不同的计息方式。单利是指以本金为基数计算利息，所生利息不再加入本金计算下期利息。其特点是对利息不再付息。如我国发行的国库券和银行存款的利息多采用单利法。其计算公式是：

$$F = P + I = P(1+nr)$$

其中，I 表示利息额，P 表示本金，r 表示利率，n 表示时间，F 表示本金与利息之和。

例如，存入银行 1 000 元，年利率为 3%，第一年末，账户上的钱应该是：

$$F_1 = 1\,000 \times (1+3\%) = 1\,030（元）$$

第二年末，账户上的钱应该是：

$$F_2 = 1\,000 \times (1+2\times 3\%) = 1\,060（元）$$

以此类推，第 n 年末的存款账户总额为：

$$F_n = 1\,000 \times (1+n\times 3\%)$$

但是，在现实生活中，更有意义的往往是复利。复利也称利滚利，计算时，要将每一期的利息加入本金一并计算下一期的利息。其特点是上一期的利息要作为下一期的本金，也要计算利息。其计算公式为：

$$F = P(1+r)^n$$
$$I = F - P$$

其中，I 表示利息额，P 表示本金，r 表示利率，n 表示时间，F 表示本金与利息之和。

若将上述实例按复利计算，则第一年末，账户上的钱是：

$$F_1 = 1\,000 \times (1+3\%)^1 = 1\,030\text{（元）}$$

第二年末，账户上的钱是：

$$F_2 = 1\,000 \times (1+3\%)^2 = 1\,060.9\text{（元）}$$

依次类推，第 n 年末，该账户上的钱是：

$$F_n = 1\,000 \times (1+3\%)^n$$

（二）现值和终值

因为利息成为收益的一般形态，所以任何一笔货币资金，无论将做怎样的投资，甚至还没有考虑将做怎样的运用，都可根据利率计算出在未来某一时点上的金额。这个金额就是前面说的本利和，也称为“终值”。如果年利率是 6%，现有资金为 10 000 元，在 5 年后的终值将是 13 382.256 元。如果把这个过程倒过来，若 5 年后的某一个时点上将有 13 382.256 元，在年利率为 6%的情况下，折回为现在的同一时点上应为多少元？假设现在的金额为 P，则 5 年后终值的计算式为：

$$F_3 = 10\,000 \times (1+6\%)^5 = 13\,382.26\text{（元）}$$

若终值为 13 382.256 元，要计算现值 P，则计算式为：

$$P = \frac{13\,382.256}{(1+6\%)^5} = 10\,000\text{（元）}$$

这个逆算出的本金称为“现值”。从计算现值的过程可以看出，现在的 1 元钱比将来的 1 元钱价值大。因为现在可以把 1 元钱存入银行，1 年以后连本带利肯定大于 1 元钱。如果有通货膨胀，1 年以后的 1 元钱就更不值钱了。现代银行收买票据的业务，其收买的价格就是根据票据金额和利率倒算出来的现值，这就是“贴现”业务，现值也称贴现值。

类似上面的推断，若贴现中采用的利率用 r 表示，则 r 被称为贴现率，n 年后 1 元钱的现值可以用下式表示：

$$P = \frac{1}{(1+r)^n}$$

当 n=10，r=6%，即 10 年后 1 元钱的现值为：

$$P = \frac{1}{(1+6\%)^{10}} = 0.558\,4\text{（元）}$$

按贴现率为 6%计算的话，10 年以后的 1 元钱相当于现在的 0.56 元。通常称 1 元的现值为贴现系数。一般来说，贴现率越高，贴现系数越小。如果未来某个时点有一笔货币资金，则用其金额乘上贴现系数，便可以求得它的现值。

第四节　利率决定理论

因为利率对实际生活有很重要的影响，所以有必要研究利率水平的高低、利率水平的变化等。利率水平是怎样决定的？有哪些因素会使它发生变化？利率水平为什么会有高有低？利率是如何决定的？利率水平受哪些因素影响？这些都是金融学理论和社会经济实践中重要的课题。

一、马克思的利率决定理论

马克思的利率决定理论是以剩余价值在不同资本家之间的分割为出发点的。利息是贷出资本家从借入资本家那里分割来的一部分剩余价值。剩余价值表现为利润，因此利息只是利润的一部分。利润本身就构成了利息的最高界限，社会平均利润率就构成了利率的最高界限。因为如果利率达到平均利润率的水平，借入资本的职能资本家将无利可图；但利率也不可能低到零，否则借贷资本家不愿意贷出资本。因此，利率应该在 0 和平均利润率之间波动。

利率取决于平均利润率，利率具有以下特点。

（1）平均利润率随着技术发展和资本有机构成的提高有下降趋势，因而也影响平均利率有同方向变化的趋势。由于还存在某种其他影响利率的因素，如社会财富及收入相对于社会资金需求的增长程度、信用制度的发达程度等，它们可能会加速这种变化趋势或者抵消该趋势。

（2）平均利润率虽有下降趋势，但这是一个非常缓慢的过程。而就一个阶段来考察，每个国家的平均利润率则是一个相对稳定的量。相应地，平均利润率也具有相对稳定性。

（3）由于利率的高低取决于两类资本家对利润分割的结果，因而使利率的决定具有很大的偶然性。也就是说，平均利率无法由任何规律决定；相反，传统习惯、法律规定、竞争等因素，在利率的确定上都可直接起作用。

在现实生活中，人们面对的是市场利率，而非平均利润率。平均利润率是一个理论概念，在一定阶段内具有相对稳定的特点；而市场利率则是多变的，不论它的变化如何频繁，在任一时点上都表现为一个确定的量。

二、西方经济学的利率决定理论

（一）古典利率理论

在凯恩斯理论出现之前流行的利率决定理论称为古典学派的利率理论。其主要倡导者有庞巴维克、马歇尔和费雪。

19 世纪 80 年代以前，西方古典经济学家对利率的决定问题进行了大量研究，其中利率由资本供求关系决定的思想已广为接受。但资本的供给和需求到底是由哪些因素决定的，还未取得较为一致的意见。19 世纪 80—90 年代，奥地利经济学家庞巴维克、英国经济学家马歇尔、瑞典经济学家威克塞尔和美国经济学家费雪等人对决定资本供给、需求的因素进行了研究，认为资本供给来源于储蓄，资本的需求来源于投资，从而建立了利率由储蓄、投资共同决定的理论。因为该理论严格秉承古典学派重视实物因素的传统，从而被称为“古典利率理论”。

古典学派利率决定问题上的储蓄投资理论，也称为“真实的利率理论”（Real Interest Rate Theory），其特点是从储蓄和投资等实物因素来讨论利率的决定，认为通过利率的变动，能够使储蓄和投资自动达到一致，从而使经济始终维持在充分就业水平。这种理论认为，社会存在一个单一的利率水平使经济体系处于就业的均衡状态，这种单一利率不受任何货币数量变动的影响。在充分就业的状态下，储蓄和投资的真实数量都为利率的函数，利率决定于储蓄和投资的交互作用。这种理论认为，能够用于贷放的资金来源于储蓄，而储蓄则意味着人们要牺牲现有的消费，来换取未来的消费。但是由于人性本身的原因（如“人性不耐”），因而人们往往更注重现在的消费，在用未来的消费和现在的消费进行交换时，必须打一定的折扣，即必须给“等待”或者“延期消费”的行为进行补偿，而利息便是这种补偿。这种补偿越大，意味着利率越高，人们也就越愿意延迟消费，即增加储蓄。

古典利率理论认为，利率取决于边际储蓄曲线与边际投资曲线的均衡点。储蓄流量随利率的提高而增加，即利率越高，储蓄额越大；利率越低，储蓄额越少。储蓄额与利率成正相关关系，是利率的递增函数，用公式表示为：

$$S = S(r)$$

式中，S 代表意愿的储蓄，r 代表利率。

对于贷款的需求主要来自投资，而投资量的大小则取决于投资预期报酬率和利率的比较，只有预期报酬率大于利率的投资才是有利可图的。当利率降低时，预期报酬率大于利率的机会将增多，从而投资需求将增大，所以投资是利率的减函数，投资流量随利率的提高而减少。即利率提高，投资额下降；利率降低，投资额上升，用公式表示为：

$$I = I(r)$$

式中，I 代表意愿的投资，r 代表利率。

古典经济学家认为，储蓄代表资本的供给，投资代表对资本的需求，利率则是资本的使用价格。正如商品的供求决定均衡价格一样，资本的供求决定了均衡利率。当 $S=I$ 时，储蓄者所愿意提供的资金与投资者所愿意借入的资金相等，利率便达到均衡水平，此时的利率为均衡利率；当 $S>I$ 时，利率下降；当 $S<I$ 时，利率上升。这种理论的核心是储蓄=投资，即 $S(r) = I(r)$。古典利率理论可以用图 2－2 来表示。

图 2－2 中，I 曲线是投资曲线，I 曲线向下倾斜，表示投资与利率负相关。S 曲线是储蓄曲线，S 曲线向上倾斜，表示储蓄与利率正相关。I 曲线与 S 曲线的相交点 A 点对应的利率 r_0 表示均衡利率。若边际投资倾向不变，边际储蓄倾向提高，则 S 曲线向右平移，与 I 曲线形成新的均衡利率 r_1，$r_1<r_0$，说明在投资不变的前提下，储蓄提高导致利率下

降。若边际储蓄倾向不变，边际投资倾向提高，I 曲线向右平移，与 S 曲线形成新的均衡利率 r_2，$r_2>r_0$，说明在储蓄不变的前提下，投资增加导致利率上升。

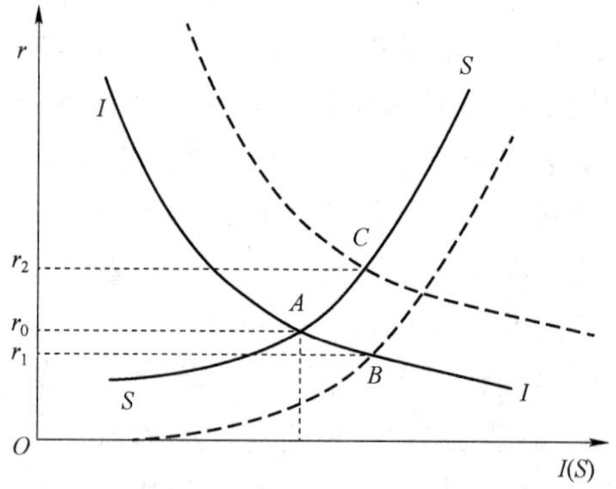

图 2－2　古典利率理论

按照这一理论，只要利率是灵活变动的，它就和商品的价格一样，具有自动调节功能，使储蓄和投资趋于一致。因为当投资大于储蓄时，利率就会上升，从而使储蓄增加，投资下降，两者最终趋于一致；反之亦然。

（二）流动性偏好利率理论

所谓流动性偏好利率理论是通过货币市场的流动性分析来得出均衡利率的理论，最早提出该理论的是凯恩斯。

凯恩斯认为，利率取决于货币的供求状况，而货币的供给量取决于货币当局；货币的需求量主要取决于人们对现金的流动性偏好。凯恩斯假定人们可储藏财富的资产主要有货币和债券两种。人们可以用其收入购买债券，从而获得利息；人们也可以持有货币，从而满足其交易的需求、谨慎的需求和投机的需求。凯恩斯认为，流动性偏好即手持现金量，是利率的递减函数，而利率则是放弃流动性偏好的报酬。

1. 凯恩斯的利率决定理论

凯恩斯的利率决定理论十分重视货币需求，即流动性偏好。在凯恩斯的流动性偏好理论中，利率决定于两个因素：货币供给与货币需求。凯恩斯认为，均衡利率决定于货币需求供应的交互作用，如果人们对流动性的偏好强，愿意持有的货币数量就增加，货币需求量大于货币供给量，利率上升；反之，人们对流动性偏好转弱时，便对货币的需求下降，货币需求量小于货币供给量，利率下降。当人们的流动性偏好所决定的货币需求量等于货币当局所决定的货币供给量时，利率水平便达到均衡利率。因此，利率由流动性偏好曲线与货币供给曲线共同决定（见图 2－3）。

货币供给曲线 M 是由货币当局决定的，货币需求曲线 $L=L_1+L_2$。L_1 表示交易和谨慎货币需求，L_2 表示投机货币需求，L 表示货币总需求。它是一条由上到下、由左到右的曲线，越向右越与横轴平行。当 L 和 M 相交时，确定了均衡利率水平 r_0。

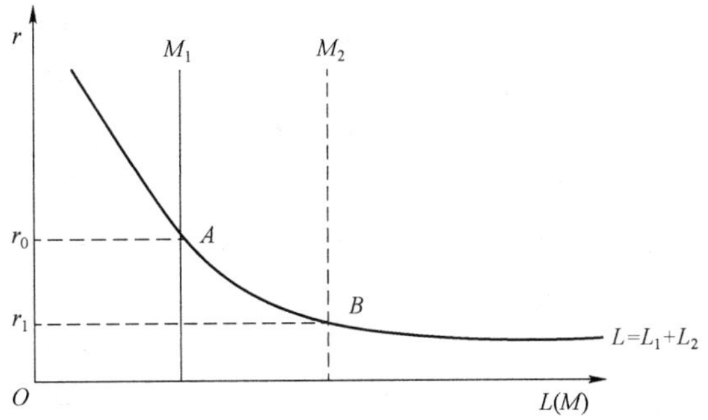

图 2-3 流动偏好利率理论

2. 均衡利率的变动

在流动性偏好利率理论的分析框架中，均衡利率的变动源自货币需求曲线的移动和货币供给曲线的移动。在供给曲线不变的条件下，货币需求曲线向右移动，均衡利率将上升，货币需求曲线向左移动，均衡利率将下降；在需求曲线不变的条件下，货币供给曲线向右移动，均衡利率将下降，货币供给曲线向左移动，均衡利率将上升。

（1）货币需求曲线的移动

流动性偏好利率理论认为，导致货币需求曲线发生移动的因素有两个，即收入和价格水平。

凯恩斯认为，收入水平提高，货币需求量增加，原因有两个：第一，储藏动机，即收入增加，财富增加，人们希望持有更多的货币作为价值储藏；第二，交易动机，即收入增加，人们希望使用货币完成更多的交易，结果人们也希望持有更多的货币。货币需求增加，需求曲线右移。

凯恩斯认为，人们最关心的是实际货币数量而不是名义货币数量，因为实际货币数量能够真实反映所购买的商品和劳务的数量。而实际货币数量等于名义货币数量除以价格水平，因此，要保持实际货币数量不变，即保持商品和劳务的购买数量不变，则需要高的物价水平对应多的名义货币量。故价格水平上升，导致货币需求增加，需求曲线右移。

（2）货币供给曲线的移动

我们假定货币供给完全受中央银行的控制（实际上，货币供给的决定过程十分复杂，涉及银行、存款人和银行的借款人）。中央银行实施扩张性货币政策将导致货币供给增加，货币供给曲线向右移动，均衡利率下降。值得指出的是，这一结论是在假设货币需求曲线不变的情况下得出的。事实上，从长期来看，这一假设并不成立。

由于货币供给增加对经济产生扩张性影响，增加了国民收入和财富，导致货币需求曲线右移，利率上升。因此，货币供给增加的收入效应是利率上升。

再来看价格水平效应。货币供给增加也能导致整体物价水平的上升。流动性偏好利率理论认为，这将导致利率上升。因此，货币供给增加的价格水平效应是利率上升。

3. 流动性陷阱

凯恩斯在指出货币的投机需求是利率的递减函数的情况下，进一步说明利率下降到一定程度时，货币的投机需求将趋于无穷大。因为此时的债券价格几乎达到了最高点，只要利率小有回升，债券价格就会下跌，购买债券就会有极大的亏损风险。于是，不管中央银行的货币供给有多大，人们都将持有货币，而不买进债券，债券价格不会上升，利率也不会下降。这就是凯恩斯的“流动性陷阱”。在这种情况下，扩张性货币政策对投资、就业和产出都没有影响

在图 2－3 中，当货币供给曲线与货币需求曲线的平行部分相交时，利率将不再变动，货币供给增加将导致储蓄的增加，它不会对利率变动产生影响。

凯恩斯学派的利率决定理论纠正了古典学派忽视货币因素的偏颇，然而它又走上了另一个极端，将储蓄与投资等实际因素完全不予以考虑，这显然也是不合适的。

（三）可贷资金理论

新古典利率理论也称为可贷资金理论，是对古典利率理论的补充，也是为了批判凯恩斯流动性偏好利率理论而提出的。其首倡者是剑桥学派的罗伯森（D. H. Robertson）。

可贷资金理论认为在利率决定问题上，肯定储蓄和投资的交互作用是对的，但完全忽视货币因素是不当的，尤其在目前金融资产量相当庞大的今天；凯恩斯指出了货币因素对利率决定的影响是可取的，但完全否定实际因素是错误的。可贷资金理论试图在古典利率理论的框架内，将货币供求变动等货币因素考虑进去，在利率决定问题上同时考虑货币因素和实际因素，以完善利率决定理论。利率是借贷资金的价格，借贷资金的价格取决于金融市场上的资金供求关系。假定考察的是一个封闭经济体，并且在这个封闭经济体中不存在政府。在这样假定下，可借贷资金的供给包括：（1）家庭、企业的实际储蓄，它随利率的上升而上升；（2）实际货币供给量的增加量。

可借贷资金的需求包括：（1）购买实物资产的投资者的实际资金需求，它随着利率的上升而下降；（2）家庭和企业对货币需求量的增加，即为了增加其实际货币持有量而借款或少存款。需要注意的是，可贷资金理论中的可贷资金的供给和可贷资金的需求均是流量概念，而不是存量概念。这里所谓家庭、企业的实际储蓄类似于古典学派储蓄投资理论中的储蓄的含义，指的是他们手中计划不用于消费部分的货币量，即计划储蓄。实际货币供给量的增加额类似于凯恩斯利率决定理论中的货币供给量的含义，指的是银行体系决定的通过信用创造的当期新增的货币供给量，这是一个外生变量。

可贷资金理论所谓同时考虑实质因素和货币因素的思想充分体现在其将整个社会的可借贷资金的供给划分为两个部分，即家庭、企业当期愿意储蓄的部分（实际部分）和银行体系决定的当期实际货币供给量的增加部分（货币因素）。因此，可贷资金理论比较完整地描述了社会经济中可借贷资金的来源。购买实物资产的投资者的实际资金需求类似于储蓄投资理论中的投资，指的是实际的计划投资（实际因素）；家庭和企业对货币需求量的增加类似于凯恩斯利率决定理论中的货币需求（货币因素）。同样，这种划分也体现出可贷资金理论力图把古典学派利率决定理论和凯恩斯流动性偏好利率理论相统一的思想。

该理论认为，市场利率不是由投资与储蓄决定的，而是由可贷资金的供给和需求来决定的。可贷资金的需求包括投资需求和货币储藏的需求。这里的货币储藏需求不是货币储藏的总额，而是当年货币储藏的增加额（见图 2－4），用公式表示为：

$$D_L = I + \Delta H$$

式中，D_L 表示可贷资金的需求量，I 表示投资，ΔH 表示货币储藏的增加额。

可贷资金的供给也由两部分组成：一是储蓄，二是货币当局新增发的货币数量。用公式表示为：

$$S_L=S+\Delta M$$

式中，S_L 表示可贷资金的供给，S 表示储蓄，ΔM 表示货币当局的货币增发额。

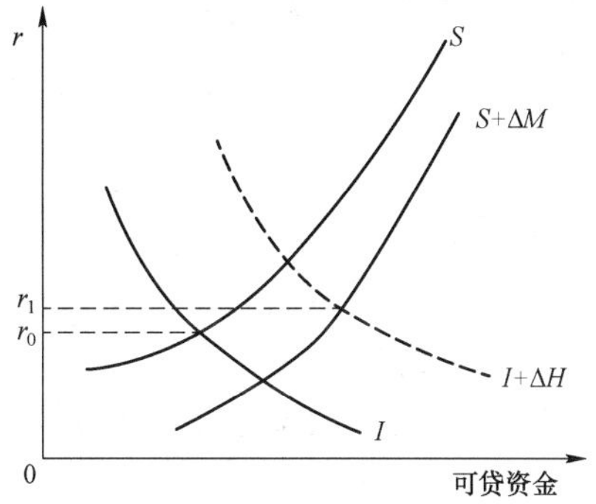

图 2–4 可贷资金理论

可贷资金学说认为，ΔH 和 I 是利率的递减函数；而ΔM 是货币当局调节货币流通的工具，是关于利率的外生变量。储蓄与投资决定自然利率 r，即当 $I=s$ 时的利率；而市场利率 r_1 则由可贷资金的供求关系来决定，即 r_1 取决于 $D_L=S_L$，即

$$I+\Delta H=S+\Delta M$$

可以看出，如果投资与储蓄这一对实际因素的力量对比不发生变化，按照该理论，货币供需力量对比的变化足以改变利率。因此，利率在一定程度上是货币现象。

可贷资金理论与古典利率理论的区别为：可贷资金总量受到中央银行控制，因此政府的货币政策成为利率的决定因素之一。（ΔM 包括了新发行的基础货币和新的货币创造，而这些都是政府可以控制的。）

（四）IS–LM 模型

古典利率理论和凯恩斯流动性偏好利率理论分别从商品市场和货币市场的均衡来说明利率的决定，可贷资金理论则试图把两者结合起来。但是，英国著名经济学家希克斯（R.Hicks）等人则认为以上这三种利率理论都没有考虑收入因素，因而无法确定利率水平，不能明确得出利率究竟是多少的结论。

按照希克斯的说法，古典利率理论并不能确定利率究竟是多少，因为储蓄是取决于收入的。因此，不知道收入，也就无法知道储蓄，从而利率也无法确定。利率不确定，投资也无法得知，结果收入也不能确定。凯恩斯的流动性偏好利率理论也不能说明利率到底是多少，因为按照流动性偏好利率理论，利率取决于货币需求与货币供应的均衡点，但货币需求是取决于收入的，因此，要知道货币需求，也必须知道收入，否则，就不能确定利率。可贷资金理论撇开了收入也同样不能够确定利率，因为可贷资金供应中的储蓄和可贷资金需求中的窖藏都与收入有关，并不仅仅是利率的函数。因此，希克斯认为，若不将收入考虑进去，任何理论都不能确定利率是多少。

为弥补以上三种利率理论的缺陷，希克斯于 1937 年发表了一篇著名的论文《凯恩斯与古典学派》，首次提出著名的 IS—LM 模型，后经美国经济学家汉森加以说明和解释，从而建立了一种使利率与收入在储蓄和投资、货币供应和货币需求这四个因素的相互作用之下同时决定的利率理论，这就是 IS—LM 模型所表述的利率理论。

希克斯认为，在现实社会中，收入水平和利率水平必然是同时决定的，这就意味着商品市场和货币市场必须同时达到均衡。

本章小结

1. 信用的本质是以偿还和付息为条件的价值单方面的运动，是价值运动的一种特殊形式。信用的本质就是债权债务关系的统一。

2. 信用的形式是信用关系和信用活动表现出来的具体形式，包括商业信用、银行信用、国家信用和消费信用。

3. 信用工具也叫金融工具，是以书面形式发行和流通、借以保证债权人或投资人权利的凭证。

4. 利息是指在借贷活动中，债务人支付给债权人的超过借贷本金的那部分货币资金。利息的本质取决于利息的来源，而利息的来源是由信用关系的性质决定的。利息来源于利润，是剩余价值的一部分，反映一定的社会阶级关系。

5. 利率又称“利息率”，是衡量利息高低的指标，是一定时期内利息额同本金的比率。

6. 影响利率的因素包括社会平均利润水平、借贷资金的供求关系、物价变动的幅度、国际利率水平、政策性因素、借贷资金的风险、借贷的期限长短等。

7. 利率决定理论包括马克思的利率决定理论、古典利率理论、流动性偏好利率理论、可贷资金理论等。

重要概念

信用　信用工具　商业信用　银行信用　国家信用　利息　利率　名义利率　基准利率　市场利率　单利　复利

复习思考题

1. 信用的本质和特点各是什么？
2. 信用对现代经济的作用有哪些？
3. 信用形式主要有哪些？它们之间的关系是怎样的？
4. 利息的本质和来源各是什么？
5. 利率体系是怎样分类的？
6. 马克思的利率决定理论的内容是什么？

7. 古典利率理论的内容是什么？
8. 流动性偏好利率理论的内容是什么？
9. 影响利率的因素有哪些？

实训案例

实训案例一：完善诚信建设长效机制，健全覆盖全社会的征信体系

中国人民银行坚持“政府＋市场”双轮驱动发展模式，逐步构建金融信用信息基础数据库（简称央行征信系统）和市场化征信机构协同发展、互相补充的发展格局。

（1）央行征信系统位居世界前列。由央行主导建设的央行征信系统，立足全国范围内个人和企业信贷信息全面共享应用，已成为世界规模最大、覆盖人口最多、收集信贷信息种类最全的征信系统。截至 2022 年 8 月末，个人征信系统接入金融机构 4 081 家，收录 11.5 亿自然人信息，日均提供查询 1 084.4 万次；企业征信系统接入金融机构 3 811 家，收录 9 874.6 万户企业和其他组织信息，日均提供查询服务 27.3 万次。向央行征信系统查询信用报告已成为金融机构信贷业务的必要环节。在世界银行《营商环境报告》信用信息指数评估中，数据库为主要考评对象，我国在此项上已连续五年获得满分，位居世界前列。

（2）市场化征信机构满足多元征信需求。一是按照“第三方独立性、客观公正性、个人隐私权益保护”原则发展市场化个人征信机构。中国人民银行先后批设了两家个人征信机构：百行征信有限公司和朴道征信有限公司。截至 2022 年 8 月末，百行征信、朴道征信分别覆盖 4.96 亿人、1.57 亿人，分别提供服务 38.59 亿次、10.13 亿次，实现个人非贷海量替代数据全面共享应用。二是按照“有稳定数据来源、有先进信息处理技术、有明确市场需求”的原则，依法为企业征信机构办理备案。截至 2022 年 8 月末，在人民银行分支机构备案的企业征信机构 136 家，已实现企业注册登记等公开信息的全覆盖，仅 2022 年前 8 个月累计提供信用评分、反欺诈、企业画像、联合建模、决策支持等征信产品、征信服务就达 52 亿次。三是按照“高标准、市场化、国际化”原则培育具有国际竞争力的信用评级机构。截至 2022 年 8 月末，全国备案评级机构 55 家，标普、惠誉等知名外资评级机构以独资形式进入中国市场。在“引进来”的同时，我国本土信用评级机构也在逐步“走出去”，提高了国际影响力。已形成以大型债券市场信用评级机构为主、小型信贷市场信用评级机构为辅，多种形式并存的评级市场架构，评级市场总体实力不断提升。

下一步，中国人民银行将坚持以习近平新时代中国特色社会主义思想为指导，进一步建设完善覆盖全社会的征信体系，为经济社会发展提供高质量征信服务。一是坚持征信全覆盖的建设目标。推动不同领域、不同平台的个人和企业信用信息共享应用，不同征信系统互联互通，为每一个经济主体建立“信用档案”，满足经济社会多层次多样化的征信服务需求。二是坚持“征信为民”理念，保护信息主体合法权益。推动相关法律法规进一步完善，平衡好信用信息合规使用和有效保护的关系，加强行业监管，严肃查处

滥采、滥用个人信息等违规行为。三是坚持征信业市场化、法治化、国际化的发展方向。构建多样化征信市场、多维度征信产品、多渠道征信服务。推动跨境征信合作，培育具有国际竞争力的征信机构和信用评级机构，服务国家对外开放战略。

资料来源：中国人民银行，www.pbc.gov.cn。

思考问题：建设覆盖全社会的征信体系对社会和经济会产生怎样的影响？

实训案例二：我国的利率市场化进程

利率市场化是指金融机构在货币市场经营融资的利率水平由市场供求来决定。它包括利率决定、利率传导、利率结构和利率管理的市场化。实际上，它就是将利率的决策权交给金融机构，由金融机构自己根据资金状况和对金融市场动向的判断来自主调节利率水平，最终形成以中央银行基准利率为基础，以货币市场利率为中介，由市场供求决定金融机构存贷款利率的市场利率体系和利率形成机制。2019 年政府工作报告在货币政策的表述中明确提出“深化利率市场化改革，降低实际利率水平”。意味着始于 1993 年的利率市场化改革在经历 26 年的大潮洗礼后有望迈出最为重要的一步，完成最后一跃。我国的利率市场化进程如下：

1. 1993—2007 年：逐渐放开货币市场利率、贷款利率上限和存款利率下限约束

我国的利率市场化改革始于 1993 年的两份文件，即《中共中央关于建立社会主义市场经济体制若干问题的决定》和《国务院关于金融体制改革的决定》，这两份文件确定了我国利率市场化改革的基本原则和路径，即“先外币、后本币，先贷款、后存款，先长期、大额后短期、小额”。1993—2007 年，我国先后放开银行间同业拆借利率、银行间债券回购利率、债券发行利率、外币存贷款利率、贷款利率上限和存款利率下限、同业存单利率、国债发行利率等货币市场利率约束。

2. 2007—2012 年：适逢金融危机冲击，利率市场化改革进程有所放缓

在 2007 年以前全部放开货币市场利率、贷款利率上限和存款利率下限后，受 2007—2008 年金融危机影响，我国利率市场化改革进程有所放缓。这一时期，我国利率市场化改革的工作主要是完善中央银行利率体系、培育货币市场基准利率、放开替代性金融产品价格等几个方面，主要目的也重在探索利率市场化改革的有效途径，并未形成体系化。

3. 2012—2015 年：构建央行政策利率体系、逐步放开存贷款利率约束

随着 2012 年以来的金融创新，合意贷款约束、社会融资规模指标的产生，均使得数量型货币政策的效力大幅下降，部分金融指标也难以代表实体经济的境况，价格型货币政策的推出成为政策的努力方向。这一时期的主要工作有两个方面：

（1）在加强合意贷款约束、窗口指导的基础上，不断丰富央行货币政策工具箱，相继推出短期流动性调节工具、常备借贷便利、中期借贷便利等工具，同时加大存贷款基准利率与准备金率等政策的调整力度。

（2）进一步放开存贷款基准利率的约束。2013 年 7 月，中国人民银行全面放开贷款利率和票据贴现利率管制、10 月推出贷款基础利率（LPR）、12 月推出同业存单，2015 年 6 月推出大额存单，2015 年 10 月放开商业银行、农村合作金融机构、村镇银行、财务

公司、金融租赁公司、汽车金融公司等金融机构活期存款、一年（含）以内定期存款、协定存款、通知存款利率上限，2015 年 12 月放开金融机构一年（不含）以上定期存款利率浮动上限（其余仍保持基准利率的 1.5 倍）。

可以看出，这三年正是我国影子银行大发展、金融创新进程加快的时期，利率市场化的进程明显加快，中国人民银行的货币政策工具也不断丰富。但尽管利率市场化进程表面上趋于完成，但仍有一些鸡肋问题尚未得到解决，市场利率与管制利率并存的局面已经严重影响到央行货币政策的传导效应。

4. 2015—2018 年：进一步完善货币市场利率体系、建立利率走廊机制

这一期间存贷款基准利率没有进一步调整，但却频繁调整政策性利率，通过完善同业存单发行利率、推出存款类金融机构债券回购利率、回购定盘利率、建立走廊机制等举措形成基准利率框架。使得我国政策利率、市场利率形成了多维度的参考框架。

2014 年 5 月，时任中国人民银行行长周小川表示未来短期利率调控的方式将采取利率走廊模式，利率走廊机制开始引起市场关注；2015 年一季度货币政策执行报告明确提出“探索常备借贷使得利率发挥货币市场利率走廊上限的功能”；2017 年 12 月，中国人民银行创设的临时准备金（CRA）进一步明确了将法定存准率利率作为货币市场利率的下限，至此我国利率走廊机制的框架基本清晰，即上限和下限分别为常备借贷便利（SLF）利率与法定存款准备金利率水平。

与此同时，中国人民银行在进行价格政策调整的同时，也相继推出普惠性降准政策、置换式降准、临时准备金动用安排、临时流动性便利等数量型政策举措。

5. 2019 年至今：利率两轨并一轨工作实质性开展

2018 年经济弱势得到验证后，中国人民银行之前丰富的货币政策工具除能够有效降低货币市场利率以外，对于实体经济融资成本的影响则较为不明显，货币政策传导机制不畅的问题进一步突出，也即货币市场利率的变化无法有效传导至实体经济，而在其中本应起到过渡性作用的参考利率体系也没有发挥相应效力，利率两轨并一轨的急迫性显著上升。

现阶段我国的利率体系架构分层：通过政策性利率影响金融市场利率、通过无风险利率改变风险利率预期。

经过近 30 年的演变，目前我国已形成政策性利率、市场利率（含债券市场收益率）、参考利率以及存贷款基准利率四种类型组成的利率体系架构（见图 1），传导的过程为中国人民银行管控政策性利率，并向市场利率传导（主要以银行间为主），由货币市场利率再向参考利率（银行间市场向实体经济过渡）传导，以期通过参考利率来影响存贷款基准利率的调整幅度。

通常情况下，政策性利率主要是央行与公开市场一级交易商作为对手方，而市场利率则是在银行间市场进行（对手方包括银行与非银行金融机构、资产管理计划等等）。相较而言，参考利率与存贷款基准利率可以看作是更接近实体经济的融资利率。因此，从这个角度来讲，所谓的无风险利率主要是指政策性利率和市场利率，而中国人民银行货币政策的主要目的也是通过影响无风险利率来改变风险利率的预期，其依据的逻辑关系

式可以参照资本资产定价模型（CAPM）。

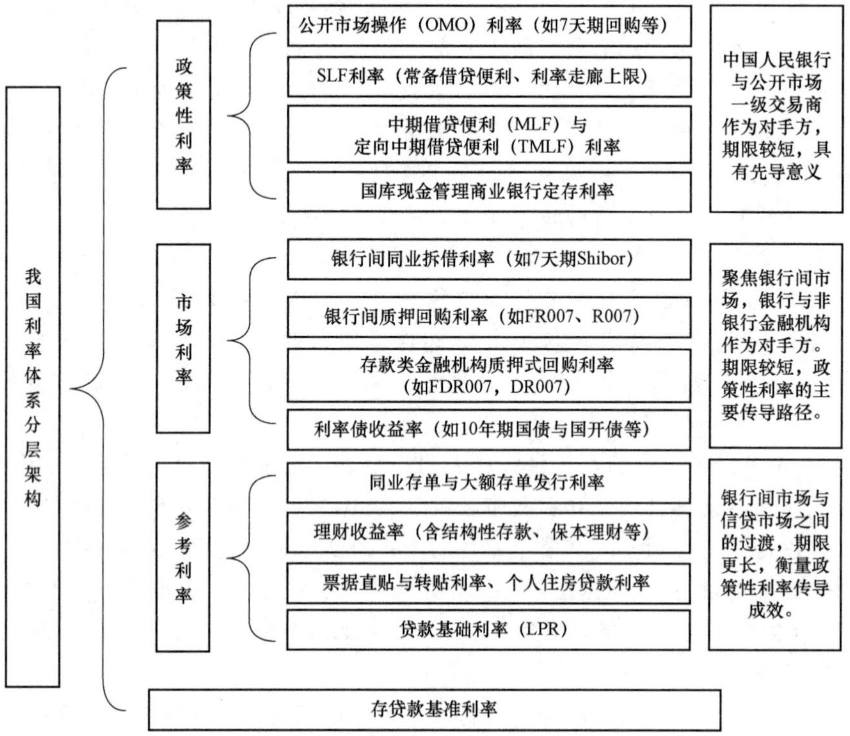

图1　我国利率体系分层架构

资料来源：博瞻智库。

资料来源：节选自博瞻智库资料。

实训项目：利率市场化对于借贷资本的价格会产生什么影响？对货币供求关系会产生什么影响？

第三章

金融市场

学习目标

通过本章学习，学生应掌握金融市场的基本理论及一系列重要子市场的概念、构成及其基本运作；理解金融市场的作用，熟悉金融市场的分类，理解我国多层次资本市场的构建；掌握金融市场的构成要素；理解如何防范和化解金融市场风险。

党的二十大报告指出，要充分发挥市场在金融资源配置中的决定性作用，深化金融改革开放。深入推进金融供给侧结构性改革，大力发展普惠金融、绿色金融、科技金融、数字金融等，推动多层次资本市场的健康稳定发展。

第一节 金融市场概述

经历了整个20世纪，世界上各个国家或地区的金融市场都发生了巨大变化，由第二次世界大战后的凌乱到今天的繁荣，由相互分割到日益融合为一体。特别是随着信息技术和经济全球化的加快发展，金融市场的变革必将对全球经济、贸易、居民福利乃至世界各个国家或地区的政治生活产生深远影响。

一、金融市场的含义

金融市场（Financial Market）是商品经济发展的产物，是以金融工具为交易对象而形成的资金供求关系的总和。

在商品经济条件下，随着商品流通的发展，生产日益扩大和社会化、社会资本的迅速转移、多种融资形式和种类繁多的信用工具的运用和流通，导致金融市场的形成。金融市场是以货币信用关系的充分发展为前提的，是实现资金融通的场所，在这里实现借贷资金的集中和分配，并由资金供给与资金需求的对比形成该市场的“价格”——利率。随着现代电子技术在金融领域里的广泛运用和大量无形市场的出现，许多人倾向于将金融市场理解为金融商品供求关系或交易活动的总和。

金融市场体系是现代社会最重要的发明之一。其基本功能就是将稀缺的货币和资本从储蓄者手中转移到借款者手中，以满足借款者对商品和服务的购买、新机器设备购买的资金需要，以此实现全球经济的不断增长、人民生活水平的不断提高和社会福利水平的改善。通过金融市场体系，股票、债券和其他各种各样的金融工具得到交易，利率得到确定，金融产品和服务在世界范围内被提供。如果没有金融市场及其资金的提供，现代社会经济生活的每一部分都不可能像现在这样正常运行。

二、金融市场的运行机制

现代经济是货币经济和信用经济。在现代经济条件下，商品与服务的生产和交换都需要通过货币来进行。对某一经济单位来说，货币资金的取得有两个途径：一是通过自身积累来获得，即所谓内源融资；二是通过外部借贷利用各种信用方式获得，即所谓外源融资。无论就经济整体，还是就经济个体来说，外源融资都是非常重要的，它已经成为经济发展不可或缺的因素。日益活跃的资金借贷活动形成了金融市场，在这个市场上，交易的对象是资金这种特殊商品，资金的价格则表现为借贷利率。

由于各部门资金循环存在着盈余和不足的情况，因此就产生了资金的融通。资金的融通尽管不直接反映实质的经济活动，但它的顺畅与否对经济活动具有重大影响。如果没有资金的融通，任何经济部门都不能使自己成为绝对的赤字部门，无论多么有利的投资机会，它也只能在自己的储蓄数额之内进行投资；而另外一些储蓄盈余部门的资金也得不到有效利用，于是资金循环规模就会缩小，从而从整体来看经济就会处于萎缩状态，导致收入下降。

根据上述资金融通活动，可以将融资行为划分为两种方式：一是直接融资；二是间接融资。所谓直接融资，就是通过证券市场，直接发售股票、债券等方式，使资金从储蓄者流向需要资金的企业或部门。间接融资就是储蓄资金通过银行等金融机构集中起来，再通过金融机构的贷款渠道，融通给需要资金的企业、单位或个人的方式。直接融资与间接融资的主要区别在于资金从储蓄部门流向投资部门时，是否有银行或其他金融机构参与并充当信用中介。

金融市场上资金的运动具有一定规律性，由于资金余缺调剂的需要，资金总是从多余的地区和部门流向短缺的地区和部门。金融市场的资金运动起因于社会资金的供求关系、最基本的金融工具和货币资金的形成，是由银行取得（购入）企业借据而向企业发放贷款而形成的。银行及其他金融机构作为中间人，既代表了贷者的集中，又代表了借者的集中，对存款者是债务人，对借款者是债权人，因而，它所进行的融资是间接融资。当银行创造出大量派生存款之后，为其他信用工具的创造和流通建立了前提。当各种金融工具涌现，多种投融资形式形成，金融工具的流通轨迹就变得错综复杂，它可以像货币一样多次充当交易媒介参与货币资金运动，资金的交易不是一次就完成的，金融市场已形成了一个相对独立的市场。金融工具会脱离最初的交易场所反复地运动，这种运动大多是借助直接融资工具如股票、债券的多次流通而实现的。这种直接融资是资金供求双方的直接交易，无须借助中间人，或者只需中介者集中撮合即可。

另外，借助于中介机构发行的金融工具，形成金融流通市场，表现在支票、汇票、本票的流通及贷款证券化的流通上。因而，在金融市场上，金融工具的卖出者可以转化为买入者，金融工具的买入者可以转化为卖出者，再加上新的交易伙伴的不断涌入，推动着金融工具流通转让；与此同时，资金相应地做逆向流动，使金融市场纷繁复杂起来。

三、金融市场的构成要素

金融市场的构成要素主要包括交易主体、交易对象、交易工具、交易的组织形式和交易价格等。

（一）交易主体

金融市场的主体，即金融市场的交易者，包括参与金融市场交易的机构或个人，或者是资金的供给者，或者是资金的需求者或者二者兼有。如果从参与交易的动机来看交易主体可以进一步细分为投资者（投机者）、筹资者、套期保值者、套利者、调控和监管者等。对于金融市场来说，市场主体具有非常重要的意义。

一般说来，金融市场的主体主要包括居民个人与家庭、工商企业、政府部门、存款性金融机构、非存款性金融机构等。

从性质来看，金融市场的交易主体可分为以下五类。

1. 居民个人与家庭

居民个人与家庭主要是以非组织成员的身份参加金融市场活动的居民个人。个人在金融市场上主要是资金供应者，其目的多为调整货币收支结构或追求投资收益的最大化。

2. 工商企业

工商企业经常是金融市场上的资金需求者。无论是工业企业还是商业企业，在生产经营活动中，总会因各种原因而产生资金不足的问题，为弥补资金不足除向银行借款外，另一个有效办法就是在金融市场上发行有价证券。工商企业作为市场上经常的资金需求者，并不影响其成为市场上的资金供应者，当企业在经营活动中存在闲置资金时，可通过购买其他赤字单位发行的有价证券进行投资，以实现资产的多样化。

3. 政府机构

政府作为金融市场的交易主体，充当着双重角色：其一是作为资金的需求者和供应者，其二是作为市场活动的调节者。从世界各国来看，政府部门是金融市场上资金的主要需求者，如为了弥补临时性财政收支缺口或是为了筹措某些重点工程建设资金，政府可通过在金融市场上发行政府债券来筹集所需资金。政府部门也会向金融市场提供资金，其途径之一是对原有负债的偿还，偿还债务的资金大部分会被重新投入金融市场。当财政收支出现结余时，政府还可能提前偿还债务。途径之二是通过银行等金融部门将资金投向市场。另外，许多国家政府部门不仅在国内金融市场上是重要的参与者，而且还积极介入国际金融市场的金融活动，它们或者是国际金融市场的资金提供者，或者是国际金融市场的资金需求者。政府可通过中央银行对金融市场进行干预和调节。

4. 金融机构

金融机构包括存款性金融机构和非存款性金融机构，存款性金融机构是指经营各种存款并提供信用中介服务以获取收益的金融机构。存款性金融机构是金融市场的重要参与者，也是套期保值和套利交易的重要交易主体，主要包括商业银行、储蓄机构、信用合作社等金融机构。非存款性金融机构在资金来源方面与存款性金融机构的显著不同是它们不直接吸收公众存款，而是通过发行证券或以契约的形式聚集社会闲散资金。这些机构包括保险公司、退休和养老基金、投资银行、投资基金等金融机构。各类金融机构是金融市场的重要参与者：作为资金供应者，它们可以在金融市场上大量购买赤字单位发行的直接证券；作为资金需求者，它们则可以通过向市场发行间接证券来获取资金。

5. 中央银行

作为金融市场的参与者之一，中央银行不同于其他四类交易主体，中央银行在一国金融体系中居于主导地位，是专门从事货币发行、办理对其他银行业务，负责制定和执行国家货币政策，进行金融管理和监督，控制和调节货币流通与信用活动，对政府负责的特殊金融机构。它不是单纯的资金需求者和资金供应者，而是信用调节者。中央银行参与金融市场的活动主要是为了实施货币政策，调节和控制货币供应量以实现稳定货币、稳定经济的目标。

（二）交易对象与交易工具

由于金融市场上的交易是一种信用交易，资金供应者让渡的只是货币资金的使用权，并没有转移货币资金的所有权，所以在交易活动达成之时，在资金供应者和资金需求者之间也就形成了一种债权债务关系。为了明确这种债权债务关系，就需要一定的凭证来作为依据，这就是金融工具。

所谓金融工具，又称信用工具，是指金融市场上制度化、标准化的融资凭证。金融工具出现后，市场上的资金交易便可借助金融工具来完成，融资凭证也就成了交易的工具。当赤字单位需要补充资金时，便可在金融市场上出售金融工具来融入资金，当盈余单位需要运用资金时，便可在金融市场上购买金融工具来贷出资金。通过这种金融工具的买卖，资金供求双方达到了资金交易的目的，金融工具实际上成为资金的载体，成为金融市场上交易的工具。

（三）交易的组织形式

有了交易主体和交易对象及交易工具就形成了市场交易的可能性，但要达成交易还需要有一定的组织形式，把交易双方和交易对象结合起来，使交易双方相互联系，实现转让交易对象的目的。纵观各国金融市场，所采用的交易组织形式一般有两种。

1. 交易所形式

证券交易所是证券市场交易的固定场所，是证券交易市场的最早形态。证券交易所只是为交易双方提供一个公开交易的场所，它本身并不参加交易。但能进入证券交易所的只是取得交易所会员资格的经纪人和交易商。会员资格的取得历来均有各种严格限制并需缴纳巨额会费。经纪人和交易商的区别在于：前者只能充当证券买者与卖者的中间人，从事代客买卖业务，收入来自佣金；后者则可以直接进行证券买卖，收入来自买卖差价。

交易所内的证券交易是通过竞价成交的。所谓竞价成交，是指在对同一种证券有不止一个买方或卖方时，买方交易员和卖方交易员分别从当时成交价逐步向上或向下报价；当任一买方交易员与任一卖方交易员的报价相等时，则这笔买卖即拍板成交。竞价成交后，还须办理交割和过户的手续。交割是指买方付款取货与卖方交货收款的手续。过户手续仅对股票购买者而言。如为记名股票，买者须到发行股票的公司或其委托部门办理过户手续方可成为该公司股东。

2. 场外交易形式

场外交易是指在证券交易所以外进行的证券交易，是一种分散在各个证券商柜台前进行交易的组织形式，所以，也称柜台交易形式或店头交易形式。

场外交易的特点：（1）无集中交易场所，交易通过通信网络进行；（2）以买卖未在交易所登记上市的证券为主；（3）证券交易可以通过交易商或经纪人，也可以由客户直接进行；（4）证券交易由双方协商议定价格，不同于交易所采取的竞价制度。

场外交易市场由于具有可以不必公开财务状况，直接交易，有利于降低交易成本等特点，因此，自创办以来发展较快。尤其在计算机技术应用于证券交易后，更使场外交易市场繁荣。其实这种交易组织形式现在也很少在柜台前直接进行，而多借助现代通信手段来达成交易。

（四）交易价格

以上所述要素仅构成金融市场的基本框架，金融市场的交易活动要能正常运行还必须要有一个健全的价格机制。利息是资金所有者由于借出资金而取得的报酬，利息率是借贷期内所形成的利息额与所贷金额的比率。在金融市场的交易中，由于利率是资金商品的价格，所以健全的价格机制在这里实际上就是指健全的利率机制，即能够根据市场资金供求状况灵活调节的利率机制。当市场上资金供不应求时，市场利率则会趋于上升；当市场上资金供过于求时，市场利率又能自动下降。

四、金融市场的地位与功能

金融市场是总体经济运行中一个重要的组成部分，在经济发展和社会福利提高过程中扮演着非常重要的角色。金融市场是实现金融资产交易和服务交易的市场。

（一）金融市场在市场经济中的地位

通过金融市场的交易活动，沟通资金供求双方的关系，实现资金融通。金融市场同其他各种商品市场既有联系又有区别。

1. 金融市场同其他市场之间的联系

在市场经济条件下，金融市场是统一的市场体系的一个重要组成部分，它与生产资料市场、消费品市场、劳动力市场、技术市场等各类市场相互联系、相互依存，共同构成统一市场的有机体。在整个市场体系中，金融市场是联系其他市场的纽带，商品经济的持续、稳定、协调发展，离不开完备的金融市场体系。因为无论是生产资料还是消费资料的买卖，以及技术和劳动力的流动，都要通过货币的流通和资金的运用来实现，都离不开金融市场的配合。因此，可以认为金融市场是市场经济的中枢和主导，它在市场体系中起着纽带和中介的作用，引导和协调其他各类市场的活动，透视和反映社会经济的状态。

金融市场同其他市场之间的联系具体表现在以下方面：一是金融市场为商品市场提供交易的媒介，使商品交换能得以顺利进行；二是金融市场可以有力地推动商品市场的发展，在外延的广度上促进商品市场的发展；三是通过金融市场的带动和调节，商品市场可以流动和组合，从而对资源进行重新配置。

2. 金融市场同其他市场的区别

与其他市场相比，金融市场的特殊性主要表现在以下方面。

一是交易场所的区别。一般商品交易有其固定的场所，以有形市场为主；而金融市场既有有形市场，在更大的范围内也有通过电信工具进行交易的无形市场，这种公开广泛的市场体系，可以将供求双方最大限度地结合起来。二是交易对象的特殊性。一般商品的交易是普通商品或劳务，其本身含有一定的价值和使用价值，一经交易就进入消费；金融市场的交易对象不是普通商品，而是特殊的金融商品——货币资金及其衍生物。作为金融商品，其使用价值是：为其所有者带来收益的功能，价值具有不同的决定方式，较为复杂，影响因素很多并且波动巨大。三是交易方式的特殊性。一般商品的交易遵循等价交换的原则，通过议价、成交付款、交货而使交易结束，双方不再发生任何关系；金融市场的交易是以信用为基础的资金的使用权和所有权的暂时分离或有条件让渡，市场参与者之间的关系是借贷关系和委托代理关系。信用、投资关系的建立和转移过程，交易完成之后，信用双方、投融资双方的关系并未结束，还存在本息的偿付和收益分配等行为。可见，金融市场上的交易，作为金融商品的买卖关系虽然已经结束，但作为信用或者投资关系却没有结束。四是交易动机的不同。一般商品交易的卖者为实现价值取得货币，买者则为取得使用价值满足消费的需求；金融市场上卖者为取得筹资运用的权利，买者则为取得投融资利息、控股等权利，此外，还派生出保值、投机等动机。

（二）金融市场的功能

金融市场的功能是多样化的，从微观层面看，金融市场的功能有价格发现、提供流动性、降低交易成本、分散风险和促进金融创新等方面；从宏观层面看，金融市场的功能有资源配置、实现储蓄投资转化、宏观调控和信号反应等方面。

1. 金融市场的微观功能

（1）价格发现。金融市场具有定价功能，金融市场价格的波动和变化是经济活动的晴雨表。金融资产均有票面金额。企业资产的内在价值（包括企业债务的价值和股东权益的价值）是多少，只有通过金融市场交易中买卖双方相互作用的过程才能“发现”，即必须以与该企业有关的金融资产由市场交易所形成的价格作为依据来估价，而不是简单地以会计报表的账面数字作为依据来计算。金融市场的定价功能同样依存于市场的完善程度和市场的效率。

（2）提供流动性。金融市场可以引导众多分散的小额资金汇聚成为大量资金，以投入社会生产的资金汇聚的功能。金融市场起着资金蓄水池的作用。金融市场为筹资人和投资人开辟了更广阔的融资途径。金融市场为各种期限、内容不同的金融工具互相转换提供了必需的条件。

（3）降低交易成本。金融市场可以降低交易的搜寻成本和信息成本。搜寻成本是指为寻找合适的交易对方所产生的成本。信息成本是在评价金融资产价值的过程中所发生的成本。降低交易成本的功能主要是通过专业金融机构和咨询机构实现的。

（4）分散风险。金融市场帮助实现风险分散和风险转移。金融市场的发展促使居民金融资产多样化和金融风险分散化。发展金融市场就为居民投资多样化、金融资产多样化和银行风险分散化开辟了道路，为经济持续、稳定发展提供了条件。居民通过选择多种金融资产、灵活调整剩余货币的保存形式，增强了投资意识和风险意识。

（5）促进金融创新。金融市场的发展可以促进金融工具的创新。金融工具是一组预期收益和风险相结合的标准化契约。多样化金融工具通过对经济中的各种投资所固有的风险进行更精细的划分，使得对风险和收益具有不同偏好的投资者能够寻求到最符合其需要的投资。多样化的金融工具也可以使融资者的多样化需求得到最大可能的满足。

2. 金融市场的宏观功能

（1）资源配置。金融市场实现着资源、社会财富和风险的再分配功能。金融市场能够迅速有效地引导资金合理流动，提高资金配置效率，扩大资金供求双方接触的机会，便利金融交易，降低融资成本，提高资金使用效益。

（2）实现储蓄投资转化。金融市场将暂时滞留在银行的储蓄以及投资者手中的闲置资金吸引进来，通过投资工具转化为实体投资。金融市场的发展促进了储蓄向投资转化的规模和效率，为金融资产提供了充分的流动性。

（3）宏观调控。金融市场对宏观经济具有调节作用。金融市场为金融管理部门进行金融间接调控提供了条件。金融间接调控体系必须依靠发达的金融市场传导中央银行的政策信号，通过金融市场的价格变化引导各微观经济主体的行为，实现货币政策调整意图。发达的金融市场体系内部，各个子市场之间存在高度相关性。随着各类金融资产在金融机构储备头寸和流动性准备比率的提高，金融机构会更加广泛地介入金融市场运行之中，中央银行间接调控的范围和力度将会伴随金融市场的发展而不断得到加强。

（4）信号反应。金融市场是国民经济的信号系统，它被称为国民经济的“晴雨表”和“气象台”。股票市场的发展提供了有效评价企业经营状况的窗口，为企业实施资本运营战略提供了场所。

五、金融市场的分类

按照最常用的标准，金融市场可以分为货币市场、资本市场和其他金融市场。货币市场主要指银行间同业拆借市场、商业票据市场、大额可转让定期存单市场、短期债券市场和债券回购市场。资本市场包括股票市场和债券市场。其他金融市场包括外汇市场、黄金市场和金融衍生品市场等。

在金融市场的形成和发展进程中，金融市场根据资金融通与金融产品交易的需要，其内在结构也在持续地发生着变化。按不同的标准可以将其划分为若干类市场。

（一）货币市场和资本市场

金融市场根据期限可以分为货币市场和资本市场。货币市场又称为短期金融市场，是指短期资金的融通活动及其场所的总和。所谓短期，习惯上是指一年或一年以内。短期资金因偿还期限短、风险小以及流动性强而往往被作为货币的代用品，主要解决市场主体的短期性、临时性资金需求。在经济生活中，政府、企业、家庭和银行等金融机构，都需要短期资金用于周转，因而成为短期金融市场的主体。货币市场使用的金融工具主要是货币头寸、存单、票据和短期债券（国库券）等。据此，货币市场包括银行间同业拆借市场、商业票据市场、短期债券市场等。

资本市场又称长期金融市场，是指期限在一年以上的中长期资金融通活动及其场所的总和。长期资金大都参加社会再生产过程，在生产过程中发挥着资本的作用，主要是满足政府、企业等部门对长期资本的需求。资本市场的交易工具主要是各种有价证券，如政府公债、企业债券、股票等。这些金融工具偿还期长、流动性较差、风险较大。资本市场包括政府债券市场、公司债券市场、股票市场、银行中长期信贷市场等。

（二）现货市场、期货市场和期权市场

根据金融交易合约性质的不同，金融市场可分为现货市场、期货市场和期权市场。现货市场是指现货交易活动及其场所的总和。一般而言，现货交易是交易协议达成后，立即办理交割的交易。

期货市场是指期货交易及其场所的总和。期货交易一般是指交易协议达成后，在未来某一特定时间才办理交割的交易。在期货市场上，成交和交割是分离的，在期货交易中，由于交割要按成交时的协议价格进行，而证券价格的升或降，就可能使交易者获得利润或蒙受损失。期货市场对于交易的参加者而言，既具有套期保值功能，又具有投机功能。

期权市场是各类期权交易活动及其场所的总和，它是期货交易市场的发展和延伸。期权交易是指买卖双方按成交协议签订合同，允许买方在交付一定的期权费用后取得在特定时间内、按协议价格买进或卖出一定数量的证券的权利。但直至协议合同到期，购买期权的一方没有行使该权利，则期权合同自动失效。

（三）一级市场和二级市场

金融市场还可分为一级市场和二级市场。

一级市场也称初级市场或发行市场，是初次发行的有价证券的交易市场。一级市场是金融市场的基础环节，其主要功能是为办公机械、设备和货物的新投资筹集金融资本。投资者购买一家公司新发行的股票或是为一个企业或家庭提供抵押或信用贷款的活动，均属于一级市场活动。

二级市场是指已经发行证券的交易市场，又称次级市场或流通市场，其主要功能在于为证券投资者提供流动性，也就是给金融产品的投资者提供一个将投资转换为现金的渠道。通常二级市场的交易规模远大于一级市场的交易规模，不过，一级市场和二级市场是互动的，二级市场证券价格的上涨，也会引起一级市场证券价格的提高。之所以会如此，是因为不同市场间套利机制的存在，使不同市场间价格与收益的利差趋于缩小并消失。

（四）公开市场与协议市场

金融市场根据金融产品成交与定价方式的不同可以分为公开市场和协议市场。所谓公开市场是指金融资产的交易价格通过众多的买主和卖主公开竞价而形成的市场。金融资产在到期偿付之前可以自由交易，并且只卖给出价最高的买者。公开市场一般是有组织的交易场所，如证券交易所、期货交易所等。

协议市场一般是指金融资产的定价与成交通过私下协商或面对面的讨价还价方式完成的市场。如未上市的有价证券、银行信贷、保险等交易均通过此种方式进行。传统协议市场的交易范围有限、交易效率较低、交易并不十分活跃，但是，随着现代计算机技术的普及及其在金融市场的应用，协议市场的交易效率已经大大提高，其市场范围和影响也日益扩大。

（五）有形市场和无形市场

金融市场根据有无固定场所可分为有形市场和无形市场。有形市场是指有固定交易场所的市场，如证券交易所等。这种市场通常只限于会员进场交易，非会员必须委托会员才能交易。

无形市场是指通过现代化的通信工具而形成的一种金融交易网络。它没有固定的集中场所，也没有固定的交易时间，而只是一种大型的网络，所以被称为无形市场。在现实世界中大部分金融资产的交易都是在无形市场上进行的。

（六）国内金融市场与国际金融市场

金融市场按地域划分可以分为国内金融市场与国际金融市场。国内金融市场是指融资交易活动的范围仅限于一国国境之内，即只有本国居民参加交易的金融市场。

国际金融市场则是指融资交易活动并不局限于一国国境之内，即允许非居民参加交易的金融市场。

（七）其他分类

金融市场按交易的标的物还可划分为货币市场、资本市场、外汇市场和黄金市场。外汇市场是专门进行外汇交易的市场，即以外汇作为交易的标的物。黄金市场是专门集中进行黄金买卖的市场。由于黄金目前仍然是一种重要的国际储备资产，而且具有较强的保值功能，所以仍将黄金市场视作金融市场的组成部分。

第二节 金融市场体系

金融市场体系是指金融市场的构成形式。金融市场体系中几个主要的子市场都有其共性的东西：第一，风险性（不确定性），如股票市场的风险、外汇市场的风险；第二，价格以价值为基础，受供求关系的影响，股票价格和债券价格的波动，最终都反映其价值，受供求关系的影响；第三，影响债券、股票、汇率波动等的基本面分析既要考虑宏观经济影响，也要考虑微观经济影响。

一、货币市场

（一）货币市场的概念与特点

货币市场是指融资期限在一年（含）以内的资金交易市场，又称为短期资金市场。在该市场上流通的金融工具主要是一些短期信用工具，如国库券、商业票据、银行承兑票据、可转让定期存单等，由于这些交易的期限较短、可变现性强、流动性高，因此，短期金融工具又称为准货币，所以该市场称为货币市场。

货币市场的基本功能是实现资金的流动性。货币市场上的融资活动主要是为了保持资金的流动性，从而便于各类经济主体可以随时获得或运用现实的货币。货币市场的存在和运转，一方面可以满足支出赤字单位的短期资金需求，另一方面也为支出盈余单位的暂时闲置资金提供了获取盈利的机会。

相对于资本市场来说，货币市场有以下几个突出特点：第一，融资期限短、流动性强、风险较小。货币市场是进行短期资金融通的市场，融资期限最短的只有几天，最长的也不超过1年，较为普遍使用的期限为3～6个月，所以该市场的一个显著特点就是融资期限短。由于融资期限较短，所以货币市场上的金融工具变现速度较快，从而使该市场具有较强的流动性。正是由于期限短、流动性强，所以货币市场工具的价格波动不会过于剧烈，风险也较小。此外，货币市场工具的发行主体大多为政府、商业银行及资信较好的大公司，所以其信用风险也较小。第二，由于交易额极大，周转速度快，一般投资者难以涉足，所以货币市场的主要参与者大多数是机构投资者，他们深谙投资技巧，业务精通，因而能在巨额交易和瞬息万变的行情中获取利润。第三，由于货币市场上的管制历来比其他市场要松，所以任何一种新的交易方式和方法，只要可行都可能被采用和发展。

（二）货币市场的构成

根据货币市场上的融资活动及其流通的金融工具，货币市场可分为同业拆借市场、贴现市场、短期证券、回购市场、商业票据市场、大额可转让定期存单市场、短期政府债券市场和货币共同基金市场。下面介绍几种主要的货币市场。

1. 同业拆借市场

同业拆借市场是指银行及非银行金融机构之间进行短期性的、临时性的资金调剂所形成的市场。

同业拆借市场最早出现在美国，我国开放同业拆借市场始于1984年。从1996年1月1日起，中国人民银行决定在35个大中城市的融资中心和具有法人资格、达到一定规模的商业银行间实行联网，建立全国统一的同业拆借市场。目前进入市场的除各家商业银行外，还有城市、农村信用合作社联社、证券公司和基金管理公司等一批非银行金融机构。

相对于其他市场而言，同业拆借市场有以下几个主要特征。

一是同业拆借主要限于金融机构参加，首推商业银行。西方国家的许多大型商业银行都把拆入资金作为一项经常性的资金来源，或者是通过循环拆借的方式（今日借明日还，明日再借次日再还），使其贷款能力超过存款规模；或者是减少流动性高的资产（如库存现金、各种短期证券等），以增加高盈利资产的规模，而在需要额外清偿能力时就进行拆借。与此同时，许多中小商业银行出于谨慎的原因会经常保存超额准备金，为使这部分准备金能带来收益并减少风险，他们往往通过拆借市场向大银行拆出。于是，同业拆借又成为中小商业银行一项经常性的资金运用。

二是拆借期限短。同业拆借的期限一般都控制在1年以内。不过，由于拆借目的的不同，同业拆借在期限上存在着较大差别，最短的只有1天（今日拆入明日归还），最长的可达1年。根据拆借目的的不同，一般将同业拆借市场上的交易分为两种：一是同业头寸拆借，主要是指金融机构为了轧平头寸、补充存款准备金和票据清算资金而在拆借市场上融通短期资金的活动，一般拆借期限为1天；二是同业短期拆借（或同业借贷），主要是指金融机构之间为满足临时性的、季节性的资金需要而进行的短期资金拆借，这一类的拆借期限相对较长。

三是拆借利率市场化。同业拆借利率一般由拆借双方协商决定，而拆借双方又都是经营货币资金的金融机构，所以同业拆借利率最能反映市场资金供求状况，并对货币市场上的其他金融工具的利率变动产生导向作用，这就使得同业拆借利率由此而成为货币市场上的核心利率。正是基于同业拆借利率在利率体系中的这种重要地位，在现代金融活动中，同业拆借利率已被视作观察市场利率走势的风向标。

拆借市场的存在不仅为银行之间调剂资金提供了方便，更重要的是，它为社会资金的合理配置提供了有利条件。当外部资金注入银行体系后，通过银行同业拆借市场运行，这些资金能够较均衡地进入经济社会的各个部门和单位。

也正因为如此，大多数国家的中央银行已把同业拆借利率作为货币政策的操作目标，通过货币政策工具的运用影响同业拆借利率，进而影响长期利率和货币供应量发生变化，从而实现既定的货币政策目标。

2. 回购市场

回购市场是指通过回购协议进行短期资金融通的市场。

所谓回购协议是指证券持有人在出售证券的同时，与证券购买商约定在一定期限后再按约定价格购回所售证券的协议。例如，某交易商为筹集隔夜资金，将 100 万元的国库券以回购协议卖给甲银行，售出价为 99.98 万元，约定第二天再购回，购回价为 100 万元。在这里交易商与甲银行进行的就是一笔回购交易。在回购交易中先出售证券、后购回证券称为正回购；先购入证券、后出售证券则为逆回购。如该例中交易商所做的即为正回购，而甲银行所做的则为逆回购。回购交易实际上是一种以有价证券（大多为国债）为抵押品的短期融资活动。在回购交易中，证券持有者通过出售证券融入资金，而证券购买者通过买入证券融出资金。

3. 票据市场

这里的票据指商业票据。票据市场即是以商业票据作为交易对象的市场。其有狭义与广义之分，狭义的票据市场仅指交易性商业票据的交易市场，广义上的票据市场则包括融资性商业票据和交易性商业票据。

所谓商业票据是指工商企业签发的以取得短期资金融通的信用工具，包括交易性商业票据和融资性商业票据。

（1）交易性商业票据。交易性商业票据是在商品流通过程中，反映债权债务关系的设立、转移和清偿的一种信用工具，包括商业汇票和商业本票。商业汇票是由出票人签发的、委托付款人在免票时或者在指定日期无条件支付确定的金额给收款人的凭证。商业本票是由出票人签发的、承诺在一定时间内将确定金额支付给收款人的凭证。

（2）融资性商业票据。融资性商业票据是由信用级别较高的大企业向市场公开发行的无抵押担保的短期融资凭证。由于融资性商业票据仅以发行者的信用做保证，因此不是所有的公司都能够发行商业票据，通常只有那些规模巨大、信誉卓著的大公司才能发行。这种商业票据一般具有面额固定且金额较大（10 万美元以上）、期限较短（一般不超过 270 天）的特点，而且都采用贴现方式发行。

4. 大额可转让定期存单市场

大额可转让定期存单（Negotiable Certificate of Deposit，CDs）是一种由商业银行发

行的有固定面额、可转让流通的存款凭证。CDs于1961年由美国花旗银行首次在世界上推出。最初是美国商业银行为逃避金融管理条例中对存款利率的限制、稳定银行存款来源而进行的一项金融业务创新，后由于CDs的实用性很强，既有利于银行，又有利于投资者，故很快发展为货币市场上颇受欢迎的金融工具。

在金融市场发达的国家，CDs市场已成为货币市场的重要组成部分。对于银行来说，发行CDs无疑是一种极好的筹资办法，它可以使银行获得稳定的资金来源，同时也为银行提高流动性管理能力提供了一种有效手段，银行可以通过发行CDs来主动增加负债，以满足扩大资产业务的需要。对于投资者来说，由于CDs都是由银行发行的，信用较高，且到期前可以转让变现，并有较高的利息收入，故投资于CDs可使投资者获得一种流动性强、收益性高的金融资产。此外，CDs市场的存在对于中央银行的信用调节也具有积极意义，中央银行可通过调整基准利率以影响市场利率水平，由此影响CDs的利率，并进而影响CDs的发行量，从而达到间接调控银行信用创造的目的。

5. 短期政府债券市场

短期政府债券是一国政府部门为满足短期资金需求而发行的一种期限在1年（含）以内的债务凭证。

在政府遇有资金困难时，可通过发行政府债券来筹集社会闲散资金，以弥补资金缺口。广义上看，政府债券不仅包括国家财政部门发行的债券，还包括地方政府及政府代理机构发行的债券。但从狭义上说，政府债券仅指财政部发行的债券。在西方国家一般将财政部发行的期限在1年（含）以内的短期债券称为国库券。所以狭义地说，短期政府债券市场就是指国库券市场。

目前，中国的货币市场包括银行间同业拆借市场、银行间债券市场、商业票据市场等子市场。

二、资本市场

（一）资本市场的概念与特点

资本市场（Capital Market）是指以期限1年以上的金融工具为媒介，进行长期性资金交易活动的市场，又称长期资金市场。其主要参与者有个人、企业、金融机构和政府。近年来，像保险公司、养老基金等金融机构，作为机构投资者也活跃在资本市场上。

资本市场主要有四个特点。

（1）资本市场所交易的金融工具期限长，至少1年以上，最长的可达数十年；股票则没有偿还期限，可以长期交易。

（2）交易的目的主要是为解决长期投资性资金的供求需要。所筹措的长期资金主要是用于补充固定资本，扩大生产能力（如开办新企业，更新改造或扩充厂房设备），国家长期建设性项目的投资。

（3）资金借贷量大，以满足长期投资项目的需要。

（4）作为交易工具的有价证券与短期金融工具相比，收益较高而流动性差，价格变动幅度大，有一定的风险性和投机性。

资本市场对经济最大贡献就是提供了一条储蓄向投资转化的有效途径：它通过价格

机制合理地引导资金和分配资金。因此，资本市场的完善与否影响到一国投资水平、投资结构、资源的合理分配和有效利用，乃至国民经济的协调增长。

（二）资本市场的工具

1. 债券

债券是政府、金融机构、工商企业等金融市场主体为筹集资金而向投资者发行的、承诺按一定的期限和利率水平支付利息并按约定期限偿还本金的债权、债务凭证。

（1）债券的一般特征

① 收益性。债券一般可为投资者带来一定的收益，即持有者在持有期间的利息收益和买卖债券时的价差收益。② 安全性。债券的发行有着严格的资信审查制度，在一定程度上确保了投资者的投资安全。③ 偿还性。债券有确定的偿还期限，到期时，债务人必须向债权人偿还全部本息。④ 流动性。债券一经发行，在到期前，投资者可在债券流通市场上自由买卖债券。

（2）债券的划分类型

① 按发债主体不同，债券可分为政府债券、金融债券和公司债券。② 按债券期限不同，债券可分为短期债券、中期债券和长期债券。短期债券的资金借贷期限为 1 年以内；中期债券的资金借贷期限为 3～5 年；长期债券的资金借贷期限为 5 年以上。其中，中期、长期债券为资本市场的金融工具。③ 按是否有抵押担保，债券可分为担保债券、信用债券和抵押债券。担保债券是指由一定单位或经济实体为债券发行人提供担保而发行的债券。信用债券是指债券发行人没有任何财产进行抵押或担保，仅凭自身的信用而发行的债券。抵押债券是指债券发行人以一定资产为抵押品种而发行的债券。④ 按支付利息方式不同，债券可分为一般付息债券、分期付息债券、附息票债券、贴现债券和贴水债券。一般付息债券是指到期一并还本付息的债券。分期付息债券是指按发债时规定的利率标准每年支付利息的债券。附息票债券是指凭借债券所附息票在其到期日内领取利息的债券，又称为附息债券。贴现债券是指以低于债券面值发行而在到期日时按面值兑付的债券，又称为折扣债券。贴水债券是指实际利率因某种原因得到贴补而高于名义利率的债券。⑤ 按债券是否记名，债券分为记名债券和无记名债券。记名债券是指在债券票面上记有债权人姓名的债券。无记名债券是指债券票面上不记载债权人姓名的债券。⑥ 按发行区域和支付的货币不同，债券分为国内债券、外国债券和欧洲债券。国内债券是在本国境内发行，以本国货币标明面额，并以本国货币偿还本息的债券。外国债券是指以发行地所在国家货币为面值并进行计息支付的债券。欧洲债券是指以非发行国和发行地所在国货币，以第三方货币为面值并进行计息支付的债券。欧洲货币是指在货币发行国境外流通使用的货币，而非欧元。⑦ 按债权人享受权益的不同，债券可分为可转换公司债券、附新股认购权公司债券、参加公司债券和收入公司债券。可转换公司债券是指发行人依照法定程序发行，在一定时期内依据约定的条件可以转换为公司股票的债券。附新股认购权公司债券是指附有投资者按一定比例和价格购买一定数量该公司股票权力的债券。参加公司债券是投资者除了拥有到期收回本金和利息的权力外，还拥有在一定程度上参与公司剩余分配的债券。收入公司债券是指债券的利息收入随公司收入水平而变化的债券。

此外，债券按利率是否变化分为固定利率债券、浮动利率债券、指数债券和零息债券等。

2. 股票

股票是资本市场重要的金融工具，是股份有限公司（发行主体）筹集资金时发行给股东、证明其所入股份并据此享有股东权力和承担股东义务的书面法律凭证。股票所有者即是股份公司的股东，其占有对该公司所有权的一定比例，并享受相应的权利及承担相应的责任。股票可以作为买卖对象和抵押物品，是金融市场上主要的长期信用工具之一。股票持有者不能向股份公司退股，进而要求抽回自己的投资，只能在股份公司盈利条件下，定期取得一定的股息收入。

（1）股票的性质

① 股票是一种有价证券。一方面，股票代表着一定价值量的资产；另一方面，股票持有者可以行使其所代表的权利。② 股票是一种要式证券。股票必须经证券主管机关审核和批准后才能发行，股票票面上应全面、真实地记载法律规定的内容。③ 股票是一种证权证券。证券可以分为设权证券和证权证券。设权证券是指证券所代表的权利本来不存在，而是随着证券的制作而产生，即权利的发生是以证券的制作和存在为条件的。大多数票据均属于设权证券。证权证券是指证券所代表权利的一种物化的外在形式，它是权利的载体，这个权利已先存在，证券起到证明作用。股票是以证券形式把先行存在的股东权利进行证明，因此，股票是证权证券。④ 股票是一种资本证券。股票是投入股份有限公司的资本金的证券化，属于资本证券。股票独立于真实资本之外，凭借其所代表的资本份额和股东权益在股票市场上进行独立的价值运动。因此，股票是一种虚拟资本证券。⑤ 股票是一种综合权利证券。证券按其性质可分为物权证券和债权债券。物权证券是指证券持有人对公司的财产有直接支配处理权的证券。债权证券是指证券持有人为公司债权人的证券。一方面，购买股票的股东是股份有限公司所有者之一，他们享有多种权利，但不能对公司的财产直接支配和处置，因此，股票不是物权证券；另一方面，股东是股份有限公司部分财产的所有者，不是与公司对立的债权人，一旦公司经营不善，股东只能承受亏损和破产的风险，不存在要求公司还本付息的权利，因此，股票也不属于债权证券。

（2）股票的特征

① 收益性。收益性是指股票可以为投资者带来收益的特性，股票投资收益主要来自两个方面：一方面来源于股份有限公司，领取股息和红利；另一方面来自股票流通，即买卖股票时所产生的价差收益，即资本利得。② 风险性。风险性是指由于未来的不确定性因素导致股票投资者产生经济利益损失的可能性。股票投资风险一般可分为系统性风险和非系统性风险。系统性风险是指由于某种全局性因素引起股票投资收益变化的风险。全局性因素一般包括政治、军事、经济和社会等各方面因素。非系统性风险是指某些因素只对某个行业或个别公司股票产生影响的风险，如公司信用程度、经营管理状况等因素。③ 流通性。流通性是指股票可以自由地进行交易，又称为变现性。④ 价格与面值的不一致性。股票一般具有固定的面值，但其实际交易价格千差万别，不能保持与其面值完全一致。⑤ 永久性。永久性是指股票所承载各种权利的有效性是始终不变的，它是

一种无期限限定的法律凭证。股票的有效期一般等同于股份有限公司的寿命。⑥ 权责性。权责性是指股份有限公司的股东具有相应的权利和义务的特性。股票也有不同的类型，发行者可以根据其具体情况发行不同的股票。

3. 投资基金

投资基金是资本市场的一种新形态，是基金发起人通过发行基金股份或受益凭证方式，将投资者分散的资金集中成一定规模并进行定向投资的周转资金，然后交由专业性投资机构管理，进行证券投资（可以分别投资于股票债券、企业债券、金融债券或其他金融资产，如期货、期权等）或产业投资，并将投资收益分配给基金持有者。投资基金实际上是一种金融中介机构。

投资基金具有以下特点：第一，化零为整与化整为零相结合。所谓化零为整，是指投资基金制度可以迎合广大百姓的利己心态和致富心理，运用营利杠杆把分散于千家万户的富余资金汇集成巨额资本。所谓化整为零，是指投资基金制度要求投资基金的运用遵循组合投资。按照分散风险的原则，对投资基金投资对象的比例构成做出强制性法律规定。第二，专家经营与专业管理。基金由专业的基金管理公司运作管理，基金管理公司的管理人员具有丰富的投资实践经验，信息资料齐全，分析手段先进，资产的运作效率较高。一般投资者很难达到基金经理对市场认识与研究的深度。通过他们专业化的投资知识和经验，运作证券投资基金来取得最大收益。第三，组合投资，分散风险，收益稳定。基金投资比较分散，可以通过投资组合从而在总体上把风险减到最低限度，稳定收益，这是一种理想的中长线投资工具，但不同的基金具有不同的风险和回报水平。第四，集合大量投资者的资金以基金名义管理可以平均摊销经营成本和佣金，有利于降低个人投资费用。第五，服务专业化。投资基金的发行、收益分配、交易、赎回均由专门机构负责，特别是可以将收益自动转化为再投资，使整个投资过程轻松、简便。

（三）资本市场结构

根据资本市场资金交易双方所体现的不同关系，一般把资本市场分为中长期借贷市场和证券市场。

1. 中长期借贷市场

中长期借贷市场的核心是银行。银行一方面接受信用，通过各种形式向社会广泛地筹集中长期资金，然后再把它贷放给中长期资金需求者。银行中长期信贷主要用于固定资产的更新、扩建或新建，一般都需要以机器设备、土地、建筑物体为担保品，贷款期限一般在 5 年以上。中长期贷款市场之所以是资本市场的一部分，不仅是由它的期限决定的，更重要的是因为在这个期限内，企业通过运用资本金和这笔贷款资金，所创造的经济效益，在满足按期还本付息要求后，将有一笔新的净资产增加，这些净资产属于企业的资本性资金范畴。

2. 证券市场

这是经营股票、公司债券和国家公债等有价证券交易的场所。证券市场通过发行买卖各类债券、股票，组织吸引国内外长期资金，提供政府和工商企业所需要的财政资金和长期建设资金，是长期资本借贷的一种重要方式。

证券市场又可以分为中长期债券市场、股票市场和投资基金市场。

（1）中长期债券市场。债券市场是发行和交易债券的市场，它是金融市场的一个重要组成部分。按债券期限划分，债券市场可分为短期债券市场和中长期债券市场。其中，中长期债券市场是资本市场的一个重要组成部分。债券市场是一国金融体系中不可或缺的部分。一个统一、成熟的债券市场可以为全社会的投资者和筹资者提供低风险的投融资工具；债券的收益率是社会经济中一切金融商品收益水平的基准，因此债券市场也是传导中央银行货币政策的重要载体。可以说，统一、成熟的债券市场构成了一个国家金融市场的基础。

（2）股票市场。股票市场是影响力最大的金融实体之一。它们向投资者出售公司股票，为公司筹集运营资金。作为回报，投资者获得公司所有权的股份，并分享公司的利润。股票市场存在的目的，是为了把企业集中起来，筹集资金持有人的资金，而这些人也正在寻找相应的投资机会。企业需要资本，也许是为了扩大当前的业务，或者筹建一个全新的企业，同时，投资者也正在寻求更高的投资回报（高于存入银行获取的利息）。

股票市场如同任何市场一样，允许买卖双方通过货币进行交易或交换产品（有时称为商品）。股票市场中的商品是个人股份或者公司的股票。这些股份对投资者具有吸引力，因为它们的价值随着公司的财务状况和发展潜力的波动而变化。如果公司业绩良好，股份的持有人将享有定期获得利润或股息的权利。

股票市场一般分为发行市场（又称一级市场）和流通市场（又称二级市场）。股票发行市场，是指股票发行者将发行的股票出售给投资者进而筹集资金的场所。发行市场是流通市场的基础，有了发行市场的股票供应，才会有流通市场的股票流通，发行股票的种类、数量决定着流通市场的种类和规模。股票流通市场又称次级市场或二级市场，是指已经发行的股票按时价进行转让、买卖流通的场所。股票流通市场是发行市场正常发展的必要条件，没有流通市场的转让出售活动，股票就会失去流动性。相对而言，流通市场比发行市场更复杂，其作用和影响也更大。

根据上市公司的发展状况，股票市场可以分为主板市场和创业板市场。主板市场是一个传统的资本市场；创业板市场，又称为另类股票市场、二板市场，是指交易所主板市场以外的另一个资本市场。创业板市场广义上是指与针对大型成熟公司的主板市场相对应，面向中小公司的股票市场，包括科技板、创新板、另类股票市场、新市场、增长性股票市场、店头和备案市场等市场类型；狭义上是指协助高成长的新兴公司尤其是高科技公司筹资的市场。

（3）投资基金市场。投资基金市场是利用投资基金为金融工具进行融资的市场。它之所以能够成为业界金融市场中不可缺少的组成部分，一方面是由于投资基金作为一种投资工具所固有的特点和独特优势，另一方面也是各国加强对投资基金市场监管的结果。目前投资基金市场较为发达的英、美、日等国无不是得益于基金监管水平的不断提高，而监管水平的高低在很大程度上又取决于其基金监管体系的建立和完善程度。

三、外汇市场

第二次世界大战以后，随着世界经济的迅速发展，外汇市场发生了巨大的变化，不仅形成了包括伦敦、巴黎、纽约、东京、新加坡、香港、苏黎世、阿姆斯特丹、卢森堡、马尼拉、开曼群岛和巴林等诸多国际金融中心，而且世界各地营业时间相互衔接，使得外汇交易可以在全球24小时不间断地进行。外汇市场及其交易活动的影响越来越大，受到人们的普遍关注。

（一）外汇市场的含义及功能

外汇市场是指从事外汇买卖或兑换的交易场所，或是各种不同货币彼此进行交换的场所，是金融市场的重要组成部分。

外汇市场上从事的外汇买卖可分为两种类型：一是本币与外币之间的相互买卖，即外汇的持有者按一定的汇率卖出外汇换回本币，外汇的需求者按一定的汇率用本币购买外汇，也称为国内外汇市场。二是不同币种的外汇之间的相互交易，也称为国际外汇市场。

外汇市场的组织形态主要有两种：一是有固定场所和设施的有形市场，如外汇交易所。二是没有固定交易场所的无形的、抽象的市场，无形市场通常表现为电话、电报、电传和计算机终端等各种远程通信工具所构成的交易网络，它使外汇信息的流通和交易成为可能。

外汇市场的主要功能有以下方面。

1. 外汇买卖的中介

如同其他商品市场一样，外汇市场为外汇这一特殊商品提供了一个集中的交易场所。外汇市场为外汇交易的双方寻找交易对象和发现交易价格节约了交易成本，提高了外汇市场的交易效率。

2. 调节外汇的供求

外汇市场不仅充当了外汇买（需求方）、卖（供给方）双方的交易中介，而且外汇市场上汇率的变化对外汇的供求起着调节作用。任何外汇供求的失衡都会引起价格（即汇率）的相应变动，而价格的变动又反过来影响外汇供求的变动，进而使外汇供求的失衡得以调节。

3. 宏观调控的渠道

外汇市场也是各国政府调节国际收支乃至整个国民经济的重要渠道，各国政府可通过一系列政策和措施影响外汇的供求和汇率的变动，进而达到调节国际收支乃至宏观经济的目的。

4. 保值与投机的场所

外汇市场为试图避免外汇风险的交易者提供保值的场所。市场的交易者可在外汇市场上从事套期保值、掉期交易等外汇交易以避免外汇风险。同样，外汇市场也为那些希望从汇率波动中获取收益的投机活动提供了可能。

（二）外汇市场的参与主体

1. 外汇银行

在外汇交易过程中，外汇银行充当着重要角色。许多外汇银行拥有遍布全球的机构网络，承担着绝大部分的跨国资金调拨、借贷以及国际收支结算等多种任务，因而它们在外汇交易中发挥着核心作用。在外汇市场上，外汇银行的交易主要包括两种：一是受客户委托从事外汇买卖，其目的是获取代理佣金或交易手续费；二是以自己的账户直接进行外汇交易，以调整自己的外汇头寸，其目的是减少外汇头寸可能遭受的风险以及获得买卖外汇的差价收入。

外汇银行是外汇市场上最重要的参与者。在美国，十几家设在纽约以及几十家设在主要城市的大型商业银行实际上充当着做市商（Market Maker）的角色。由于他们经常在外汇市场上大规模地进行各种货币的买卖，外汇市场得以形成并顺利运转，而且外汇银行所进行的外汇交易额占外汇交易总量的绝大部分，因此，以外汇银行为主体的外汇供求已成为决定外汇市场汇率的主要力量。

2. 中央银行

各国中央银行也是外汇市场的重要参加者，它代表政府对外汇市场进行干预。一是中央银行以外汇市场管理者的身份，通过制定法律、法规和政策措施，对外汇市场进行监督、控制和引导，保证外汇市场上的交易有序地进行，并使之符合本国经济政策。二是中央银行直接参与外汇市场的交易，主要是依据国家货币政策的需要主动买进或卖出外汇，以影响外汇汇率走向。中央银行的外汇买卖活动实际上充当外汇市场的最后交易者或“清道夫”，即因汇率不能充分调整（即达不到均衡汇率的水平）而导致的外汇超额供给或需求都由中央银行购进或出售，进而维持外汇市场的稳定。

3. 外汇经纪人

外汇经纪人主要为从事外汇买卖的金融机构牵线搭桥，充当外汇交易的中间人。外汇市场的信息量大而且瞬息万变，交易者只有随时掌握最新信息，才能迅速达成交易并从中获取收益。对于业务繁重的外汇银行来说，有效地处理和利用这些信息较为困难，而外汇经纪人拥有庞大的信息网络和专业化的信息处理技术，并在世界许多外汇市场设有分支机构且彼此之间联系紧密，他们为外汇银行以更快的速度和更有利的价格达成交易提供了可能。

外汇经纪人一般只是通过提供咨询、信息、买卖代理及其他服务赚取一定比例的佣金，而不直接为自己买卖外汇。由于外汇经纪人与外汇买卖活动无直接利害关系，从事外汇交易的银行才会对外汇经纪人的诚实与公正给予高度的信任。

4. 非银行客户及个人

非银行客户及个人主要指因从事国际贸易、投资及其他国际经济活动而出售或购买外汇的非银行机构及个人。非银行客户及个人有的为了实施某项经济交易而买卖外汇，如经营进出口业务的国际贸易商，到外国投资的跨国公司，发行国际债券或筹借外币贷款的国内企业等；有的为了调整资产结构或利用国际金融市场的不均衡进行外汇交易，如买卖外国证券的投资者，在不同国家货币市场上赚取利差、汇差收益的套利者和套期保值者，赚取风险利润的外汇投机者等。除此之外，还有其他零星的外汇供求者，如国际旅游者、留学生、汇出或收入侨汇者，提供或接受外汇捐赠的机构和个人等。在上述各种外汇供求者中，跨国公司较为重要，因为跨国公司的全球经营战略涉及许多种货币的收入和支出，所以他们进入外汇市场非常频繁。

四、衍生金融市场

衍生金融市场是基础金融市场派生出来的，是以衍生品为交易对象的市场。所谓衍生品，也叫衍生证券，是一种金融工具，其价值依赖于其他基础性资产价值的变动。近年来，衍生品在金融领域中的地位越来越重要。衍生品种类主要包括期货、期权、互换、远期合约等衍生品。衍生品具有一种“双刃剑”性质，它们在为投资者提供转移风险手段的同时，也为他们带来了巨大风险，从而给金融市场乃至整个经济埋下了不稳定因素。

衍生品是基础金融工具的派生物，金融衍生品的产生和发展是经济发展到一定阶段的必然结果。近年来，国际金融市场最显著、最重要的特征之一就是衍生品的迅速发展。20 世纪 80 年代，各种衍生品异军突起，获得了长足发展；进入 90 年代，需求变得更为复杂，供给技术不断创新，衍生品市场由美洲、欧洲向亚太地区乃至全球不断拓展，竞争日趋激烈。当代衍生工具已经对国际金融市场产生了深远影响。

（一）常见的金融衍生工具市场

1. 利率衍生工具市场

利率衍生工具市场的主要业务是利率互换。自 20 世纪 80 年代该市场发展以来，美元利率互换市场就是世界衍生工具市场上交易量最大、交易最为活跃的市场。进入 80 年代中期，欧洲和亚太地区也纷纷出现此类市场，其交易量持续上升。

2. 外汇衍生工具市场

外汇衍生工具市场的主要活动涉及货币互换、货币期货、货币期权以及上述交易的混合交易。货币互换在程序、作用和使用上与利率互换基本相同。不过，除了金融交易以外，在商品交易中也广泛利用外汇衍生工具市场。

实际上，从金融角度看，货币期货交易和利率互换一样，都与世界资本市场紧密相连。对借方而言，掌握货币衍生工具，可以保证他们在世界上的任何一个市场以最小的代价筹措本币资本。对投资者而言，可以保证他们获得与其风险和资产分布相一致的最大化收益。

3. 股票衍生工具市场

股票衍生工具主要是股票期货、股指期货和股指期权等。欧洲、日本、美国的大机构投资者就占据了该市场的主导地位。个人投资者通过欧洲的公共债券市场（或者美国市场）进入该市场，其作用也不容忽视。虽然现代衍生工具市场中基于投资目的的股市操作与所讨论的市场活动相比有些不同之处，但都很好地体现了股票投资的风险/收益特点以及操作的时间性要求。

4. 商品衍生工具市场

现代商品衍生工具市场的产生源于世界上主要的贸易品（尤其是原油、石油制品和贵金属以及常用金属）的价格剧烈波动而产生的价格风险。商品衍生工具市场的参与者与前述三类市场的参与者有一定区别，该市场的参与者主要包括生产者、加工者和消费者。由于参与各方存在不同的利益期望和不同的风险，很自然便形成了双向风险管理和衍生工具业务。

很多的商品风险管理者（尤其是运输业和石油业）都使用商品衍生工具市场管理风险。在某种程度上，这些公司的生存就依赖于风险管理的成功与否。因此，他们都争相谋求一种与自己确定的交易目标相适应的高度精确的套期保值手段。

5. 新生衍生工具市场

随着全球经济的发展，新的经济问题不断涌现，为此，新一代的衍生工具也不断被设计出来。现存的利率、股票和商品衍生工具已经逐步被用来处理新的市场风险问题。这些问题涉及信贷、通货膨胀和房地产等。这类工具主要有信贷衍生工具、通货膨胀衍生工具和房地产衍生工具等。

（二）金融衍生品的功能

产生于 20 世纪 70 年代的金融衍生产品，向人们展示了金融资产保值的风险规避的全新概念。它具有很强的杠杆作用，在金融衍生品交易中，人们充分体会到了四两拨千斤的感觉。但是，金融衍生产品是一把双刃剑，所以应该准确认识其利弊。

1. 金融工具对金融业的正面影响

（1）满足市场规避风险和保值的需求，促进基础金融产品的发展。衍生金融工具产生的最主要的原因是为了满足人们规避风险和保值的需求，它为投资者提供了对冲或套期保值的工具。同时，由于衍生工具的这一功能，它可以使投资者安心地参与基础金融市场的交易，对稳定、完善和发展基础金融产品具有重要作用。

（2）为金融机构带来了拓展业务的机会。20 世纪 80 年代初爆发的国际债务危机、全球放松金融管制和融资证券化使传统信贷业务的发展放慢，而实施充足资本比率的规定又限制了银行扩展传统业务的余地。在这样的金融环境下，衍生金融工具为金融机构带来了拓展业务的机会和增加收益的新渠道，花旗银行甚至称衍生工具为 20 世纪 90 年代的基本银行业务。衍生产品交易已经成为当今世界银行业的主流组成部分，也是全世界最大商业银行和证券公司的主要盈利来源，它们也是这些市场的积极交易者。

（3）加剧了金融业的竞争，提高了金融体系的效率。衍生产品的出现提供了新的风险管理手段，更好地满足了不同投资者的需求。传统的金融工具不能将风险分离，无法分别定价，这不利于投资者或储蓄者按各自的风险偏好配置资金。衍生工具的产生有助于投资者或储蓄者认识、分离风险和正确定价，使他们能根据风险的大小和自己的偏好更有效地配置资金。

（4）降低了筹资成本，促进了经济增长。金融衍生产品可以为企业提供比较便宜的资金，降低筹资成本。金融衍生工具还可以为企业提供新的外部融资渠道，扩大筹资来源。另外，利用衍生工具来转移风险，投资者可能会更愿意购买和持有基础金融工具，金融机构踊跃承销证券，这也在一定程度上方便了投资，从而有利于筹资。

（5）促进了金融市场的证券化。融资证券化的趋势是 20 世纪 80 年代国际金融市场的一个重要结构性变化，在 80 年代中期达到高潮。证券市场规模的扩大以及银行业的“非中介化”与证券市场具有信贷市场不可比拟的优势有关，也与 80 年代初期国际债务危机带给银行业的困境和银行业面临资本充足率要求的压力有关。新金融工具的出现与发展，对证券化起到了推波助澜的作用。衍生工具的作用主要为银行以及其他金融机构、公司和政府部门等提供新的证券工具，以及与传统交易相结合形成品种繁多、灵活多样的交易形式。

2. 金融工具对金融业的负面影响

（1）对金融机构监管的影响。衍生工具就其本质来说，是一种很难管制的金融产品。目前，对银行和其他金融机构的主要监督和管制的途径是通过对它们的资产负债表和其他会计报表进行监管来实现的。在被监管机构成为衍生市场的活跃交易者后，这样的监管方法显然就落后了。这是因为，衍生交易者不仅涉及大量的表外业务，而且有相当部分是通过在极短时间内完成头寸的改变和对冲来实现的。定期检查金融机构的头寸不一定能发现他们真正承担的风险，杠杆系数也并不直接显示在会计报表中。尽管现在各国和各地的监管机构面临着如何监管衍生市场的问题，然而，各地监管机构对衍生产品虽有不同的风险控制方式和扬长避短的利用方式，但在衍生市场上并没有全球性共识。

（2）对金融机构的安全性以及金融体系稳定性的影响。金融衍生产品是作为风险管理手段出现的，但现在利用衍生工具进行投机已经是一种普遍的市场现象。人们往往脱离股票、债券等基本资产而单纯买卖衍生产品，这极大地影响了金融机构的安全性。

金融衍生产品交易同样可能影响到整个金融体系的稳定性。金融体系的稳定性是指众多的金融机构或市场不发生连锁性、“多米诺”骨牌式的破产倒闭这种状态。金融体系的稳定性取决于个别银行的经营稳定性，也取决于一家银行破产时通过银行间错综复杂的交易导致其他众多银行发生连锁性破产的可能性，这种可能性被称为“系统性风险”，而衍生品则加大了这种可能性。

五、黄金市场

黄金市场是集中进行黄金买卖的交易场所。黄金交易与证券交易一样，都有一个固定的交易场所，世界各地的黄金市场就是由存在于各地的黄金交易所构成。黄金交易所一般都是在各个国际金融中心，是国际金融市场的重要组成部分。

在黄金市场上买卖的黄金形式多种多样，主要有各种成色和重量的金条、金币、金丝和金叶等，其中最重要的是金条。大金条量重价高，是专业金商和中央银行买卖的对象，小金条价低量轻，是私人和企业买卖、收藏的对象。金价按纯金的重量计算，即以金条的重量乘以金条的成色。

（一）黄金市场的主要参与者

黄金市场的主要参与者有以下几类：（1）出售黄金的采金企业和进口黄金的各国工商企业；（2）利用黄金作为对外结算、投资与保值手段的各国企业、个人、银行和其他金融机构；（3）专门经营黄金买卖的各国金商和经纪人；（4）通过买卖黄金调节储备资产与国际收支的各国中央银行；（5）利用金价涨落牟取暴利的黄金投机商；（6）某些国际性金融机构。

（二）黄金市场的构成

黄金市场是世界各地黄金买卖交易的中心。目前世界上共有 40 多个黄金市场，这些市场虽然分布在世界各地，但由于时差的因素，正好使几个主要黄金市场（如伦敦、纽约、香港等）的营业时间相衔接，近年来，现代化的远程通信技术和互联网已经将这些市场连为一体，形成了全球性的黄金市场。

（1）按市场交易有无固定地点划分，黄金市场可分为无形市场和有形市场。黄金市场大多通过经纪人成交。黄金市场对每个经纪人的席位收取高额费用。

（2）按市场的作用大小划分，黄金市场可分为主导性黄金市场和地区性黄金市场。

（3）按市场管制程度划分，黄金市场可分为自由交易市场和有限制交易市场。

（4）按市场交易方式划分，黄金市场可分为现货市场和期货市场。

（三）黄金市场的交易方式

世界黄金市场的交易方式主要有两种：现货交易和期货交易。

1. 现货交易

现货交易又分为定价交易和报价交易。

（1）定价交易。定价交易只有单一价格，没有买卖差价，只在规定的时间内有效，成交后经纪人或金商只收取少量佣金。定价交易是伦敦黄金市场特有的一种交易形式，时间规定在每个营业日的上午 10:30 和下午 3:00，地点是英国最大的金商洛希尔父子公司的交易大厅内，该公司担任首席代表，其他金商委派代表参加；其交易时间短则 1 分钟，长则 1 个多小时，视市场客户的供求而定；交易结束时形成的价格即为黄金现货买卖的成交价格，同时所定价格又是世界黄金市场行市的“晴雨表”，世界各黄金市场均依次调整各自的金价。

（2）报价交易。报价交易有买卖差价之分，其价格由买卖双方自行达成，而且价格水平在很大程度上受定价交易制约；报价交易在定价交易时间外进行；一般报价交易成交的数量要多于定价交易。

2. 期货交易

期货交易是由交易双方先签订合同，交付押金，在预约的日期办理交割，一般为 3 个月、6 个月或 1 年；其交易价格一般以现货价格为依据，再加上期货期限的利息而定。套期保值是最常用的期货交易形式，套期保值的目的是避免金价波动带来的损失。购买选择权（期权）也是一种期货交易形式，从事这种交易的双方在签订合同之后，买方即取得在规定的期限内按合同规定的远期价格买进规定数量的黄金的权力，买方为取得这一权利要向卖方支付一定的保证金，到了规定的期限，买方可以根据当时的金价，决定是否要按合同购买黄金，买方认为价格不合适时可以不买，但预付的保证金归卖方所有。在期货市场上，投机交易十分盛行，这种交易是通过预测未来一段时间内金价的涨跌趋势，进行买空卖空以赚取投机利润。投机行为往往对黄金价格的升降起到推波助澜的作用，这是世界黄金市场动荡不定的一个重要原因。

（四）世界主要黄金市场

目前世界上最著名的五大黄金市场分别位于伦敦、苏黎世、纽约、芝加哥和香港。此外，还有位于巴黎、法兰克福、澳门、曼谷和新加坡的黄金市场。

第三节　金融市场的风险

金融风险作为一种经济现象，如果不加以防范与化解，就会酿成金融危机。银行作为国民经济的循环系统，是整个经济运行的总枢纽，一旦银行发生危机，必将对国民经济产生强烈冲击，甚至影响到社会稳定。

一、金融市场风险概述

（一）金融市场风险的定义及分类

1. 金融市场风险的定义

所谓的风险是指在一定条件下一定时期内，由于各种结果发生的不确定性而导致行为主体遭受损失的大小以及这种损失发生可能性的大小。风险是一个二元概念，风险以损失发生的大小与损失发生的概率两个指标进行综合衡量；风险与收益往往存在着紧密的伴随关系。

2. 金融市场风险的分类

（1）按照风险的性质划分，金融市场风险可分为三大类，即系统性风险、非系统性风险和总风险。这是对金融市场投资风险最基本、最普遍的一种划分方法。

系统性风险是指由于全局性事件引起的证券投资收益率变动的可能性。这种全局性事件包括社会、政治、经济等方面因素形成的事件，它对所有证券都产生影响，通常表现为某个投资领域、某个金融市场或某个行业部门的整体变化，往往使整个一类或一组的金融证券产生剧烈的价格变动。这种风险不能通过分散投资来加以消除，所以它又被称为不可分散风险或不可多样化风险。

非系统性风险是指因非全局性事件引起的投资收益率变动的可能性。一般情况下，各个公司经营状况会受其自身因素（如决策失误、新产品研制的失败等）的影响，这些因素与其他公司没有什么关系，只会造成一家公司的证券收益率的变动，而不会影响其他公司的证券收益率。非系统性风险（也有人称之为特有风险）基本上只同某一个别、具体的股票、债券相关联，并不牵扯其他的有价证券，也同市场的整体作用无关。不仅如此，这种非系统性风险还可以通过有效的证券投资多样化来加以消除，所以它又被称为可分散风险或可多样化风险。

总风险是指由证券投资者在证券持有期内的一切事件引起的证券投资收益率变动的总的可能性，它由系统风险和非系统风险组合而成。在数值上，总风险表现为系统风险值与非系统风险值之和。

（2）按照风险的地域范围划分，金融市场风险可分为国内金融市场投资风险与国际金融市场投资风险两类。前者指投资者由于投资于本国公司或政府机构等发行的证券而产生的风险。后者则指投资者由于投资于外国公司（包括企业）或政府机构等发行的证券而产生的风险。二者都包括系统性风险、非系统性风险和总风险三大类，但后者的系统性风险的影响因素更多、更复杂，涉及的范围也更广。

（3）按照风险的对象划分，金融市场风险可分为股票投资风险与债券投资风险等多种类型。股票投资风险指投资者在股票持有期内因各种因素变动引起的股票投资收益率变动的各种可能性。债券投资风险则指投资者把资金投在债券市场上而产生的风险，具体地说，就是指由债券投资者在债券持有期内的所有影响因素变动引起的债券投资收益变动的多种可能性。鉴于股票投资和债券投资是两种有代表性的金融投资方式，本章在分析金融市场投资风险时，将侧重分析这两种证券投资方式。

（4）按照风险的表现形式划分，金融市场风险可分为价格风险、信用风险、流动性风险、操作风险和政策风险等。

① 价格风险。在市场交易中，基础金融变量（如汇率、利率、股价）和金融衍生产品价格的变动都会造成金融活动行为人的预期收益与实际收益偏差的不确定性，也就是金融风险。

② 信用风险。信用风险又称违约风险，是指交易对手未能履行约定契约中的义务而造成经济损失的风险，其又可以分为以下风险。

国家风险。国家风险是指在国际经济活动中发生的、在一定程度上由国家政府控制的事件或社会事件引起的给国外债权人应收账款（出口商、银行或投资者）造成损失的可能性。目前，可能遭遇到的国家风险主要包括战争、政府征收、违约、汇兑限制和国有化等。

主权风险。主权风险是指对方国家发生政治经济混乱而冻结我方资产或使我方资产难以调回的风险。在所有的投资风险中，主权风险是第一位的风险，一国境内任何机构的评级都不能超过该国的主权评级。

法律风险。商业银行的日常经营活动或各类交易应当遵守相关的商业准则和法律原则。在这个过程中，因为无法满足或违反法律要求，导致不能履行合同发生争议/诉讼或其他法律纠纷，而可能造成经济损失的风险，即为法律风险，其中包括法律出台太慢，出台新的法律禁止两种情况。

结算风险。在涉及货币结算的过程中可能遇到的风险，外汇市场的交易不分昼夜，每个小时都在进行，它还不时地牵扯到不同国家司法权的制度。具体例子有 1974 年发生的赫斯塔特银行倒闭事件。

③ 流动性风险。经济实体在经营过程中，常常面对资金流的不确定性变动。金融市场建立的目的就是加快社会经济中资金的流动和运转，使经济获得效益和活力。资金流的时大时小、时快时慢，会带来风险。资金流量超过所需，造成资金滞留，因货币时间价值的关系，会使预期收益降低；资金流量变小会使正常经营发生困难，严重时，资金链发生中断，会把企业推向绝境。由此可见，由流动性不确定性变动表现出来的金融风险也是很重要的。

④ 操作风险。操作风险是指在经营管理过程中，有很多种金融因素会发生变动，从而造成经营管理出现失误，使行为人遭受损失的可能性。具体可能发生在战略、战术和财务三个层面。

⑤ 政策风险。从宏观经济的角度，需要采取一些政策手段来对经济进行调节，如财政政策、货币政策等。这些政策的采用是为了达到一定的目的，但人们在选择政策时难以做到两全其美，往往一种政策具有积极作用的同时也有着副作用。比如，刺激就业的同时就会有价格波动；实现价格的稳定的同时可能会带来经济的萧条和失业。最后，往往是两者相比，取其正面作用大的一种。再加上在金融市场中，有着许多不确定性因素对政策的实际效果产生影响，使得结果未必尽如人意。金融风险通过政策的作用以另一种形式表现出来了。

（二）金融市场风险的特征

金融市场风险具有不确定性、普遍性、扩散性和突发性等特征。

1. 不确定性

不确定性是指投资者预期收益的不确定性，即对应于各种不同的经济状况有一系列的可能结果，人们都是尽可能地收集信息，并在此基础上进行科学的预测与分析，以把握好各种不确定性因素，尤其是对风险程度的分析，从而提高对将来损失或收益预计的准确性。在分析时常常用概率来表示风险程度的大小，从而预计投资活动的结果。

2. 普遍性

现实世界的变化是永恒普遍的，在用价格配置资源的市场经济中，金融市场的参与者面临的市场瞬息万变。由于信息的不对称性，任何人都不可能完全掌握市场的运动，金融市场风险普遍存在，它不可能被消除，只能积极防范和管理。

3. 扩散性

金融机构是整个社会金融活动的中介，是多边信用网络上的节点。金融机构的参与，使原始的信用关系变成相互交织、相互联动的网络。金融活动不是完全独立的，其外部效应广泛存在。任何一个节点出现断裂都有可能产生连锁反应，引起其他节点的波动，进而导致金融体系的局部甚至整体发生动荡和崩溃。

4. 突发性

金融市场风险收益或损失的不确定性，不一定立即表现为现实的损失。因此，风险责任人往往存有侥幸心理，尽力掩盖风险，期待市场出现转机。加之金融机构的信用创造能力，掩盖了已经出现的损失和问题，如果金融市场风险不断积累，最终会以突发的形式表现出来。

二、金融市场风险的防范策略

（一）购买力风险的防范

购买力风险对于股票而言远比固定收入的债券要小得多。因为随着物价的上涨，企业所得到的名义上的经营收入也会提高。但是，也不能认为股票投资人就没有购买力风险：一是公司名义收益的提高速度赶不上物价上涨的速度，而且二者之间还有一个时间差。二是对于不同种类的股票而言风险大小不一，一般来说先涨价的产品生产公司、上游产品公司、热销及供不应求的产品生产公司的购买力风险较小；国家控制价格并以此作为平抑物价手段的公用事业公司、直接用于居民消费的产品生产公司的购买力风险则较大。三是在购买力下降过程的不同阶段上，股票投资人的风险也不同。在通货膨胀出现后的一段时期内，物价上涨是由于流通中的货币量超过对其实际需要量而造成的，经济生活中人们更多看到的是市场产品旺销、收入不断提高，股票价格也在不断攀升。但是，随着购买力的持续下降，最后必然带来经济生活的严重混乱以及国家严厉的宏观调控政策的出台，股票价格也会因此而跌落。

综上所述，防范购买力下降风险的股票投资人的投资策略是：（1）选择持有受购买力下降的负面影响较小的上游产品公司的股票。（2）随时准备迎接因购买力不断下降而最终带来的经济调控及各项紧缩政策的出台。在股价上涨的过程中保持对其上涨原因的冷静判断，千万不要把购买力下降初始期的股价上涨当成经济繁荣、股市大牛市已经到来的征兆，而大量买入股票并长期持有，那样风险是很大的。

（二）利率风险的防范

利率风险作为典型的系统性风险，最好的规避方法是建立在对经济周期的发展阶段的正确认识和分析基础上的投资策略的调整。在利率尚未调整之前，察觉利率调整的可能，并分析其方向、幅度，并据此做出买入或卖出股票的决策。利率上调往往是在购买力持续下降，通货膨胀日渐严重的情况下出台的政策。利率一旦上调，必然导致股市资产流入银行存款，市场需求下降，企业经营进入艰难时期，股票价格在相当长一段时间内保持不断下降的趋势。这时最好的应对办法是顺市而卖出股票，将一部分资金转入银行存款。如果利率一旦下调，情况则完全相反，此时及时买入股票，并坚定持股信心，不因小的波动而频繁进出，则可能会有较大的获利。

（三）经营风险的防范

经营风险主要来自对企业经营业绩的忽视。上市公司由于经营管理水平不同，在经营业绩上的差距也很大，既有每股税后利率高达几元钱的绩优股，也有亏损股票。理论上讲，亏损的上市公司的股票应该是一钱不值的，股票价格应与其业绩成正比。但是，在市场异常火爆的情况下，往往是“鸡犬升天”，垃圾股股价翻番。这时股市中的经营风险已经非常高，一旦市场转向理性投资，持有业绩不佳的公司股票所承受的损失要大大超过市场总市值下降的幅度。投资人应学会分析公司的经营业绩水平，放弃恶劣垃圾股的不良投资倾向，这样就可以大大降低股票投资中的经营风险。

本章小结

1. 金融市场是买卖金融工具以融通资金的场所或机制，是一个国家市场体系的重要组成部分。

2. 金融市场是实现金融资产交易和服务交易的市场。从微观层面看，金融市场的功能有价格发现、提供流动性、降低交易成本、分散风险和促进金融创新等；从宏观层面看，金融市场的功能有资源配置、实现储蓄投资转化、宏观调控和信号反应等。

3. 按照最常用的标准，金融市场可分为货币市场和资本市场。

4. 货币市场主要有同业拆借市场、回购市场、票据市场、大额可转让定期存单市场、短期政府债券市场等。

5. 金融市场体系包括货币市场、资本市场、外汇市场、衍生金融市场、黄金市场等。

6. 金融市场风险是指基础金融变量（如利率、汇率、股价）的变动而使金融资产或负债的市场价值发生变化的可能性。

重要概念

金融市场　货币市场　资本市场　同业拆借　票据贴现　回购协议　债券　股票基金　金融市场风险

复习思考题

1. 金融市场的作用与特点分别是什么？

2. 简述金融市场的分类。

3. 简述货币市场的构成。

4. 简述资本市场的结构。

5. 简述我国多层级资本市场的构成。
6. 如何防范和化解金融市场风险？

实训案例

实训案例一：中国的科创板

科创板（The Science and Technology Innovation Board；STAR Market），是由国家主席习近平于 2018 年 11 月 5 日在首届中国国际进口博览会开幕式上宣布设立，是独立于现有主板市场的新设板块，并在该板块内进行注册制试点。

经党中央、国务院同意，中国证券监督管理委员会（简称中国证监会）于 2019 年 1 月 28 日发布了《关于在上海证券交易所设立科创板并试点注册制的实施意见》（简称《实施意见》）。中国证监会和上海证券交易所（简称上交所）按照《实施意见》要求，有序地推进设立科创板并试点注册制各项工作。在上交所新设科创板，坚持面向世界科技前沿、面向经济主战场、面向国家重大需求，主要服务于符合国家战略、突破关键核心技术、市场认可度高的科技创新企业。重点支持新一代信息技术、高端装备、新材料、新能源、节能环保以及生物医药等高新技术产业和战略性新兴产业，推动互联网、大数据、云计算、人工智能和制造业深度融合，引领中高端消费，推动质量变革、效率变革、动力变革。

设立科创板并试点注册制是提升服务科技创新企业能力、增强市场包容性、强化市场功能的一项资本市场重大改革举措。通过发行、交易、退市、投资者适当性、证券公司资本约束等新制度以及引入中长期资金等配套措施，增量试点、循序渐进，新增资金与试点进展同步匹配，力争在科创板实现投融资平衡、一二级市场平衡、公司的新老股东利益平衡，并促进现有市场形成良好预期。《实施意见》强调，设立科创板试点注册制，要加强科创板上市公司持续监管，进一步压实中介机构责任，严厉打击欺诈发行、虚假陈述等违法行为，保护投资者合法权益。证监会将加强行政执法与司法的衔接；推动完善相关法律制度和司法解释，建立健全证券支持诉讼示范判决机制；根据试点情况，探索完善与注册制相适应的证券民事诉讼法律制度。

2019 年 6 月 13 日，科创板正式开板；7 月 22 日，科创板首批公司上市；8 月 8 日，第二批科创板公司挂牌上市。2022 年 7 月 22 日，科创板迎来开市三周年。至此，科创板上市公司数量从首批 25 家扩容至 439 家，总市值突破 5.57 万亿元，首次公开募股（IPO）融资额超 6 000 亿元。

科创板设立并试点注册制，对于完善多层次资本市场体系，提升资本市场服务实体经济的能力，促进上海国际金融中心、科创中心建设具有重要意义，同时也为上交所发挥市场功能、弥补制度短板、增强包容性提供了至关重要的突破口和实现路径。

资料来源：中国证监会，www.csrc.gov.cn。

实训项目：科创板的设立对于中国资本市场发展的意义是什么？对经济发展的作用有哪些？

实训案例二：全国中小企业股份转让系统

全国中小企业股份转让系统（简称全国股转系统，俗称新三板）是经国务院批准，依据证券法设立的继上交所、深交所之后第三家全国性证券交易场所，也是我国第一家公司制运营的证券交易场所。全国中小企业股份转让系统有限责任公司（简称全国股转公司）为其运营机构，为新三板市场提供场所和设施，组织新三板市场的具体运营，监督和管理新三板市场，于2012年9月20日在国家工商总局注册，2013年1月16日正式揭牌运营，隶属于中国证监会，由中国证监会直接管理。随着新三板市场的逐步完善，我国将逐步形成由主板、创业板、场外柜台交易网络和产权市场在内的多层次资本市场体系。

全国股转公司主要职能包括：建立、维护和完善股票交易相关技术系统和设施；制定和修改全国股转系统业务规则；接受并审查股票挂牌及其他相关业务申请，安排符合条件的公司股票挂牌；组织、监督股票交易及相关活动；对主办券商等全国股转系统参与人进行监管；对挂牌公司及其他信息披露义务人进行监管；管理和公布全国股转系统相关信息；中国证监会批准的其他职能。公司建立了党委会、股东会、董事会、监事会和经营管理层，形成了党委领导下的“三会一层”的治理结构。

2021年9月2日，习近平总书记在2021年中国国际服务贸易交易会全球服务贸易峰会致辞中宣布，继续支持中小企业创新发展，深化新三板改革，设立北京证券交易所，打造服务创新型中小企业主阵地。2013年12月14日，国务院发布《关于全国中小企业股份转让系统有关问题的决定》（国发〔2013〕49号），明确了全国股转系统的市场性质（即全国性公开证券市场）和市场定位（主要为创新型、创业型、成长型中小微企业发展服务），境内符合条件的股份公司均可通过主办券商申请挂牌，公开转让股份，进行股权融资、债权融资、资产重组等。2020年3月1日正式施行新修订的《中华人民共和国证券法》进一步明确了新三板作为“国务院批准的其他全国性证券交易场所”的法律地位，夯实了新三板场内、集中、公开市场的性质。

为贯彻落实党中央、国务院关于深化金融供给侧结构性改革的要求，提高资本市场服务中小企业和民营经济能力，2019年10月25日，中国证监会正式启动全面深化新三板改革。本次改革围绕改善市场流动性、强化融资功能、优化市场生态、加强多层次资本市场有机联系等四条主线，重点推出向不特定合格投资者公开发行并设立精选层、优化定向发行、实施连续竞价交易、建立差异化投资者适当性制度、引入公募基金、确立转板上市制度和深化差异化监管等改革举措。2020年7月27日，精选层正式设立并开市交易。随着改革举措陆续落地，新三板市场定位进一步明晰、市场结构进一步完善、市场功能进一步提升、市场生态进一步优化、市场韧性活力进一步显现。截至2020年末，新三板存量挂牌公司8187家，中小企业占比94%，总市值2.65万亿元。

“十四五”时期，全国股转公司将以习近平新时代中国特色社会主义思想为指引，在中国证监会的坚强领导下，坚持稳中求进工作总基调，按照“建制度、不干预、零容忍”九字方针和“四个敬畏、一个合力”工作要求，坚持市场化法治化国际化发展方向，持续推进新三板市场改革创新，强化市场监管和风险防范，提升市场服务效能和科技运用水平，为支持经济高质量发展作出更大贡献。

资料来源：全国中小企业股份转让系统，www.neeq.com.cn。

实训项目：新三板的运营对于发展构建多层次资本市场有何作用？

第四章

金 融 机 构

学习目标

通过本章的学习，学生应了解金融机构的定义和分类，并在此基础上，掌握金融机构体系的一般构成以及我国金融机构体系的构成，同时了解一些常见的国际金融机构。

第一节　金融机构概述

一、金融机构的定义

金融机构是指专门从事货币信用活动的各种法人组织，如银行、保险公司等。它们是金融活动最重要的参与者，也是金融活动的组织者。广义的金融机构不仅包括所有从事金融活动的组织，而且包括金融市场的监管者，如中央银行、国际金融机构。

二、金融机构的功能

金融机构通常提供以下一种或多种金融服务。

第一，在市场上筹资从而获得货币资金，将其改变并构建成不同种类的且更易接受的金融资产，这是金融机构的基本功能。

第二，代表客户交易金融资产，提供金融交易的结算服务。

第三，自营交易金融资产，满足客户对不同金融资产的需求。

第四，帮助客户创造金融资产，并把这些金融资产出售给其他市场参与者。

第五，为客户提供投资建议，保管金融资产，管理客户的投资组合。

上述第一种服务涉及金融机构接受存款的功能，第二种和第三种服务是金融机构的经纪和交易功能，第四种服务被称为承销功能，提供承销的金融机构一般也提供经纪或交易服务，第五种服务则属于咨询和信托服务。

三、金融机构的分类

按照不同的标准，金融机构可以划分为不同的类型。

（一）金融管理机构和金融运行机构

按照金融机构的管理地位可以将其划分为金融管理机构和金融运行机构。金融管理机构是指以金融宏观调控、金融监管为主要任务，不以营利为目的的金融机构，如中央银行、银行监督管理委员会、证券监督管理委员会、保险监督管理委员会等。金融运行机构是指以营利为目的，向社会公众提供多种金融产品和服务的金融机构，如商业银行、证券公司、保险公司等。

（二）直接金融机构与间接金融机构

按照融资方式的不同，金融机构可以划分为直接金融机构和间接金融机构。直接金融机构是指在直接融资领域，为资金盈余者和资金短缺者提供中介服务的金融机构，如证券公司、投资银行等，其主要业务包括证券的发行、经纪、清算、资信评估等。间接金融机构是指在间接融资领域，一方面以债务人的身份从资金盈余者手中筹集资金，另一方面又以债权人的身份为资金短缺者提供资金的金融机构，如商业银行、保险公司等，其中商业银行是最典型的间接金融机构。

（三）政策性金融机构和非政策性金融机构

根据是否承担政策性业务金融机构可以划分为政策性金融机构和非政策性金融机构。政策性金融机构通常是为实现政府的产业政策而设立的，不以营利为目的，但可以获得资金或税收方面的政策支持。非政策性金融机构是金融业务的经营机构，以获得更多的利润为主要经营目的。

（四）存款性金融机构和非存款性金融机构

存款性金融机构主要是以吸收存款的方式筹集资金，以贷款方式运用资金，如商业银行、储蓄银行、信用合作社等。非存款性金融机构是在契约基础上按期取得资金或者以出售股权的方式来获得资金，主要是把资金投入长期证券如企业债券、股票及抵押贷款等，如保险公司、投资基金、养老或退休基金等。

（五）银行金融机构和非银行金融机构

按照金融机构的业务特征，金融机构可以划分为银行和非银行金融机构。银行一般以经营存款、放款、汇兑、结算为主要业务，如中央银行、商业银行、开发银行等。银行以外的其他各种金融机构则为非银行金融机构，包括保险、证券信托、投资、租赁等。这种划分方法是金融机构传统的分类方式，也是国际上通用的分类方法。

第二节　金融机构体系

一、金融机构的一般体系

各个国家由于其经济发展水平、经济体制、信用发达程度等存在差异，金融机构体系的组成也不完全相同，但一般都由银行机构和非银行金融机构组成，如中央银行、商业银行、专业银行、非银行金融机构、外资（合资）金融机构等。

（一）中央银行

中央银行是在近代银行发展过程中从商业银行中独立出来的一种银行。中央银行是各国金融体系的中心和主导环节，居于特殊地位。对内，它代表国家对金融机构实行监管，管理金融市场，维护金融体系的安全运行，同时根据国民经济运行和国家经济政策要求制定与实施国家金融政策，对宏观金融活动进行控制与调节；对外，它是一国货币主权的象征。

（二）商业银行

商业银行是最早出现的现代金融机构，具有机构数量多、业务范围广、资本雄厚、体系庞大等特点，是金融体系的骨干和中坚力量，起着其他金融机构所不能代替的重要作用。商业银行的主要业务是经营个人储蓄和工商企业的存、贷款，并为顾客办理汇兑结算和提供多种金融服务。通过办理支付结算，商业银行实现了国民经济中的绝大部分货币周转，同时起着创造存款货币的作用。

随着现代金融业的发展，世界上大多数国家的商业银行已经成为全能式银行，从事多种综合性银行服务，被称为“金融百货公司”。

（三）专业银行

专业银行是指专门经营指定范围和提供专门性金融服务的银行。专业银行有三个特点：第一，专门性。专业银行是社会分工发展在金融业的表现，其业务具有专门性，服务对象往往是某一特定地区、部门或专业领域。第二，政策性。专业银行往往具有支持和鼓励某一地区、部门或领域发展的政策导向，尤其是开发银行和进出口银行等专业银行的贷款具有明显的优惠性，如借款和还款期限都较长，含有政府贴息和保险等。第三，行政性。专业银行的建立往往有官方背景，有的本身就是国家银行或代理国家银行。

现代金融机构体系中专业银行种类甚多，名称各异，其中开发银行、储蓄银行、进出口银行最为重要。

1. 开发银行

开发银行是专门为满足经济建设长期投资需要而设立的银行，如新产业的开发、新经济区的基础建设、公共设施和水电站建设等。这类投资具有投资量大、时间长、见效慢、风险大等特点，属于开发性投资，一般商业银行不愿承担，也无力承担。因此，通常由政府创办不以营利为目的的开发银行来满足其需要。

开发银行可分为国际性、区域性和本国性三种。国际性开发银行以联合国的国际复兴开发银行（也称世界银行）为代表，它主要为成员国提供长期贷款，解决成员国经济复兴和开发对资金的需求。其贷款主要用于各种基础设施，如农业、工业、电信、铁路、公路、港口及动力设备、公共事业、文化教育等工程项目。贷款需要成员国政府出面担保，期限最长可达 30 年，利息率较低，贷款要专款专用，审查较严格。

区域性开发银行的宗旨、业务与世界银行基本相同，只是服务对象仅限于某一区域的会员国，如亚洲开发银行仅对亚太地区参加该组织的会员提供服务。

本国性的开发银行主要为国内企业和建设项目提供长期贷款。如我国 1994 年建立的国家开发银行就属于本国性的开发银行。

2. 储蓄银行

储蓄银行是专门吸收居民储蓄存款并为居民提供金融服务的金融机构。储蓄银行以吸收储蓄存款为其主要资金来源，通过将分散在居民手中的待用和结余的货币收入汇集起来转化为巨额货币资本，用于购买政府债券、企业股票和公司债券，以获得投资收益，或转存于商业银行，以赚取利息差额，也有一些储蓄银行对居民发放消费信贷和住房抵押贷款等。

储蓄银行在各国名称各异，如在美国被称为互助储蓄银行、储蓄贷款协会等，在英国被称为信托储蓄银行，在日本被称为储蓄银行。其经济性质有公营的、私营的，也有政府和私人共同出资设立的。由于储蓄银行直接服务于广大居民，因而其数量在各国都较多。

3. 进出口银行

进出口银行是专门从事对外贸易及非贸易结算和信贷的银行。创建进出口银行的目的是推动本国的进出口贸易，特别是大型机电设备的出口，加强国际金融合作，广泛吸引国际资本和搜集国际市场信息。这类银行一般是官方或半官方的金融机构，如美国的进出口银行、日本的输出入银行、法国的对外贸易银行等。

（四）非银行金融机构

除了上述银行金融机构外，凡从事融资业务活动又不称为银行的机构，国际惯例均称为非银行金融机构，主要包括保险公司、投资银行、投资基金、养老或退休基金、信用合作社等。

1. 保险公司

保险公司是各国最重要的非银行金融机构。保险公司以收取保费的形式建立起保险基金，并将集中起来的保险基金用于补偿因自然灾害或意外事故所造成的经济损失，或对个人的死亡、伤残及其他原因丧失工作能力者给付保险金。保险公司筹集的资金，除保留一部分以应付赔偿所需外，其余部分主要是投向长期证券，如政府债券、企业债券和股票以及发放不动产抵押贷款、保单贷款等。

保险公司的业务范围分为两类：一是财产保险，包括财产损失保险、责任保险、信用保证保险等业务；二是人身保险，包括人寿保险、健康保险、意外伤害保险等业务。

2. 投资银行

投资银行是主要利用资本市场为资金所有者和资金需求者提供金融服务的中介机构。投资银行是美国和欧洲大陆的通用名称，在英国称为商人银行，在法国称为实业银行，在日本称为证券公司。与商业银行不同，投资银行的资金来源主要依靠发行自己的股票和债券，而不是吸收存款，其业务范围主要在资本市场领域，具体包括：证券发行与承销、证券交易与经纪、金融衍生工具设计与交易、企业经营咨询与资产重组、项目融资、风险资本投资等。除上述主营业务外，投资银行的业务还涉及投资基金的发起和管理、其他各类资金的管理、参与资产证券化活动、提供各类咨询服务等。可见，投资银行的基本特征是它的综合性，其业务几乎包括了全部资本市场业务。在现代金融体系中，投资银行是资本市场的中坚力量，是推动资本市场运转的杠杆和连接资本市场各方参与者的纽带。

3. 投资基金

投资基金是指通过向投资者发行股份或收益凭证募集资金，根据与投资者协议的收益目标和风险控制原则，将资金投资于各种证券或其他金融资产组合的一种金融机构。投资基金本质上是一种以证券为主体的投资信托，其优点主要有投资组合、分散风险、专家理财、规模经济。

投资基金在不同的国家或地区名称各异，在美国一般称为“共同基金”，在英国和中国香港称为“单位信托基金”，在日本、韩国和中国台湾则称为“证券投资信托”。

根据组织形式不同，投资基金可分为契约型和公司型两种。前者以信托契约为依据组成及管理，由委托人、受托人和受益人三方面组成；后者则依据公司法令或相关法令成立，投资人即基金的股东。

根据交易方式不同，投资基金可以分为开放型和封闭型两种。开放型投资基金的股权是开放的，投资者可以随时增加基金份额，也可以随时退股，基金股份总数是不固定的。而封闭型投资基金是指一次发行一定数量的基金份额，在规定的封闭期限内，基金份额保持不变。

4. 养老或退休基金

养老或退休基金是一种由雇主或雇员按期缴付工资的一定比例，受益人退休后可一次性取得或按月支取退休养老金的金融组织。这类基金的资金主要来源于政府部门、雇主缴纳及从雇员工资中扣除或雇员的自愿缴纳以及运用积聚资金的收益。养老基金的运作类似人寿保险，支付可以预测，因此多投资于股票、债券及不动产等期限长、收益高的资产项目。随着人口老龄化问题越来越突出，养老或退休基金的发展也令人瞩目。

5. 信用合作社

信用合作社简称信用社，是城乡居民集资合股而组成的合作金融组织。信用合作社是为合作社社员办理存、放款业务的金融机构，其资金主要来源于社员缴纳的股金和存入的存款，贷款则用于解决社员的资金需要，如修建房屋贷款、对购买耐用消费品发放贷款等。其主要经营目标是以简便的手续和较低的利率向社员提供信贷服务，帮助经济力量薄弱的个人和中小企业解决资金困难，以免其受高利贷的盘剥。信用社通常可以按地域划分为农村信用社和城市信用社，目前我国城市信用社已转化为城市商业银行。

除此之外，非银行金融机构还有消费信贷机构、信托投资公司、租赁公司、企业集团财务公司等。

（五）外资（合资）金融机构

外资金融机构是指在一国境内由外国投资者开设的银行和非银行金融机构。合资金融机构则是指外国资本与本国资本联合投资开设的银行和非银行金融机构。各国一般都将这类金融机构纳入本国金融机构体系内，并使其受本国金融当局的管理和监督。随着国际经济交往的发展，一个国家出现了越来越多的外资或合资金融机构。各国根据自身经济发展的需要，对外资或合资金融机构普遍采取了放宽限制和管理措施，以便更多地吸引外资，加强国际金融交往，促进本国经济的对外开放。

二、我国金融机构体系

我国的金融机构体系经过 30 多年的建设已经形成了相对完整的框架，基本特征是以中国人民银行为核心，以国有商业银行和股份制商业银行为主体，政策性金融与商业性金融相分离，多种金融机构并存，分业经营（银行业、证券业、保险业、信托业），相互协作。

（一）中国人民银行和其他金融监管机构

中国人民银行是我国的中央银行，也叫货币当局，在全国金融体系中居于核心地位。中国人民银行是 1948 年 12 月 1 日在华北银行、北海银行、西北农民银行的基础上合并组成的。1983 年 9 月，国务院决定中国人民银行专门行使国家中央银行职能。1995 年 3 月 18 日，第八届全国人民代表大会第三次会议通过了《中华人民共和国中国人民银行法》，至此，中国人民银行作为我国的中央银行以法律形式被确定下来。

中国人民银行是在国务院领导下制定和实施货币政策，对金融业实施监督管理的国家机关。其具体职责包括：（1）发布与履行其职责有关的命令和规章；（2）依法制定和执行货币政策；（3）发行人民币，管理人民币流通；（4）监督管理银行间同业拆借市场和银行间债券市场；（5）实施外汇管理，监督管理银行间外汇市场；（6）监督管理黄金市场；（7）持有、管理、经营国家外汇储备、黄金储备；（8）经理国库；（9）维护支付、清算系统的正常运行；（10）指导、部署金融业反洗钱工作，负责反洗钱的资金监测；（11）负责金融业的统计、调查、分析和预测；（12）作为国家的中央银行，从事有关的国际金融活动；（13）国务院规定的其他职责。

中国银行保险监督管理委员会成立于 2018 年，主要职责是依照法律法规统一监督管理银行业和保险业，维护银行业和保险业合法、稳健运行，防范和化解金融风险，保护金融消费者合法权益，维护金融稳定。中国证监会统一监督管理全国证券期货市场，维护证券期货市场秩序，保障其合法运行。

（二）商业银行

我国目前的商业银行体系由国有控股的大型商业银行、股份制商业银行、城市商业银行、农村商业银行、农村信用社、外资银行等构成。下面介绍其中四类商业银行。

1. 国有控股的大型商业银行

国有或国有控股的大型商业银行包括中国工商银行、中国农业银行、中国建设银行、中国银行、交通银行五家，它们在我国金融机构体系中居于主体地位。

2. 股份制商业银行

现行的股份制商业银行主要有招商银行、兴业银行、深圳发展银行、广东发展银行、中信银行、中国光大银行、华夏银行、中国民生银行、上海浦东发展银行、浙商银行等，虽然它们在资产规模、机构网点等方面无法同国有或国有控股的大型商业银行相比，但其资本、资产及利润的增速较快，呈现出较强的经营活力和强劲的增长态势。

3. 城市商业银行

1998 年，从北京开始陆续出现了以城市命名的商业银行，这些城市商业银行由各城市原来的信用合作社合并组建而成，如北京银行、天津银行、杭州银行等。其主要功能是为本地区的经济发展融通资金，重点为城市中小企业的发展提供金融服务。近几年，我国城市商业银行发展较快，有的地区组建了省级城市商业银行，如徽商银行等；有的城市商业银行已在沪深证券交易所挂牌上市，如北京银行、宁波银行等。

4. 农村信用社

农村信用社是 20 世纪 50 年代中期在全国广大农村建立起来的，在经营方面其贯彻自主经营、独立核算、自负盈亏、自担风险的原则。目前，一些经济发达地区的农村信用社已发展改组成为农村商业银行或农村合作银行。

（三）政策性银行

政策性银行指那些多由政府创立、参股或保证的，不以营利为目的，专门为贯彻、配合政府社会经济政策或意图，在特定的业务领域内，直接或间接地从事政策性融资活动，充当政府发展经济、促进社会进步、进行宏观经济管理工具的金融机构。其基本特征有：第一，融资渠道特定，主要包括财政拨付和发行金融债券。第二，坚持自主经营、企业化管理、保本微利的原则。第三，有特定的服务领域和服务对象，与商业银行不存在业务竞争。

1994 年，我国组建了三家政策性银行，即国家开发银行、中国进出口银行、中国农业发展银行。国家开发银行的主要任务是为国家基础设施、基础产业和支柱产业（“两基一支”）提供长期资金支持，引导社会资金投向，缓解经济发展瓶颈制约。其业务领域和贷款支持重点主要集中在电力、公路、铁路、石油石化、煤炭、邮电通信、农林水利、公共基础设施等。中国进出口银行的主要职责是贯彻执行国家产业政策、外经贸政策、金融政策和外交政策，为扩大我国机电产品、成套设备和高新技术产品出口，推动有比较优势的企业开展对外承包工程和境外投资，促进对外关系发展和国际经贸合作，提供政策性金融支持。中国农业发展银行的主要任务是按照国家的法律、法规和方针、政策，以国家信用为基础，筹集农业政策性信贷资金，承担国家规定的农业政策性金融业务和经批准开办的涉农商业性金融业务，代理财政性支农资金的拨付，为农业和农村经济发展服务。

（四）非银行金融机构

1. 保险公司

我国境内的保险公司按出资人划分大致有三类：（1）中资保险公司，如中国人民保险集团股份有限公司、中国人寿保险（集团）公司、中国平安保险（集团）股份有限公司、中国太平洋保险（集团）股份有限公司、中国再保险（集团）股份有限公司、新华人寿保险股份有限公司、泰康人寿保险集团股份有限公司、华泰财产保险股份有限公司、永安财产保险股份有限公司等。（2）外资保险公司，如美国友邦保险股份有限公司、日本东京海上日动火灾保险（中国）有限公司、瑞士丰泰保险（亚洲）有限公司上海分公司等。（3）中外合资保险公司，如中宏人寿保险有限公司等。

2. 证券公司

证券公司的业务范围主要有证券的经纪、投资与咨询、承销与保荐、自营，以及与证券交易、证券投资活动有关的财务顾问等。其在企业改制上市中的主要职责是设计筹划改制企业的股票上市，主要工作包括参与企业改制方案设计和制定，对拟发股票的改制企业进行上市辅导，草拟、汇总和报送发行上市的所有申报材料，组织承销上市企业的股票，承担发行上市的组织协调工作。

截至 2011 年，我国总资产排名前十的证券公司包括中信证券、海通证券、国泰君安、华泰证券、广发证券、招商证券、银河证券、国信证券、申银万国、中信建投。

3. 信托投资公司

信托与银行、证券、保险称为现代金融业的四大支柱。信托投资公司是一种以受托人的身份代人理财的非银行金融机构，如我国的中国国际信托投资公司、中国光大国际信托投资公司等。

4. 企业集团财务公司

我国的财务公司都是由企业集团内部集资组建的，是为本企业集团内部各企业技术改造、新产品开发及产品销售筹资和融通资金，促进其技术改造和技术进步，以中长期金融业务为主的非银行金融机构。财务公司经营的金融业务大体上可以分为融资、投资和中介这三大块。

1987 年，我国成立了第一家企业集团财务公司，即东风汽车工业集团财务公司。此后，一些大型企业集团也相继建立了财务公司。

5. 融资租赁公司

融资租赁公司是指以经营融资租赁业务为主的非银行融资机构。目前，我国的融资租赁公司既有中资金融租赁公司，又有中外合资的融资租赁公司，另外还有兼营租赁业务的金融机构，如国银金融租赁股份有限公司、天津渤海租赁有限公司、昆仑金融租赁有限责任公司等。

6. 金融资产管理公司

金融资产管理公司指由国家出面专门设立的以处理银行不良资产为使命的金融机构。1999 年，我国相继成立信达、东方、长城、华融四家金融资产管理公司，从 2005 年信达资产管理公司开展第一次商业化收购业务开始，2007 年四家资产管理公司都已开始纯商业化资产运作。2010 年 12 月，国新资产管理公司成立，将更偏重政策性国有资产的有关处置，而原有的四家资产管理公司将更趋向商业化运作。

第三节　国际金融机构

为适应国际经济发展的需要，曾先后出现各种进行国际金融业务的政府间国际金融机构，其发端可以追溯到 1930 年 5 月在瑞士巴塞尔成立的国际清算银行。第二次世界大战后，布雷顿森林国际货币体系得以建立，世界银行、国际货币基金组织等国际金融机构先后成立，并作为实施这一国际货币体系的组织机构。从 1957 年到 20 世纪 70 年代，欧洲、亚洲、非洲、拉丁美洲、中东地区的国家为发展本地区经济的需要，通过互助合作方式先后建立起区域性国际金融机构，如泛美开发银行、亚洲开发银行、非洲开发银行等。

一、国际货币基金组织

国际货币基金组织（International Monetary Fund，IMF）是根据 1944 年 7 月在布雷顿森林会议签订的《国际货币基金协定》建立的。1945 年 12 月 27 日在华盛顿正式成立，1947 年成为联合国的一个专门机构。其宗旨是：通过会员国共同探讨和协商国际货币问题，促进国际货币合作；促进国际贸易的扩大和平衡发展，开发会员国的生产资源；促进汇率稳定，避免竞争性的货币贬值；协助会员国建立多边支付制度，消除妨碍世界贸易增长的外汇管制；协助会员国克服国际收支困难。IMF 的会员国最初为 39 个，截至 2022 年 6 月，已增至 190 个。

1969 年，国际货币基金组织创设特别提款权（Special Drawing Right，SDR），这是一种储备资产和记账单位，亦称“纸黄金（Paper Gold）”。它是基金组织分配给会员国的一种使用资金的权利。会员国在发生国际收支逆差时，可用它向基金组织指定的其他会员国换取外汇，以偿付国际收支逆差或偿还基金组织的贷款，还可与黄金、自由兑换货币一样充当国际储备。但由于其只是一种记账单位，不是真正的货币，使用时必须先换成其他货币，不能直接用于贸易或非贸易的支付。

IMF 的基金主要来源于会员国缴纳的份额。会员国家在国际收支困难时，可以向基金申请贷款，但其用途仅限于短期性经济收支的不均衡。各会员国可利用基金的资金，其最高限额为该国摊额的 2 倍，而在此限额内 1 年仅能利用摊额的 25%。后来，基金已慢慢放宽会员国对资金利用的限制，以配合实际的需要。

二、世界银行集团

世界银行（World Bank Group，WBG）是世界银行集团的俗称，“世界银行”这个名称一直用于指国际复兴开发银行（International Bank for Reconstruction and Development，IBRD）和国际开发协会（International Development Association，IDA）。除此之外，世界银行集团还包括 1956 年成立的国际金融公司（International Finance Corporation，IFC）、1988 年成立的多边投资担保机构（Multinational Investment Guarantee Agency，MIGA）以及 1966 年成立的国际投资争端解决中心（International Centre for Settlement of Investment Disputes，ICSID）。作为一个国际组织，其一开始的使命是帮助在第二次世界大战中被破坏的国家的重建，如今，它的任务是通过向发展中国家提供低息贷款、无息信贷和赠款，帮助发展中国家减轻贫困，实现长期、稳定的经济发展。

世界银行的资金来源主要有各成员国缴纳的股金、向国际金融市场借款以及发行债券和收取贷款利息。其贷款对象包括会员国官方、国营企业、私营企业。若借款人不是政府，则需要政府担保。贷款多为项目贷款，用于工业、农业、能源、运输、教育等诸多领域。银行只提供项目建设总投资的 20%～50%，其余部分由借款国自己筹措，即通常所说的国内配套资金。银行借款必须专款专用，借款国必须接受银行监督。世界银行主要提供中长期贷款，期限通常为 20～30 年，宽限期为 5～10 年。贷款利率根据世界银行从资金市场筹资的利率来确定，每三个月或半年调整一次。贷款利率比市场利率要低一些，对贷款收取的杂费也较少，只对签约后未支付的贷款收取 0.75%的承诺费。贷款额度根据借款国人均国民生产总值、债务信用强弱、借款国发展目标和需要、投资项目的可行性及其在世界经济发展中的次序而定。

三、国际清算银行与巴塞尔银行监管委员会

国际清算银行（BIS）于 1930 年成立于瑞士巴塞尔，其最初创办的目的是处理第一

次世界大战后德国赔款的支付和解决德国国际清算问题。此后，其宗旨改为促进各国中央银行间的合作，为国际金融往来提供额外便利以及接受委托或作为代理人办理国际清算业务等。

国际清算银行的资金主要来源于三个方面：各成员缴纳的股金、向各成员中央银行或货币当局借款、吸收存款。服务对象为各成员中央银行和世界卫生组织等各种国际组织，不办理私人业务。

巴塞尔银行监管委员会，简称巴塞尔委员会，由美国、英国、法国、联邦德国、意大利、日本、荷兰、比利时、加拿大和瑞典的中央银行行长于 1974 年底共同建立，是国际清算银行的一个正式机构。1988 年 7 月，巴塞尔银行监管委员会通过的《关于统一国际银行资本衡量和资本标准的协议》（又称《巴塞尔协议》）成为国际银行监管方面代表性的文件。

四、区域性国际金融机构

（一）亚洲开发银行

亚洲开发银行（Asian Development Bank，ADB）简称“亚行”，是亚洲和太平洋地区的区域性金融机构。1966 年 11 月其在东京召开首届理事会，宣告正式成立，总部设在菲律宾首都马尼拉。我国在亚洲开发银行的合法席位于 1986 年恢复，为亚行的第三大认股国。

亚行的宗旨是通过发放贷款和进行投资、技术援助来帮助亚太地区发展中成员消除贫困，促进亚太地区的经济和社会发展。亚行对发展中成员的援助主要采取四种形式：贷款、股本投资、技术援助、联合融资担保。

（二）非洲开发银行

非洲开发银行（African Development Bank，ADB）简称“非行”，于 1964 年成立，总部设在科特迪瓦经济中心阿比让，是非洲最大的地区性政府间开发金融机构，其会员共有 53 个非洲国家及 24 个非非洲国家。我国于 1985 年加入该行，成为正式成员国。非行的宗旨是为成员国经济和社会发展服务、提供资金支持、协助非洲大陆制定发展规划、协调各国的发展计划，以期达到非洲经济一体化的目标。

（三）欧洲投资银行

欧洲投资银行是欧洲经济共同体成员国合资经营的金融机构。根据 1957 年《建立欧洲经济共同体条约》（又称《罗马条约》）的规定，于 1958 年 1 月 1 日成立，1959 年正式开业，总行设在卢森堡。该行的宗旨是利用国际资本市场和共同体内部资金，促进共同体的平衡和稳定发展。为此，该行的主要贷款对象是成员国不发达地区的经济开发项目。从 1964 年起，贷款对象扩大到与欧共体有密切联系或有合作协定的共同体外的国家。

（四）泛美开发银行集团

泛美开发银行集团（Inter－American Development Bank Group）成立于 1959 年，包括泛美开发银行（IDB）、泛美投资公司（IIC）和多边投资基金（MIF）三个机构，总部设在美国首都华盛顿，是世界上历史最悠久、规模最大的地区性政府间开发金融机构，其宗旨是促进拉美及加勒比地区经济和社会发展，现有 48 个成员国。

泛美开发银行现有成员 48 个，分为三类：一是区内出资国，包括美国和加拿大。二是区内借款成员国，共26个。其中，阿根廷、巴西、墨西哥和委内瑞拉是主要股东。三是区外成员国，共20个。

泛美投资公司成立于1989年，为泛美开发银行的全资附属公司，其宗旨是通过向中小型企业提供融资以促进该地区的经济发展。泛美投资公司以直接贷款、股本投资或向当地金融中介机构提供信贷额度的方式为项目提供融资。该公司现有44个成员国，其中，26个国家来自拉美地区和加勒比地区。

多边投资基金成立于1993年。其职责是促进私人部门的长期可持续发展和改善拉美地区及加勒比地区的投资环境，尤其关注影响微观经济及小企业的问题。

本章小结

1. 金融机构是指专门从事货币信用活动的各种法人组织，其功能涉及接受存款、提供经纪和交易服务、信息咨询服务、承销等各个领域，它们既是金融活动最重要的参与者，也是金融活动的组织者。

2. 金融机构一般由银行机构（中央银行、商业银行以及各种专业银行）和非银行金融机构（保险公司、投资银行、投资基金、养老或退休基金、信用合作社等）构成。

3. 我国逐步形成了以中央银行为核心、以商业银行为主体，多种金融机构并存的格局。

4. 国际金融机构主要有国际货币基金组织、世界银行集团、国际清算银行和区域性国际金融机构等。

重要概念

中央银行　商业银行　专业银行　开发银行　投资银行　证券公司　保险公司　投资基金　国际货币基金组织　世界银行

选择题

1. 在银行体系中，处于核心地位的是（　　）。

A. 商业银行　　B. 专业银行

C. 中央银行　　D. 投资银行

2. 与其他几家银行性质不同的是（　　）。

A. 中国工商银行　　B. 中国农业银行

C. 中国人民银行　　D. 中国银行

3. 现代银行的最本质的特点是（　　）。

A. 信用中介职能　　B. 信用创造功能

C. 利率水平适当　　D. 信用功能扩大

4. 由企业集团内部组建、为本企业集团内部各企业筹融资的是（　　）。

A. 财务公司　　B. 租赁公司

C. 证券公司　　　　　　　　　　　　D. 保险公司

复习思考题

1. 金融机构的职能有哪些？
2. 试述金融机构体系的一般构成。
3. 专业银行的特点是什么？
4. 试述我国金融机构体系的构成情况。

实训案例

实训案例一：《金融机构编码规范》（JR/T 0124—2014）

1　范围

本标准规定了金融机构编码的编码对象、编码结构和表示形式，使每个编码对象可获得一个特定代码，以适应金融机构信息系统建设和数据交换的需求。

本标准适用于金融机构编码的编制、信息处理和信息交换。

2　规范性引用文件

下列文件对于本文件的应用是必不可少的。凡是注日期的引用文件，仅所注日期的版本适用于本文件。凡是不注日期的引用文件，其最新版本（包括所有的修改单）适用于本文件。

GB/T 2260 中华人民共和国行政区划代码

GB/T 2659 世界各国和地区名称代码

3　术语和定义

下列术语和定义适用于本文件。

3.1

分类码 classification code

按照信息分类编码的结果，利用一个或一组数字、字符，或数字字符混合标记不同类别信息的代码。

3.2

顺序码 sequence code

顺序的自然数或字母标记不同对象的代码。

4　编码对象

金融机构编码的编码对象包括：中华人民共和国的货币当局、监管当局及其派出机构；境内银行、证券、保险、信托类金融机构的法人机构及其具有经营许可的境内外分支机构、附属机构；交易结算类金融机构及其分支机构；境内设立的金融控股公司及其具有经营许可的分支机构；境外金融机构在我国境内设立的具有经营许可的非法人分支机构，以及中国人民银行认定的适用金融机构编码管理的其他有关机构。

5 编码

5.1 14位代码结构

金融机构代码是特征组合码，长度为十四位，分别为大写英文字母或阿拉伯数字。编码分为六段，从左至右分别为：一位金融机构一级分类码；一位金融机构二级分类码；四位金融机构三级分类码；两位地区代码；五位顺序码；一位校验码。金融机构代码的各段依次连接，不留空格，其结构见表1如下：

表1 **14位代码结构**

金融机构一级分类码	金融机构二级分类码	金融机构三级分类码	地区代码	顺序码	校验码
X1	X2	X3X4X5X6	X7X8	X9X10X11X12X13	X14

5.2 金融机构一级分类码

长度为一位，采用阿拉伯数字或大写英文字母编码，唯一标识金融机构的一级分类。其取值定义由中国人民银行发布。

5.3 金融机构二级分类码

长度为一位，采用阿拉伯数字或大写英文字母编码，在相同的一级分类下，唯一标识金融机构的二级分类。其取值定义由中国人民银行发布。

5.4 金融机构三级分类码

长度为四位，采用阿拉伯数字0001—9999编码，在相同的一级分类、二级分类下，唯一标识金融机构的三级分类。其取值定义由中国人民银行发布。

5.5 地区代码

长度为两位，采用英文字母或阿拉伯数字编码，表示金融机构所在地区的代码。

按金融机构所在地不同，分别按照如下两种方式赋码：

当为境内金融机构时，采用GB/T 2260，取其数字码前两位为金融机构所属省、自治区、直辖市代码。

当为境外金融机构时，采用GB/T 2659，取其两字符拉丁字母代码为金融机构属地国家或地区的代码。台湾、香港、澳门归于此类。

5.6 顺序码

长度为五位，采用阿拉伯数字00001—99999顺序码，在相同的金融机构一级分类、二级分类、三级分类、地区代码下，唯一标识金融机构总部以及各级分支机构。

5.7 校验码

长度为一位，采用阿拉伯数字编码。

资料来源：中国人民银行，www.pbc.gov.cn。

实训项目：利用互联网查询若干金融机构的编码，对照编码规范解释各代码含义。

实训案例二：监管当局

1. 中国证券监督管理委员会

中国证券监督管理委员会（简称中国证监会）为国务院直属正部级事业单位，依照法律、法规和国务院授权，统一监督管理全国证券期货市场，维护证券期货市场秩序，保障其合法运行。

中国证监会设在北京，现设主席 1 名，副主席 4 名，驻证监会纪检监察组组长 1 名；机关内设 20 个职能部门，1 个稽查总队，3 个中心；根据《中华人民共和国证券法》的规定，中国证监会还设有股票发行审核委员会，委员由中国证监会专业人员和所聘请的会外有关专家担任。中国证监会在省、自治区、直辖市和计划单列市设立 36 个证券监管局以及上海、深圳证券监管专员办事处。

依据有关法律法规，中国证监会在对证券市场实施监督管理中履行下列职责：

（1）研究和拟订证券期货市场的方针政策、发展规划；起草证券期货市场的有关法律、法规，提出制定和修改的建议；制定有关证券期货市场监管的规章、规则和办法。

（2）垂直领导全国证券期货监管机构，对证券期货市场实行集中统一监管；管理有关证券公司的领导班子和领导成员。

（3）监管股票、可转换债券、证券公司债券和国务院确定由证监会负责的债券及其他证券的发行、上市、交易、托管和结算；监管证券投资基金活动；批准企业债券的上市；监管上市国债和企业债券的交易活动。

（4）监管上市公司及其按法律法规必须履行有关义务的股东的证券市场行为。

（5）监管境内期货合约的上市、交易和结算；按规定监管境内机构从事境外期货业务。

（6）管理证券期货交易所；按规定管理证券期货交易所的高级管理人员；归口管理证券业、期货业协会。

（7）监管证券期货经营机构、证券投资基金管理公司、证券登记结算公司、期货结算机构、证券期货投资咨询机构、证券资信评级机构；审批基金托管机构的资格并监管其基金托管业务；制定有关机构高级管理人员任职资格的管理办法并组织实施；指导中国证券业、期货业协会开展证券期货从业人员资格管理工作。

（8）监管境内企业直接或间接到境外发行股票、上市以及在境外上市的公司到境外发行可转换债券；监管境内证券、期货经营机构到境外设立证券、期货机构；监管境外机构到境内设立证券、期货机构、从事证券、期货业务。

（9）监管证券期货信息传播活动，负责证券期货市场的统计与信息资源管理。

（10）会同有关部门审批会计师事务所、资产评估机构及其成员从事证券期货中介业务的资格，并监管律师事务所、律师及有资格的会计师事务所、资产评估机构及其成员从事证券期货相关业务的活动。

（11）依法对证券期货违法违规行为进行调查、处罚。

（12）归口管理证券期货行业的对外交往和国际合作事务。

（13）承办国务院交办的其他事项。

2. 中国银行保险监督管理委员会

中国银行保险监督管理委员会（简称中国银保监会）成立于 2018 年，是国务院直属正部级事业单位，依照法律、法规和国务院授权，统一监督管理银行业和保险业，维护银行业和保险业合法、稳健运行，防范和化解金融风险，保护金融消费者合法权益，维护金融稳定。

中国银保监会设在北京，现设主席1名，副主席4名，驻会纪检监察组组长1名，3位首席；机关内设27个职能部门，2个中心，36个派出机构。

中国银保监会贯彻落实党中央关于银行业和保险业监管工作的方针政策和决策部署，在履行职责过程中坚持和加强党对银行业和保险业监管工作的集中统一领导。主要职责是：

（1）依法依规对全国银行业和保险业实行统一监督管理，维护银行业和保险业合法、稳健运行，对派出机构实行垂直领导。

（2）对银行业和保险业改革开放和监管有效性开展系统性研究。参与拟订金融业改革发展战略规划，参与起草银行业和保险业重要法律法规草案以及审慎监管和金融消费者保护基本制度。起草银行业和保险业其他法律法规草案，提出制定和修改建议。

（3）依据审慎监管和金融消费者保护基本制度，制定银行业和保险业审慎监管与行为监管规则。制定小额贷款公司、融资性担保公司、典当行、融资租赁公司、商业保理公司、地方资产管理公司等其他类型机构的经营规则和监管规则。制定网络借贷信息中介机构业务活动的监管制度。

（4）依法依规对银行业和保险业机构及其业务范围实行准入管理，审查高级管理人员任职资格。制定银行业和保险业从业人员行为管理规范。

（5）对银行业和保险业机构的公司治理、风险管理、内部控制、资本充足状况、偿付能力、经营行为和信息披露等实施监管。

（6）对银行业和保险业机构实行现场检查与非现场监管，开展风险与合规评估，保护金融消费者合法权益，依法查处违法违规行为。

（7）负责统一编制全国银行业和保险业监管数据报表，按照国家有关规定予以发布，履行金融业综合统计相关工作职责。

（8）建立银行业和保险业风险监控、评价和预警体系，跟踪分析、监测、预测银行业和保险业运行状况。

（9）会同有关部门提出存款类金融机构和保险业机构紧急风险处置的意见和建议并组织实施。

（10）依法依规打击非法金融活动，负责非法集资的认定、查处和取缔以及相关组织协调工作。

（11）根据职责分工，负责指导和监督地方金融监管部门相关业务工作。

（12）参加银行业和保险业国际组织与国际监管规则制定，开展银行业和保险业的对外交流与国际合作事务。

（13）负责国有重点银行业金融机构监事会的日常管理工作。

（14）完成党中央、国务院交办的其他任务。

（15）职能转变。围绕国家金融工作的指导方针和任务，进一步明确职能定位，强化监管职责，加强微观审慎监管、行为监管与金融消费者保护，守住不发生系统性金融风险的底线。按照简政放权要求，逐步减少并依法规范事前审批，加强事中事后监管，优化金融服务，向派出机构适当转移监管和服务职能，推动银行业和保险业机构业务和服务下沉，更好地发挥金融服务实体经济功能。

资料来源：中国证监会（www.csrc.gov.cn）、中国银保监会（www.cbirc.gov.cn）。

实训项目：登录中国证监会和银保监会官方网站，了解其最新政务信息，分析其各项工作分别代表何种职责。

实训案例三：资产管理公司

1. 中国东方资产管理股份有限公司

中国东方资产管理股份有限公司（简称中国东方）是经国务院批准，由中华人民共和国财政部、全国社保基金理事会共同发起设立的中央金融企业。中国东方前身为中国东方资产管理公司，成立于1999年10月，于2016年9月改制为股份有限公司。自成立以来，中国东方始终以“保全国有资产、化解金融风险、促进国企改革”为使命，将依法合规经营作为生命线，累计管理处置各类不良资产2万多亿元，为国家金融系统的稳定作出了积极贡献。

截至2021年末，中国东方总资产为12 057.93亿元，在全国共设26家分公司，下辖中华联合保险集团股份有限公司、大连银行股份有限公司、东兴证券股份有限公司、中国东方资产管理（国际）控股有限公司、上海东兴投资控股发展有限公司、东方前海资产管理有限公司、东方邦信融通控股股份有限公司、东方金诚国际信用评估有限公司、大业信托有限责任公司、东方邦信创业投资有限公司和浙江融达企业管理有限公司11家一类子公司，业务涵盖不良资产经营、保险、银行、证券、基金、信托、信用评级和海外业务等，员工总数5万多人。

2. 中国长城资产管理股份有限公司

中国长城资产管理股份有限公司（简称中国长城资产）成立于2016年12月11日，注册资本512.3亿元，由中华人民共和国财政部、全国社会保障基金理事会和中国人寿保险（集团）公司共同发起设立。公司前身是国务院1999年批准设立的中国长城资产管理公司。

目前，中国长城资产服务网络遍及全国30个省、自治区、直辖市和香港特别行政区，设有32家分公司，旗下拥有长城华西银行、长城国瑞证券、长生人寿保险、长城新盛信托、长城金融租赁、长城投资基金、长城国际控股、长城金桥咨询、长城国富置业9家控股公司，致力于为客户提供包括不良资产经营、资产管理、银行、证券、保险、信托、租赁、投资等在内的“一站式、全方位”综合金融服务。

作为四家国有金融资产管理公司之一，中国长城资产成立之初的主要任务是收购、管理和处置国有银行剥离的不良资产。自成立以来，先后收购、管理和处置了中国农业银行、中国工商银行和其他商业银行等金融机构及非金融机构不良资产2万多亿元，积累了丰富的资产管理处置经验，打造了专业化的资产管理团队和经营运作技术。

3. 中国信达资产管理股份有限公司

中国信达资产管理股份有限公司（简称中国信达）前身为中国信达资产管理公司，成立于1999年4月，是经国务院批准成立的首家金融资产管理公司。2010年6月，中国信达资产管理公司整体改制为股份有限公司。2013年12月12日，中国信达在香港联合交易所主板上市，成为首家登陆国际资本市场的中国金融资产管理公司。

目前，中国信达设有 33 家分公司（包括合肥后援基地管理中心），旗下拥有从事不良资产经营和金融服务业务的平台子公司南洋商业银行、信达证券、金谷信托、信达金融租赁、信达香港、信达投资、中润发展等。集团员工 1.47 万余名。中国信达立足不良资产经营主业，围绕问题资产投资和问题机构救助，着力化解金融机构和实体企业不良资产风险。截至 2021 年末，中国信达总资产为 15 642.79 亿元，归属于本公司股东权益为 1 788.01 亿元。

4. 中国华融资产管理股份有限公司

中国华融资产管理股份有限公司（简称中国华融）前身为中国华融资产管理公司，成立于 1999 年 11 月 1 日，是为应对亚洲金融危机，化解金融风险，促进国有银行改革和国有企业脱困而成立的四大国有金融资产管理公司之一。2012 年 9 月 28 日，经国务院批准，整体改制为股份有限公司。2015 年 10 月 30 日，中国华融在香港联交所主板上市。

截至 2021 年末，中国华融总资产达为 15 684.22 亿元，2021 年实现收入总额为 930.67 亿元，净利润为 19.86 亿元，归属于本公司股东利润为 3.78 亿元。

公司的主要业务包括不良资产经营、金融服务业务，以及资产管理和投资业务，其中不良资产经营是核心业务。目前，中国华融设有 33 家分公司，服务网络遍及全国 30 个省、自治区、直辖市和香港、澳门特别行政区，旗下拥有华融金融租赁、华融信托、华融融德、华融实业、华融国际等子公司。

资料来源：各资产管理公司官网。

实训项目：登录各资产管理公司官网，了解各公司历史沿革，讨论该类金融机构在处理不良资产、推动商业银行改革、化解金融风险方面起到了哪些作用？

实训案例四：中信证券

中信证券股份有限公司（简称中信证券）成立于 1995 年 10 月，2003 年在上海证券交易所挂牌上市交易，2011 年在香港联合交易所挂牌上市交易，是中国第一家 A+H 股上市的证券公司，第一大股东为中国中信有限公司。

中信证券业务范围涵盖证券、基金、期货、外汇和大宗商品等多个领域，通过全牌照综合经营，全方位支持实体经济发展，为国内外企业客户、机构客户、高净值客户、零售客户提供各类金融服务解决方案。目前拥有 7 家主要一级子公司，分支机构遍布全球 13 个国家，中国境内分支机构 400 余家，华夏基金、中信期货等主要子公司都在各自行业中保持领先地位。

中信证券规模优势显著，是国内首家资产规模突破万亿的证券公司。主要财务指标连续十余年保持行业第一，各项业务保持市场领先地位，在国内市场积累了广泛的声誉和品牌优势，多年来获得亚洲货币、英国金融时报、福布斯、沪深证券交易所等境内外机构颁发的各类奖项。

资料来源：中信证券，www.citics.com。

实训项目：利用互联网查阅我国证券公司的业务范围，探讨其与投资银行的区别联系。

实训案例五：亚洲基础设施投资银行

亚洲基础设施投资银行（Asian Infrastructure Investment Bank）简称亚投行（AIIB），是一个政府间性质的亚洲区域多边开发机构。重点支持基础设施建设，成立宗旨是为了促进亚洲区域的建设互联互通化和经济一体化的进程，并且加强中国及其他亚洲国家和地区的合作，是首个由中国倡议设立的多边金融机构，总部设在北京，法定资本 1 000 亿美元。截至 2021 年 10 月，亚投行有 104 个成员。

2014 年 10 月 24 日，包括中国、印度、新加坡等在内 21 个首批意向创始成员的财长和授权代表在北京签约，共同决定成立亚投行。2015 年 12 月 25 日，亚投行正式成立。2016 年 1 月 16 日至 18 日，亚投行开业仪式暨理事会和董事会成立大会在北京举行。

亚投行的治理结构分理事会、董事会、管理层三层。理事会是最高决策机构，每个成员在亚投行有正副理事各一名。董事会有 12 名董事，其中，域内 9 名，域外 3 名。管理层由行长和 5 位副行长组成。

从亚投行建立的国际背景来看，一方面，亚投行成立前，国际金融体系中的多边机构也会提供一些基础设施建设资金，但要求相对苛刻，发展中国家获得援助存在一定困难；另一方面，2008 年全球金融危机后，全球经济增长乏力。尽管基础设施建设是带动经济增长的重要领域之一，但它要求的投资规模大、回报周期长且回报率相对较低，对投资者的吸引力不够。亚投行的诞生可谓正逢其时，既适应了各国求增长、促发展的愿望，又弥补了全球金融体系的不足。无论是发达国家还是发展中国家，都希望搭上亚投行的快车，获得基础设施建设投资，带动本国经济增长。

从亚投行的运行和管理来看，尽管亚投行由中国倡议成立，中国是最大的股东、向亚投行提供了最多的资金，但亚投行始终聚焦各国尤其是发展中国家的发展，成员范围超出亚洲地区，不附加政治条件，为急需基础设施投资的发展中成员提供融资支持。同时，亚投行按照多边开发银行的模式和原则，始终坚持国际性、规范性和高标准，注重把控项目质量，并与世界银行等其他多边机构开展合作，积累了促进多边合作的丰富经验。得益于良好的治理结构、经营理念和务实准确的投资原则，亚投行赢得国际社会越来越多的信任票。

资料来源：根据网络资料整理。

实训项目：

1. 分组讨论我国金融机构的分类，进一步了解各金融机构的特点及内容。

2. 了解亚投行，分组讨论亚投行成立的意义。

第五章

商 业 银 行

学习目标

商业银行在经济中扮演着许多重要的角色，是现代经济活动中最重要的金融机构之一。通过本章的学习，学生应重点掌握商业银行的主要业务，理解商业银行的经营管理原则及商业银行贷款业务的种类，掌握商业银行中间业务及国际业务。

第一节　商业银行概述

一、商业银行及其产生

商业银行是各国金融体系的主体和基础，适应于市场经济所要求的资金商品化、利率市场化以及银行与客户可以相互选择的竞争机制。它在美国被称为商业银行（Commercial Bank），在英国被称为清算银行（Clearing Bank），在德国被称为信贷银行（Credit Bank），在日本被称为普通银行（General Bank）或存款银行（Deposit Bank）。

关于商业银行的概念，经济学界、金融学界都有不同的表述，比如《中国大百科全书》将其概述为：以利润为主要经营目的，以经营各种存款贷款为主要业务并向客户提供多种服务的银行。而《中华人民共和国商业银行法》将其定义为：依照本法和《中华人民共和国公司法》设立的吸收公众存款、发放贷款、办理结算等业务的企业法人。有的还将其表述为：有能力贷款，至少部分贷款最终成为新的活期存款的银行。尽管以上表述不同，但所包含内容基本是一致的，即商业银行是一个金融中介机构，商业银行以营利为目的，商业银行以存贷款为经营对象，商业银行能够利用负债进行信用创造，商业银行为客户提供多种金融服务。

近年来，我国商业银行不断发展，人们逐步对商业银行有了一个统一的认识，即商业银行是以追求利润最大化为经营目标，以多种金融资产和金融负债为经营对象，能利用负债进行信用创造，并能为客户提供综合性、多功能服务的金融企业。

那么，商业银行是如何产生的呢？要回答这个问题，首先要认识早期商业银行的产生过程。

在前资本主义社会，封建割据，铸币的重量、成色不统一。为了适应贸易发展的需要，必须进行货币兑换，于是逐渐从商业社会中分离出一种专门从事货币兑换的商人，即货币兑换商。后来，人们把他们所从事的行业称为货币兑换行业。他们最初只是单纯办理货币兑换业务，从中收取手续费。随着商品交换范围的扩大，经常往来于各地的商人为了避免长途携带货币和保存货币的风险，把货币交给兑换商人保管，并委托他们办理支付、结算和汇款。如此一来，货币兑换商手中聚集了大量的货币资金，他们利用这些资金办理贷款业务。这样，货币兑换行业就发展成了既办理兑换，又经营货币存款、贷款和汇款等业务的早期银行了。

早期银行大都利息很高，规模不大，不能满足资本主义工商业的需要。因此，客观上迫切需要建立起既能汇集闲置的货币资本，又能按适度的利率向资本家提供贷款的现代资本主义商业银行。

二、商业银行的特征和职能

（一）商业银行的特征

1. 商业银行是企业

商业银行具有一般工商企业的基本特征，即拥有业务所需要的自有资金，依法合规经营，自负盈亏，照章纳税，以利润为最终目标，按商品经济的经营原则从事经营活动。

2. 商业银行是特殊的企业

商业银行是特殊的企业，主要表现为四点：（1）经营对象和内容特殊。一般工商企业所经营的是物质产品和服务，从事商品的生产和流通，而商业银行是以金融资产和金融负债为经营对象，经营的内容包括货币收付、借贷以及各种与货币运动有关的金融服务。（2）经营方式特殊。一般工商企业采取生产或买卖的方式经营，而商业银行采取信用方式经营，不改变货币的所有权，只将货币的使用权做有条件的让渡。（3）经营效果特殊。一般企业创造的是使用价值，而商业银行创造的是能充当一般等价物的存款货币。（4）商业银行责任特殊。一般工商企业只以营利为目标，只对股东和使用自己产品的客户负责，而商业银行除了对股东和客户负责外，还必须对整个社会负责。

3. 商业银行是金融机构的一种，但又不同于其他金融机构

与中央银行相比，商业银行是面向工商企业、公众及政府的金融机构，而中央银行是只向政府和金融机构提供服务的具有银行特征的政府机关，它不以营利为目的，不吸收公众存款，也不对客户办理具体的信贷业务。与其他金融机构相比，商业银行能够提供更多、更完整的金融服务，能够吸收活期存款，而且业务范围越来越广泛，正向“金融百货公司”方向发展。而其他金融机构不能吸收活期存款，只能提供某些方面的金融服务，业务经营具有明显的局限性。

（二）商业银行的职能

1. 信用中介职能

信用中介职能是指通过银行负债业务，把社会上的闲散资金集中到银行里来，再通过银行的资产业务，把它投向社会经济各部门。商业银行通过发挥信用中介职能，在资金盈余者与缺乏者之间架起一座桥梁，使闲置的资金资源得到最大限度的利用。商业银

行通过信用中介职能，实现了资本盈余和短缺之间的融通，且不改变货币资本的所有权，改变的只是货币资本的使用权。这种使用权的改变，对经济活动起到多层面的调剂转化作用：一是可以把暂时从再生产过程中游离出来的闲置资金转化为可用资金，从而在不改变社会资本总量的条件下，通过改变资本的使用量，为实现扩大再生产提供了可能性；二是可将用于消费的资金转化为能带来货币收入的投资，扩大社会资本总量，加速经济增长；三是可以把短期货币资本转化为长期货币资本，在盈利原则的支配下，还可以把货币资本从效益低的部门或行业引向效益高的部门或行业，形成对经济结构的调节。

2. 支付中介职能

这一职能的实质是商业银行在办理负债业务的基础上，通过代理客户支付货款和费用、兑付现金等，逐渐成为工商企业、社会团体和个人的货币保管人、出纳和支付代理人。商业银行支付职能的发挥，是以活期存款账户为基础的，只有在客户保存一定存款余额的基础上，才能办理支付。商业银行支付中介职能的发挥，大大减少了现金的使用，节约了社会流通费用，加速了结算过程和货币资金周转，促进了社会再生产的扩大。

3. 信用创造职能

商业银行在信用中介和支付中介的基础上产生了信用创造功能。商业银行能够吸收各种存款，用其吸收的各种存款发放贷款，在支票流通和转账的基础上，贷款又转化为存款，在存款不提取现金或不完全提现的基础上，商业银行就增加了资金的来源，最后在整个银行体系，形成数倍于原始存款的派生存款。商业银行通过自己的信贷活动创造和收缩活期存款，而活期存款是货币供给量的主要组成部分，因此，商业银行可以把自己的负债作为货币来流通，从而具有了信用创造职能。当然，商业银行不能无限制地创造信用，更不能凭空创造信用，它至少要受以下因素制约：第一，商业银行创造信用要以存款为基础；第二，商业银行的信用创造要受中央银行存款准备金率、自身现金及贷款付现率的制约；第三，商业银行创造信用的前提是要有贷款的需求，商业银行在发挥信用创造功能过程中产生的主要作用在于可以节约现金使用，节约流通费用，而且还能满足社会经济发展对流通和支付手段的需要。

4. 金融服务职能

商业银行金融服务职能是指商业银行利用其在国民经济活动中的特殊地位及其在提供信用中介和支付中介业务过程中所获得的大量信息，运用电子计算机等先进手段和工具，为客户提供的金融服务。工商企业生产和流通专业化的发展又要求把许多原来属于企业自身的货币业务转化给银行代为办理，如发放工资、代理支付其他费用等。个人消费也由原来单纯钱物交易，发展成转账结算。现代化的社会生活从多方面给商业银行提出了金融服务要求，在强烈的业务竞争驱动下，各家商业银行不断开拓服务领域，通过金融服务的发展开拓新的业务领域。

三、商业银行的组织形式

商业银行的组织形式是指商业银行在社会经济生活中的存在形式。由于各国的政治、经济情况不同，商业银行的组织形式也有所不同。但不论采取何种组织形式，都必须以效率至上、稳健经营、规模适度为原则。一般来说，世界各国的商业银行组织形式主要有三种形式。

（一）按组织形式划分，商业银行分为总分行制和单一银行制

1. 总分行制

它是由一家总行和下设的若干家分行形成的以总行为中心的庞大的银行网络。实行总分行制的商业银行，利用其分布在不同地区的国内外分支行的优势，为客户提供便捷方便的银行服务，同时聚集起巨额的社会资金。

总分行制的优点：一是总分行制银行经营规模较大，易于采用现代化的管理设备，有能力为客户提供全面、优质的金融服务；二是此类银行分支机构众多，易于吸收存款以及全系统内调剂和使用资金，使资金能够得到有效、合理的使用；三是此类银行内部可以高度分工，提高效率，降低成本，便于金融当局的监管。总分行制的缺点：一是容易形成垄断，不利于竞争；二是要求总行对分支机构具有较强的控制力并具有完善的信息系统和严密的成本控制手段。

2. 单一银行制

单一银行制是指银行业务完全由一个营业机构来办理，不设立或不被允许设立分支机构。美国是实行这种制度的主要国家之一。单一银行制的优势：一是在单一银行制下，数量众多的银行可以维持竞争局面，不易产生金融垄断；二是有利于银行与当地政府的协调，促进本地区的经济发展；三是单一银行制在经营决策上自主性强、灵活性大，能够根据市场环境的变化及时改变经营策略。单一银行制的缺点：一是限制了银行在全国范围内的竞争，不利于银行的发展；二是银行规模比较小，经营成本较高，难以取得规模效益；三是不利于资金的调剂，资金不易得到最优化的配置。

（二）按业务结构划分，商业银行分为全能银行制和分业银行制

1. 全能银行制

全能银行制也是通常所说的混业经营，是指商业银行在业务领域内没有什么限制，它可以经营所有的金融业务，即不仅可以经营普通的存放款业务，而且可以经营证券、保险、信托、租赁等业务。

全能制银行的优点：全能制银行能向客户提供全面、综合性的服务，提供广泛的金融产品、金融服务以及各种各样的信息，从而最大限度地满足客户的需要，同时使自己的业务多元化，达到分散风险的目的。全能制银行的缺点：容易导致金融业的垄断；容易引起银行的倒闭。

2. 分业银行制

分业银行制也就是通常所说的分业经营，是指商业银行业务与证券业务、保险业务、信托租赁业务截然分离，不同的业务由不同的金融机构经营，彼此之间存在明显的分业界限。

分业经营的优点：各种业务由不同的金融机构经营，可以避免金融业的垄断；业务分开经营，即使某一种业务发生问题，也不至于引发整个金融机构的倒闭。分业经营的缺点：不能最大限度地满足客户的实际需求；业务单一，竞争能力相对较低。

20 世纪 90 年代以前，我国由于没有金融立法，因而对各金融机构来说，不存在规定上的分业经营和混业经营，从实际来看，当时我国的金融机构也都是所谓的混业经营。

90年代以后，我国颁布了几部重要的金融法规，如《中华人民共和国商业银行法》《中华人民共和国证券法》等，都明确规定金融业采取分业经营的原则。

（三）按资本所有权划分，商业银行分为股份制银行和独资银行

1. 股份制银行

股份制银行是指按照国家有关公司法律条文的规定，向主管部门注册，取得法人资格而建立起来的银行。其特点是银行资本来自不同的股东。股东是银行所有者，它们根据所持有股票的数量来拥有相应的投票权；股东大会是商业银行的最高权力机构，定期召开会议，对商业银行的财务报告、重大决定、红利分配方案等予以审查和批准；股东大会选举董事会和监事会；总经理（行长）是商业银行的行政首脑，执行董事会的决定，负责组织、施行、管理、协调银行业务的经营活动。

2. 独资银行

独资银行一般有两种类型：一种是私人银行，大多是由西欧大陆16—17世纪家族银行（特别是德国家族银行）演变而来，银行业主承担无限责任；另一种是国有商业银行，一般由国家出资建设，银行的规模较大，其数量在现代商业银行中不算多，但其影响很大。

四、巴塞尔协议与商业银行资本

巴塞尔协议是1975年2月成立的国际性常设跨国银行监督管理机构——巴塞尔银行监管委员会颁布的一系列国际统一银行监督管理的重要文件的统称。巴塞尔银行监管委员会简称巴塞尔委员会，自从巴塞尔委员会成立以来，颁布了一系列有关商业银行资本金标准和风险管理的指导性文件。随着经济情况的变化，巴塞尔协议也不断地发展。

（一）《巴塞尔协议Ⅰ》的发展

1. 第一个巴塞尔协议文件

1975年9月，巴塞尔委员会发表了一项文件，全称是《对国外银行机构监督的原则》。国际上称其为《巴塞尔协议》，又称其为第一个巴塞尔协议。协议的宗旨是制定国际合作监督的准则，按股权原则确定分行、多数股附属银行、少数股附属银行的定义，监督银行的流动性、清偿性、外汇活动和头寸。

2. 第二个巴塞尔协议文件

1978年巴塞尔委员会又发表了一项文件《综合资产负债表原则》。1983年5月，在吸收了《综合资产负债表原则》的基础上，出台了《巴塞尔协议（修订本）》，又称第二个巴塞尔协议。该协议的主要内容有：国外分行的清偿力监督由母国当局负责，国外附属银行的清偿力监督责任由母国和东道国共同分担，合资银行的清偿力监督则分属于合资的各国；整个银行集团的资产流动性监督由东道国监管当局负责；整个银行集团的外汇头寸由母国监管当局监督，国外分行的外汇、敞口头寸由东道国监管当局负责。

3. 第三个巴塞尔协议文件

1988年7月，巴塞尔委员会正式通过了《关于统一国际银行的资本计算和资本标准的协议》，它就是人们常提到的《巴塞尔协议Ⅰ》。其内容由四个部分构成：资本的组成、风险加权的计算、标准化比率的目标、过渡期及实施的安排。

（1）资本的组成。《巴塞尔协议Ⅰ》把商业银行的资本划分为两个部分：一级资本，又称核心资本；二级资本，又称附属资本。

一级资本包括：① 普通股股权；② 公开储备，具体包括股票发行溢价、普通准备金和法定准备金的增加值。二级资本包括：① 非公开储备。它是指虽然不反映在资产负债表表内的储备上，但反映在银行损益表上，可及时用于弥补不可预料的损失，并为银行监督机构所认可的储备。② 重估储备。它是指银行固定资产和所持证券价值的市值，即这些资产现实的市场价值相对其在资产负债表中历史成本的增值部分。③ 法定准备金和可弥补特定资产项目损失的普通呆账损失准备金。④ 混合资本工具。它是指具有产权资本和债务资本综合特征的工具。⑤ 次级长期债务资本。它是指银行通过发行长期债券所筹得的资本。

《巴塞尔协议Ⅰ》关于二级资本对一级资本的比例规定最高可达 1:1，并明确指出，一级资本不得低于 50%，也就是说二级资本不得高于 50%。

（2）风险加权的计算。巴塞尔委员会认为，根据其相对风险程度，对资产负债表上各类资产以及表外项目制定用来计算资本的风险加权比率是评估银行资本是否充足的一个好办法。对于资产负债表表外项目的资产，《巴塞尔协议Ⅰ》认为应运用信用转换系数来分析不同的业务项目和交易风险，并通过下列公式将资产负债表表外项目的资产与资产负债表表内项目的资产联系在一起。

表外风险资产=表外资产×信用转换系数×表内相同性质资产风险权数

资产负债表表内项目风险权重如表 5－1 所示。

表 5－1　资产负债表表内项目风险权重表

序数	项　目	风险权重
1	现金、以本国货币定值并以此通货对中央政府和中央银行融通资金的债权、对经济合作与发展组织（OECD）国家的中央政府和中央银行的其他债权	0
2	对 OECD 组织内的外国公共部门实体的贷款、对 OECD 国家内的注册银行的债权以及由 OECD 国家内注册银行提供的贷款、托收中的现金款项	20%
3	完全以居住用途的房产做抵押的贷款，这些房产为贷款人所占有使用或由他们出租	50%
4	对私人机构的债权、对公共部门所属的商业公司的债权、对 OECD 以外的国家的法人银行余期在一年以上的债权	100%

资产负债表表外项目风险权重如表 5－2 所示。

表 5－2　资产负债表表外项目风险权重表

序数	工　具	信用转换系数
1	直接信贷工具、销售和回购协议以及有追索权的资产销售	100%
2	票据发行融通和循环包销便利	50%

续表

序数	工　　具	信用转换系数
3	短期的有自行清偿能力的、与贸易相关的或有项目	20%
4	类似初始期限为一年以内或者是可以在任何时候取消的承诺	0

（3）标准化比率的目标。《巴塞尔协议Ⅰ》规定，商业银行资本标准化比率的目标是指资本与加权风险资产的比率，也称“资本充足率”。该协议规定，到1992年底，签约方中较具规模的商业银行，全部资本与加权风险资产的比率（即全部资本充足率）达到8%，核心资本与加权风险资产的比率（即核心资本充足率）达到4%。

资本充足率=资本总额/加权风险资产总额

=（核心资本+附属资本）/∑（资产×风险权数）

（4）过渡期及实施的安排。巴塞尔委员会也做出一些过渡期的安排，以保证个别银行在过渡期内提高资本比率并努力达到最终目标标准。在过渡期初衡量银行的资本状况时，核心资本的比例可包括附属资本成分，但最多不能超过核心资本成分的25%，至1990年底减少到10%，到1992年底过渡期结束时一并消除。

4. 第四个巴塞尔协议文件

巴塞尔委员会于1995年4月通过了《关于市场风险的资本要求的建议》，随后又在广泛征求意见的基础上，于1996年1月公布了正式的修订稿——《资本协议关于市场风险的补充规定》，我们称之为第四个巴塞尔协议。

（二）《巴塞尔协议Ⅱ》与商业银行资本

1.《巴塞尔协议Ⅱ》的提出

随着技术进步和金融创新，特别是发达国家监管实践的不断发展和商业银行风险管理水平的提高，巴塞尔委员会先后于1999年、2001年和2003年公布了巴塞尔新资本协议的三个征求意见稿，最终于2004年6月公布了新资本协议的最后定稿——《统一资本计量与资本标准的国际协议：修订框架》，即《巴塞尔协议Ⅱ》，并于2006年底开始在十国集团内实施。《巴塞尔协议Ⅱ》的适用范围是在全面并表基础上扩大到以银行业务为主的银行集团持股公司，侧重点放在国际活跃银行上，但其基本原则适用于复杂程度各异的银行。

2.《巴塞尔协议Ⅱ》的内容

《巴塞尔协议Ⅱ》强化了旧协议中以资本充足率为核心的监管思路，以信用风险为监管重点，在突出强调全面风险监管的同时，提出了资本风险监管的最低资本要求、监管当局的监督检查以及市场约束三大支柱。

（1）第一支柱：最低资本要求。2004年的《巴塞尔协议Ⅱ》是巴塞尔委员会全面风险监管理论和资本计量方法的一个阶段性成果总结。《巴塞尔协议Ⅱ》对最低资本充足率的要求仍为8%，包括信用风险、市场风险和操作风险的最低资本充足要求，是其核心。《巴塞尔协议Ⅱ》中规定了资本充足率的计算公式：

资本充足率 =（总资本 – 扣除项）/RWA（信用风险 + 市场风险 + 操作风险）

核心资本充足率 =（核心资本 – 扣除项）/RWA（信用风险 + 市场风险 + 操作风险）

《巴塞尔协议Ⅱ》中对资本充足率的要求：资本充足率≥8%；核心资本充足率≥4%。

RWA 是风险加权资产（Risk-weighted Assets）的英文缩写，代表对三类风险进行计算之后所得的风险加权资产总和。

《巴塞尔协议Ⅱ》指出，商业银行的资本应该与资本的风险相联系，银行资本的主要作用就是吸收和消化银行损失，使银行免于倒闭，所以新协议对商业银行资本做了重新规定，资本主要包括三类：一级资本（核心资本）、二级资本（附属资本）、三级资本。其中，三级资本主要指短期次级债务，这类债务必须成为银行永久资本的一部分，并在出现清偿危机时可以用以弥补损失。

（2）第二支柱：监管当局的监督检查。监管当局的监督检查是以确保银行有严格的内部程序体制。银行监管当局可以采取现场和非现场稽核等方法对商业银行有关风险管理的政策、程序和做法进行定期的检查评估。检查的内容有：商业银行风险管理、化解情况，全面判断银行的资本充足率是否达到最低水平的资本充足率要求；银行要建立严格的内部评估体系，使其资本水平和风险相匹配；监管当局要及时检查和评价银行的内部评价程序、资本战略以及资本充足状况；在资本水平较低时，监管当局要及时对银行实施必要的干预；商业银行要向监管当局提交完备的内部风险评估制度安排、资产分类制度安排。

（3）第三支柱：市场约束。市场对银行业的约束要求银行提高信息的透明度，使外界对它的财务、管理等有更好的了解。《巴塞尔协议Ⅱ》第一次引入市场约束机制，让市场力量来促使银行稳健、高效的经营以及保持充足的资本水平。市场的奖惩机制有利于促使银行更有效地分配资金和控制风险。协议要求市场对金融体系的安全进行监管，也就是要求银行提供及时、可靠、全面、准确的信息，以便市场参与者据此做出判断。巴塞尔委员会要求运用定性与定量披露相结合的方法，对商业银行资本构成、资本充足率、风险类别、风险评估程序与方法等相关重要信息进行披露；商业银行要建立一套信息公开披露制度，便于金融市场上的参与者能够充分了解有关银行的经营风险与资本状况。

（三）《巴塞尔协议Ⅲ》与商业银行资本

1.《巴塞尔协议Ⅲ》的提出

2008 年全球爆发金融危机，危机暴露出现行资本监管制度的明显缺陷。巴塞尔委员会对国际监管框架进行了一系列调整，并最终形成了第三版《巴塞尔协议》，即《更具稳健性的银行和银行体系的全球框架》，这就是《巴塞尔协议Ⅲ》。

2.《巴塞尔协议Ⅲ》的主要内容

（1）宏观审慎监管。巴塞尔委员会对现有的商业银行资本进行了重新定义，把商业银行的资本分成一级资本和二级资本两个部分。其中，一级资本分为核心一级资本和其他一级资本。《巴塞尔协议Ⅲ》要求商业银行的核心一级资本不得低于风险加权资产的

4.5%，一级资本不得低于风险加权资产的6%，总资本不得低于风险加权资产的8%。加上留存超额资本后，商业银行核心一级资本充足率、一级资本充足率、总资本充足率应分别达到7%、8.5%、10.5%。《巴塞尔协议Ⅲ》把杠杆率作为风险资本要求的补充指标，杠杆率定义为一级资本与总风险暴露的比率，监管红线为3%。巴塞尔委员会在2009年12月发布了《流动性风险计量、标准和监测的国际框架》，建立了流动性覆盖率和净稳定资金比率两个流动性监管的指标。流动性覆盖率定义为流动性资产准备与未来30日的资金净流出量的比值，该比值不得低于100%。净稳定资金比率定义为可用的稳定资金与所需的稳定资金的比率，该比率必须大于100%。

（2）微观审慎监管。巴塞尔委员会对商业银行的留存超额资本以及逆周期超额资本做出了规定。留存超额资本是确保银行持有超额资本以吸收在金融和经济压力时期发生的损失，商业银行要满足2.5%的留存超额资本，并且必须用核心一级资本来满足。逆周期超额资本是确保商业银行资本要考虑银行运营所面临的宏观金融环境，要求商业银行计提风险加权资产的0～2.5%作为逆周期超额资本。

（3）过渡期的安排。巴塞尔委员会为了确保商业银行有充足的时间通过调节利润分配、资本筹集等手段，以达到更高的资本要求，对《巴塞尔协议Ⅲ》安排了较长的过渡期，如表5–3所示。

表5–3 《巴塞尔协议Ⅲ》的过渡期安排

	2011年	2012年	2013年	2014年	2015年	2016年	2017年	2018年	2019年
杠杆率	监管控制		过渡期为2013年1月1日—2017年1月1日 2015年1月1日开始披露					加入第一支柱	
最低普通股资本比率			3.5%	4%	4.5%	4.5%	4.5%	4.5%	4.5%
资本留存缓释						0.625%	1.25%	1.875%	2.5%
最低普通股加资本留存缓释			3.5%	4%	4.5%	5.125%	5.75%	6.375%	7%
扣减项的过渡期				20%	40%	60%	80%	100%	100%
最低一级资本要求			4.5%	5.5%	6%	6%	6%	6%	6%
最低资本要求			8%	8%	8%	8%	8%	8%	8%
最低资本加留存缓释			8%	8%	8%	8.625%	9.125%	9.875%	10.5%
不符合新资本定义的资本工具	从2013年开始，10年扣清								
流动性覆盖比率	开始监测				开始实施				
净稳定资金比率		开始监测						开始实施	

第二节　商业银行存款货币的信用创造

商业银行的一大特色是在众多不同的金融机构中，只有商业银行才能接受活期存款。不仅如此，商业银行还有创造和收缩货币的能力。下面将对商业银行存款扩张和收缩的原理和过程进行详尽分析。

银行存款信用的创造过程是根据以下基本方式进行的：客户将资金存入银行，通常不会同时收回其存款，但对于银行来说，每一天都会有若干客户到银行来提取现金，这样客户的存款额将会因为这些客户的提款而减少。同时，也会有其他的客户往银行存入现金，这样客户的存款会使银行的存款额增加。这个现象在 17 世纪中期被英国金匠发现了，他们会保留一部分黄金来满足客户提取黄金的需求，其余的可以借出去赚取利息，而保留的部分就成为后来的银行准备金。

目前各国一般都以法律形式规定商业银行必须保留的最低数额的准备金，即法定存款准备金。准备金超过法定存款准备金的部分为超额存款准备金。

法定存款准备金（R_d）是法定存款准备金率（r）与活期存款（D）的乘积，用公式表示为：

$$R_d = D \times r$$

超额存款准备金（E）则是银行实有存款准备金（R）与法定存款准备金的差。

$$E = R - D \times r$$

法定存款准备金率的高低直接影响银行创造存款货币的能力。法定存款准备金率越高，银行吸收的存款中可用于放款的资金越少，创造存款货币的数量也越少；反之，法定存款准备金率越低，创造存款货币的数额越大。

一、银行存款增加的两种方式

（1）客户往银行存入现金使得银行活期存款增加。所谓现金，包括纸币、铸币、票据以及其他银行的存款。从整个银行体系看，这四项现金等于中央银行创造的各种现金总额减去市面上流通的现金的差额。因此，某个银行存款的增加是以流通中现金减少或其他银行存款减少为前提的，社会上现金总额并没有变化。客户往银行存入的这部分现金称为“原始存款”。

（2）银行获得“原始存款”后，会将原始存款再贷给客户或用于投资，此时获得现金的客户或原债权持有人在商业银行的活期存款是由银行系统创造出来的，我们称之为“派生存款”。派生存款增加时，流通中现金和其他银行的活期存款并没有减少，因此货币总量增加了。这就是银行通过信用创造增加了存款货币的供给。

二、银行存款减少的两种方式

银行活期存款的减少与上述创造或扩张的过程恰恰相反。

（1）由储户提取现金造成的流通中现金增加使银行活期存款减少，但货币供给总量没有变化。如果从商业银行活期存款中提出的现金流入中央银行，等于退出流通，则相当于货币供给量减少。

（2）商业银行收回贷款或出售债券时，借款人或债券购买者需要用活期存款偿付银行，银行活期存款减少，除非银行获得一个新的等额存款人，否则货币供应量将相应减少。

三、存款货币的多倍扩张

假设整个银行体系由中央银行和商业银行构成，中央银行规定的法定存款准备金比率为20%，商业银行只有活期存款而没有定期存款，商业银行并不保留超额存款准备金，银行的客户并不持有现金。

甲银行接受客户存入的10 000元现金，其资产负债表变化如表5－4所示。

表5－4 **甲银行资产负债表**

资产		负债	
准备金	+2 000	存款	+10 000
贷款	+8 000		
总额	+10 000	总额	+10 000

甲银行贷出8 000元，借款者将这笔款项支付乙银行客户并全部存入乙银行。乙银行的资产负债表变化如表5－5所示。

表5－5 **乙银行资产负债表**

资产		负债	
准备金	+1 600	存款	+8 000
贷款	+6 400		
总额	+8 000	总额	+8 000

乙银行贷款 6 400 元，借款人用于支付给丙银行的客户，从而使丙银行也取得存款6 400元。丙银行也同样按照央行规定的法定存款准备金率，提取准备金1 280元，并将余下的5 120元用于贷款。这样，丙银行的资产负债表变化如表5－6所示。

表5－6 **丙银行资产负债表**

资产		负债	
准备金	+1 280	存款	+6 400
贷款	+5 120		
总额	+6 400	总额	+6 400

以此类推，得到存款货币多倍扩张的公式为：

$$D=R/r=R\times1/r$$

其中，D 表示存款扩张总额，R 表示原始存款，r 表示中央银行所规定的法定存款准备金率。

在上例 20%的法定存款准备金率条件下，存款创造总额为（1/0.2）×10 000 元，即 50 000 元。所以，这里的存款乘数是 1/0.2。

银行存款货币创造机制所决定的存款货币的最大扩张倍数称为派生倍数，即存款乘数。它是法定存款准备金率的倒数。若以 K 表示存款扩张总额对原始存款的倍数，则可得：

$$K=1/r$$

由上可知，派生倍数是法定存款准备金率的倒数，法定存款准备金率越高，存款扩张的倍数值越小；法定存款准备金率越低，扩张倍数值则越大。

第三节　商业银行的主要业务

一、商业银行负债业务概述

商业银行的负债是指由商业银行过去的交易、事项形成的现时义务，履行该义务预期会导致经济利益流出商业银行，因此，负债是商业银行在经营过程中形成的尚未清偿的经济义务。

商业银行的负债主要由存款负债、借入款负债和结算性负债三方面内容组成。其中，存款始终是其主要的负债和经常性资金来源，借入款负债的比重会随着金融市场的发展而不断提升，结算性负债一直是商业银行资金来源有益的补充。

（一）商业银行的存款负债

存款是商业银行以信用的形式吸收国民经济中的暂时闲置和待用的货币资金。这是商业银行无法自主决定负债规模的一种负债，称为被动型负债。没有存款，也就不能成为银行，这是商业银行作为企业与其他企业的区别。

（1）按存款的稳定性和支取方式划分，存款可以分为活期存款和定期存款。

活期存款是指客户不需要预先通知，可随时提取或支付的存款。它没有确切期限的规定，银行也无权要求客户取款时做出事先的书面通知，持有活期存款的客户可以用各种方式提取存款，如开具支票、本票、汇票等。

活期存款有两大特点：第一，活期存款可作为货币支付手段和流通手段，当客户用支票取款时，它只作为普通的信用凭证，但当客户用支票向第三者付款时，它就作为信用流通工具。第二，活期存款具有很强的派生能力，能有效提高商业银行的盈利水平。由于银行对活期存款支付的利息很少，活期存款利息成本在银行负债业务中最低。尽管活期存款平均期限很短，但在大量的此存彼取的流动过程中银行总能获得一个较稳定的存款余额用于高盈利的资产。通过活期存款，银行不但可以获得一个较大利差来提高盈利水平，而且可以充分利用活期存款账户信用扩张和派生存款的特点争取客户，扩大银行规模。

定期存款是由客户与商业银行预先约定好期限的存款，是货币所有者获得利息收入的重要金融资产。在我国，定期存单一般不能流通转让，但可以作为动产抵押品向银行申请贷款。定期存款对客户来说是收入稳定、风险性小的投资方式，并且可以质押贷款。对银行来说，虽然在灵活性、方便性和创造派生存款的能力等方面不如活期存款，但它由于时间固定，所以是商业银行最稳定的资金来源。而且，在定期存款期间几乎不需要商业银行提供其他任何服务，银行为定期存款所支付的各项管理费用是很低的，显然有利于提高银行的盈利水平。

（2）按存款人身份划分，存款可分为企事业单位存款、同业存款、城乡居民储蓄存款、财政性存款。企事业单位存款包括基本户存款、一般户存款、临时户存款和专用户存款，是指企事业单位存入银行的暂时闲置的货币资金。同业存款是指商业银行在代理其他金融机构办理业务时由其他金融机构存入的款项。城乡居民储蓄存款是指城乡居民存入银行的节余和待用的货币资金。财政性存款是国家财政集中起来，聚集在银行里待分配、待使用的国民收入。

（3）按存款人的动机和目的分类，存款可分为保本增值型存款、计划消费型存款、安全保密型存款、方便存取型存款。保本增值型存款是指人们在银行存款的动机主要是为了获取较高的收益。计划消费型存款是指人们在银行存款是为了某种特定需要而积攒货币，这种存款数量多少与利率高低关系不大。安全保密型存款是指人们在银行存款的目的是安全保密的需要。方便存取型存款是指利用银行在结算方面的优势而存入银行的款项。

吸收存款对商业银行具有重要的意义。第一，存款是商业银行发挥其职能的基础。商业银行作为信用中介，必须通过存款业务集中社会上的闲置资金，先使自己成为全社会的债务人，然后才能成为全社会的债权人。作为支付中介，商业银行以客户存款账户为前提才能办理货币资金的收付，发挥货币的流通手段和支付手段职能。第二，存款是决定商业银行盈利水平的基础。银行获得存款资金后一般不直接投资于生产经营过程以获得利润，而是贷给企业，银行通过贷方资金所获得的收益只能是借款人运用贷款所获得收益的一部分。因此，存款规模的大小决定了银行盈利水平的高低，是银行生存发展的基础。第三，存款的数量规模和种类结构制约着银行的资产规模和结构。商业银行要实现预定的贷款规模，就必须大力组织存款，扩大资金实力。同时，存款期限、利率结构也影响着银行的资产结构。商业银行必须根据存款的期限、利率结构安排相应的资产结构，并使之保持动态平衡，避免不适当的短借长用。

（二）商业银行的借入款负债

商业银行的借入款负债是指商业银行主动通过金融市场或直接向中央银行融通资金，又称为主动负债业务。

（1）商业银行短期借款。短期借款是指商业银行主动通过金融市场或向中央银行借入的期限在 1 年以内的非存款负债，主要包括同业拆借、向中央银行借款两种形式。

同业拆借是指银行之间利用资金融通过程中的时间差、空间差、行际差来调剂资金而进行的短期借款。参与拆借的银行主要是商业银行，除此之外，国外中央银行、储蓄机构、保险公司、国外金融机构等也都参与资金拆借市场。通常情况下，小银行是资金的主要供给者，大银行则是资金的主要需求者，同业拆借是一种临时调剂性借贷行为。在同业拆借中，拆借对象主要以银行为主，银行间拆借又以系统内和地区内为主；拆借活动以借贷市场为主，拆借方式以无抵押和无担保的信用拆借为主；拆借利率以协商为主；拆借市场以无形市场为主，有形市场与无形市场相结合，以中心城市为依托。

1994 年出台的《中国人民银行关于对商业银行实行资产负债比例管理考核暂行办法》中规定：拆借资金余额与各项存款相比不得超过 4%，拆出资金与各项存款相比不得超过 8%。1995 年颁布的《中华人民共和国商业银行法》中规定：禁止利用拆入资金发放固定资产贷款或者用于投资，拆入资金用于弥补票据结算、联行汇差头寸不足和解决临时性周转资金的需要；拆出资金限于交足存款准备金、留足备付金和归还中国人民银行到期贷款之后的闲置资金；同业拆借应当遵守中国人民银行规定的期限，拆借期限最长不超过 4 个月。

向中央银行借款是指商业银行在头寸出现不足时可以向中央银行申请贷款。中央银行作为商业银行的最后贷款人，在商业银行发生流动性危机时，为了有效地调节社会货币供应和保持银行体系的稳定，有责任向商业银行提供货币资金贷款。一般情况下，商业银行向中央银行的借款只能用于弥补临时性或季节性的流动不足、储备不足或资产的应急调整，而不能用于发放长期贷款和进行证券投资。商业银行向中央银行借款的主要形式有两种，即再贷款和再贴现。

再贷款是指商业银行向中央银行的直接贷款，以解决其季节性或临时性的资金需求，具有临时融通、短期周转的性质。再贷款可以是信用贷款，也可以是抵押贷款。再贷款这种资金融通的方式比较灵活、简单，但中央银行对再贷款的限制比再贴现严格。商业银行向中央银行申请再贷款要向中央银行说明借款用途，提供财务报表以及其他反映银行经营状况的材料，经中央银行审查认为合乎条件后才能取得贷款。

再贴现是指商业银行在资金紧缺、周转发生困难时，可以将贴现所得的未到期的商业票据，如商业票据、国库券等转卖给中央银行再进行贴现，票据债权由商业银行转给中央银行，这样商业银行可提前取得资金融通。中央银行经审查同意予以贴现的票据，只限于那些确有商品作为交易对象的短期商业票据。

（2）商业银行长期借款。长期借款是指商业银行借入的、需要在 1 年以后偿还的负债。它是 20 世纪 70 年代伴随西方国家“金融创新”的发展而兴起的，它的主要形式是发行金融债券。发行金融债券是商业银行以发行人的身份通过承担支付债券利息的方式直接向货币所有者举借债务的融资方式。金融债券是商业银行业务综合化、多样化发展和金融业务证券化的产物，它意味着商业银行负债的多样化发展。

商业银行发行金融债券的种类可以分为在国内发行的金融债券和在国际金融市场上发行的债券。

① 在国内发行的金融债券。在我国，商业银行发行过三种类型的金融债券：普通金融债券、累进利息金融债券和贴息金融债券。普通金融债券是指定期存单式的到期一次还本付息的债券，期限通常在 3 年以上，利率固定，平行发行，不计复利；累进利息金

融债券是指浮动期限式、利率和期限挂钩的金融债券，期限通常为1～5年，债券持有者可以在最短和最长期限内随时到发行银行兑付，但不满 1 年不兑付，且利率按债券持有期限不同有不同的等级；贴息金融债券是指银行在一定时间和期限内按一定的贴现率以低于债券面额的价格发行的债券，债券的券面不附有票息，到期按面额还本，不再计利息，债券发行价格与票面价格的差额就构成了债券的利息。

② 在国际金融市场上发行的债券。国际金融债券指的是商业银行在国际金融市场上发行的面额以外币表示的金融债券，主要有外国金融债券、欧洲金融债券和平行金融债券。外国金融债券是指发行银行通过国外金融市场所在国的银行或金融机构发行的以该国货币为面值的金融债券。如我国的银行通过日本的银行或金融机构在东京市场发行日元债券。欧洲金融债券指发行银行通过其他银行或金融机构在债券面值货币以外的国家发行并推销债券，如我国银行在伦敦市场发行美元债券。平行金融债券是指发行银行为筹措资金在几个国家同时发行债券，债券分别以各投资国的货币标价，各债券的筹资条件和利息基本相同。

（三）商业银行结算性负债

结算性负债是指商业银行在结算业务活动中形成的负债，包括结算保证金、支票结算和联行汇差资金。结算保证金是指企业单位在办理转账结算前须先把备付款项存入银行。如信用证结算，必须先交存保证金，这些保证金在尚未正式支付的情况下被银行占用，成为银行的短期负债。支票结算是指企业单位用支票对外付款时本单位在开户银行的存款数额减少，但存款行要等到收款人的开户行在票据交换所提取时才结清这笔资金，在票据未交换前存款行可将其一直视为短期负债加以运用。联行汇差资金是指各行由于办理异地结算等业务为同一系统其他商业银行代收、代付款项所产生的联行往来差额。它反映各行联行间的资金存、欠关系。如果联行往来各科目贷方发生额合计大于借方发生额合计，反映本行占用他行资金，即为应付汇差；如果联行往来各科目贷方发生额合计小于借方发生额合计，反映本行资金被他行占用，即为应收汇差。

二、商业银行资产业务概述

（一）现金资产及其构成

现金资产是银行持有的库存现金以及等同现金的、可以随时用于支付的银行资产，是商业银行所有资产中最具有流动性的资产。商业银行要维持资产的流动性、满足中央银行存款准备制度的要求，保持清偿能力和获得更有利的投资机会，就必须保持一定比例的现金资产，并对其进行科学管理。

现金资产一般包括库存现金、在中央银行存款、存放同业存款和在途资金四个部分。

1. 库存现金

它是指商业银行保存在金库中的现钞和硬币。库存现金的主要作用是银行用来应付客户提现和银行本身的日常零星开支。任何一家营业性的银行机构，为了保证对客户的支付，都必须保存一定数量的现金。对于商业银行而言，确定一个适度的库存现金额度是非常重要的，因为库存现金是一种非营利性资产，不能获得利息收入，而且还需要花费大量的保管费用。通常情况下，商业银行依据自己的经营和具体情况确定一个适当的库存现金数额。

2. 在中央银行存款

在中央银行存款也称存款准备金，是商业银行为保证客户提取存款和资金清算需要而准备的、存放在中央银行的资金。它由法定存款准备金和超额存款准备金构成。

3. 存放同业存款

它是指商业银行存放在代理行和相关银行的存款。在其他银行保持存款的目的是便于银行在同业之间开展代理业务和结算收付。由于存放同业的存款属于活期存款的性质，可以随时支用，因而可以视同银行的现金资产。

4. 在途资金

它是指商业银行在办理结算业务过程中形成的资金占用，如本行开户单位的委托收款在对方商业银行划回款项之前对本行而言是一笔在途资金。因为在途资金时间较短、收回的可能性很高，因此将其视同现金资产。

（二）商业银行贷款业务

贷款是商业银行的传统核心业务，也是商业银行最主要的盈利资产，是商业银行实现利润最大化的主要手段。商业银行贷款是商业银行作为贷款人按照一定的贷款原则和政策，以还本付息为条件，将一定数量的货币资金提供给借款人使用的一种借贷行为。

1. 商业银行贷款及贷款的分类

商业银行的贷款业务按照不同的标准，可以划分为不同的类型。

（1）按贷款的偿还方式分类，商业银行贷款可以分为一次性偿还贷款和分期偿还贷款。

一次性偿还贷款是指借款人在贷款到期时一次性还清贷款的本息，这种贷款一般适用于借款金额小、借款期限较短的贷款。

分期偿还贷款是指借款人按规定的期限分次偿还本金和支付利息的贷款。这种贷款的期限通常按月、季、年确定，适用于借款金额大、借款期限长的贷款项目。

（2）按贷款的质量和风险程度分类，商业银行贷款可以分为正常贷款、关注贷款、次级贷款、可疑贷款和损失贷款五类。

正常贷款是指借款人能够履行借款合同，有充分把握按时足额偿还贷款本息的贷款。这类贷款的借款人的财务状况非常好，没有任何理由怀疑贷款的本息偿还会发生问题。

关注贷款是指贷款本息的偿还仍然正常，但是存在可能会影响贷款偿还不利因素的贷款。如果这些因素继续存在，那么有可能影响贷款的偿还，对这种贷款必须进行关注或监控。

次级贷款是指借款人的还款能力出现明显问题，完全依靠其正常经营收入无法足额偿还贷款本息，即使执行担保也可能会造成一定损失的贷款。

可疑贷款是指借款人无法足额偿还贷款本息，即使执行担保也肯定要造成较大损失的贷款。

损失贷款是指商业银行在采取所有可能的措施或一切必要的法律程序后本息仍然无法收回，或只能收回极少部分的贷款。

其中，正常贷款、关注贷款通常称为正常贷款，次级贷款、可疑贷款、损失贷款通称为不良贷款。

（3）按贷款的保障程度分类，商业银行贷款可分为信用贷款、担保贷款和票据贴现。

信用贷款是银行完全凭客户的信用而无须提供任何担保品的贷款。这类贷款从理论上说风险较大，因此银行要收取较高的利息，而且对借款人的条件要求较高，一般情况下只向信誉较高的借款人发放。

担保贷款是指以一定的财产或信用做还款保证的贷款。根据还款保证的不同，担保贷款可以分为抵押贷款、质押贷款、保证贷款。抵押贷款是指按规定的抵押方式以借款人或第三者的财产作为抵押发放的贷款。质押贷款是指按规定的质押方式以借款人或第三者的动产或权利作为质物发放的贷款。保证贷款是指按规定的保证方式以第三人承诺在借款人不能偿还贷款时，按约定承担保证责任而发放的贷款。

票据贴现是一种特殊的贷款方式，是指商业银行应客户的要求，以现金或活期存款买进客户持有的未到期商业票据的方式发放的贷款。票据贴现实行的是预扣利息，票据到期后，银行向票据载明的付款人收取票款。

2. 商业银行贷款定价

商业银行贷款价格的制定，不仅影响着经济主体对贷款的需求量，而且也事关商业银行的盈利水平。贷款是商业银行主要的盈利资产，贷款利润的高低与贷款价格有着直接的关系。贷款价格高，利润就高，但贷款的需求将因此减少。反之，贷款价格低，利润就低，但贷款需求将会增加。因此，合理确定贷款价格是商业银行贷款管理的重要内容。

（1）商业银行贷款价格的内容。一般来说，商业银行贷款价格的内容主要有贷款利率、贷款承诺费、补偿余额和隐含价格等。贷款利率是银行向借款人收取的利息与贷款本金的比率。它是贷款价格的主体，贷款利率的高低受资金供求状况、同业竞争和中央银行的货币政策以及相关法律法规制约。贷款承诺费是指银行对已经答应贷给客户，而客户又没有实际使用的那部分贷款收取的费用。这部分费用对银行来讲是从贷款取得的收入，对客户来讲则是为了取得贷款而付出的代价。补偿余额是借款人根据银行要求而保留在银行的一定数量的活期存款或低利率的定期存款，它是作为银行同意提供贷款的一个条件，通常要写到贷款协议中。隐含价格是指贷款定价中的一些非货币性内容，如对贷款担保品的要求、贷款期限的限制和特殊契约条款等。

（2）商业银行贷款定价的方法。其定价方法包括成本加成定价法、基础利率定价法和成本—收益定价法。

① 成本加成定价法。它是指以借入资金成本加上一定利差来决定贷款利率的方法。这种定价法的特点在于不考虑承诺费、补偿余额和服务费等因素，贷款价格主要依据资金总成本及一定的利润目标来确定。

贷款价格=筹集放贷资金成本+非资金性银行经营成本+
预计补偿违约风险的成本+银行预计利润水平

② 基础利率定价法。它是指以基础利率为标准，根据借款人的情况加上某个加息率来确定贷款价格。采用这种方法，借款人可以从银行认可的利率表中选择基础利率，也

可选择到期日，贷款利率是同期市场利率再加上一定数额。

③ 成本—收益定价法。它主要从三个方面考虑确定贷款价格：第一，在贷款利率和收费水平一定的情况下，测算贷款将产生的总收入；第二，估算银行交付给借款人实际使用的贷款净额；第三，用测算的总收入除以借款人实际使用的贷款净额算出贷款的税前收益。银行通过分析测算出的税前收益是否足以补偿银行的融资成本、贷款所承担的风险以及除去所有成本后的银行预期利润来判断该笔贷款的定价是否合理。

3. 贷款业务的风险管理

贷款风险是指未来贷款损失的不确定性，即银行在经营管理过程中，由于受到各种事先无法预料的不确定性因素影响使贷款无法按期收回本息或正常周转，从而遭受资金损失的可能性。商业银行即便制订了谨慎的贷款政策，确定了科学、合理的贷款价格，也不能保证银行都会从每笔贷款中获利。银行贷款风险是客观存在的，任何一家银行都不可能完全避免问题贷款和由此产生的贷款损失，但贷款风险是可以有效防范和控制的，具体有如下几个措施。

（1）建立银行信贷风险管理组织机构与信贷管理机制。银行可以根据信贷管理工作的需要设置相应的组织机构，建立健全贷款管理责任制，包括贷款风险责任制度、贷款分离制度、贷款“三查”制度等。

（2）掌握真实、有效的第一手信息资料是信贷投放科学决策的基础。因此，商业银行必须在贷款发放前掌握第一手资料，获取资料的途径有：第一，充分利用社会中介机构收集信息资料；第二，银行信贷人员深入第一线去收集相关资料；第三，利用征信系统来收集资料。

（3）建立信贷风险分散机制与救助机制。商业银行应通过实行贷款多元化、限制贷款的集中程度、银团贷款、要求企业投保等办法控制、分散、转嫁风险。此外，还可以建立一套风险救助机制。

（4）加强信贷人员培训，提高业务技能。针对商业银行可能出现的操纵风险，举办信贷业务培训班，以此来提高信贷人员的业务操作技能，防止在实际工作中可能出现的操作风险。

（三）商业银行证券投资业务

商业银行证券投资业务是指商业银行买卖有价证券的经营活动。商业银行进行证券投资不仅可以分散风险，还可以保持银行资产的流动性，更为重要的是能带来投资报酬，这是收入的重要来源之一。随着金融深化、竞争加剧和监控能力的提高，各国监管部门对商业银行从事证券投资的限制日趋减少，证券投资业务在商业银行资产业务中所占的地位也日益重要。

1. 商业银行证券投资的主要工具

商业银行进行证券投资的金融工具很多，大致可分为货币市场工具、资本市场工具和金融创新工具三大类。

（1）货币市场工具。它是指期限在一年以内的金融工具，主要包括国库券、商业票据、银行承兑汇票、回购协议、证券投资基金等。这些金融工具往往具有很高的流动性，同时又具有一定的收益性，是商业银行管理流动性风险的有效工具。

（2）资本市场工具。它是指期限在一年以上的各种票据，主要包括中长期政府债券、公司债券、股票等。需要说明的是，目前在实行银行分业经营的国家中，监管当局通常严格限制银行直接投资股票。

（3）金融创新工具。现代商业银行证券投资的金融创新工具主要包括金融期货、金融期权、证券化资产、共同基金等。基于贷款整合的证券化是商业银行金融创新的一大亮点。证券化资产是由经筛选过的、类型与质量一致的贷款支持进行资产证券化所产生的资产。最普遍的证券化资产是住房抵押贷款支持的证券化资产。

2. 商业银行证券投资的收益与风险

（1）商业银行证券投资的收益。它是指商业银行证券投资所获得的报酬，包括利息收入和资本利得两部分。利息收入一般是固定的，其获取方式有两种：一是按照证券上标明的利率按期获得利息；二是以贴现方式取得利息收入。证券的资本利得收益是指商业银行购入证券后，在二级市场上出售时所获得的高于买入价格的余额，也是低价买入、高价卖出的价差收入。证券投资收益的衡量指标有以下方面。

① 票面收益率。它是在证券票面上标明的收益率。如一张面值 10 000 元的证券，票面上标明年利息率 10%的字样，这 10%就是这张证券的票面收益率。

② 当期收益率。它是指证券票面收益额与证券现行市场价格的比率。证券的价格总是随着市场行情的变化而变化，经常与其票面价格不一致，这时如果仍然使用票面收益率就不能真实反映证券的收益情况。当期收益率的计算公式为：

$$\text{当期收益率}=\text{证券年利息}/\text{当期证券市场价格}\times 100\%$$

③ 持有期收益率。持有期收益率是指当期收益率与资本收益率之和。票面收益率和当期收益率都只是考虑了证券的利息收入，而未考虑证券的资本利得收益或损失。

（2）商业银行证券投资的风险。商业银行要想获得收益，就必须承担风险。商业银行应根据其承受能力有选择地承担风险，并采取相应的保护措施，把风险降到最低。

① 信用风险。投资证券的信用风险是指由于证券发行人到期不能还本付息而使商业银行遭受损失的可能性。这种风险主要受到证券发行人的经营能力、资本大小、事业稳定性等因素的影响。一般而言，政府债券的信用风险最小，抵押公司债券次之，信用公司债券较高。

② 市场风险。它是指由于证券市场化或经济形势动荡而给商业银行带来损失的可能性。证券市场瞬息万变，政治局势、经济周期等行为都可能使证券市场掀起轩然大波。由于市场的波动很难被投资者预测出来，所以，证券市场风险最容易给投资者造成损失。

③ 货币风险。它主要是由利率风险和通胀风险构成的，利率风险是因为利率变化使商业银行投资产生的风险；通胀风险是指由于通货膨胀、货币贬值而给商业银行带来损失的可能性。

④ 提前赎回风险。它是指债券发行人有可能在债券到期日之前回购债券的风险。通知赎回通常发生在市场利率下降之时，投资于可提前赎回债券使商业银行将承担收益损失的风险，这是因为商业银行必须将收回的资金按目前更低的利率进行再投资。

3. 商业银行证券投资的一般策略

商业银行进行证券投资，必须根据证券市场和客观环境的变化，及时调整所持有的证券头寸，达到有效的证券投资组合。

（1）分散投资法。它是指商业银行不应把投资资金全部用来购买一种证券，而是应当购买多种类型的证券，这样可以使银行持有的各种证券收益和风险相互抵消，从而获得较可观的收益。分散投资法可以分为期限分散法、地域分散法、类型分散法和发行者分散法。其中，期限分散法占有很重要的地位，它的主要作用是降低利率风险。

（2）期限分离法。它是指商业银行将全部投资资金投放在一种期限的证券上，或短期，或长期。期限分离法有三种不同的战略：短期投资战略、长期投资战略和杠铃投资战略。如果商业银行投资的证券价格大幅度上涨，就会得到较高的收益。但是，如果商业银行投资的证券价格大幅度下降，就会遭受巨大的损失。由此看见，这种投资具有很大的风险。

（3）灵活调整法。它是指商业银行在对各类证券收益曲线分析的基础上实施的一种依情况变化而随机组合、灵活调整的方式。灵活调整法的基本内容是：商业银行投资不是固守一个模式，而是随着金融市场上证券收益曲线的变化随时调整。当预测长期利率将下降、长期证券的价格将上涨时，商业银行就把短期投资资金转移到长期证券上；当预测短期利率将下降、短期证券的价格将上升时，商业银行就把长期资金转移到短期证券上。

对商业银行来说，固守某种证券投资策略都是不可取的，最重要的是根据自己对风险和收益的判断，灵活调整投资方法和投资策略。

三、商业银行中间业务概述

商业银行在经营存款、贷款和投资等业务的同时，还利用其在机构、技术、资金、信誉等方面的优势，开办结算、代理、银行卡、理财等其他业务，这些业务统称为中间业务。商业银行发展中间业务是适应金融全球化的需要，是向现代化商业银行转轨的重要标志，同时，也是商业银行竞争的热点和焦点。

（一）商业银行中间业务的定义及特点

1. 商业银行中间业务的含义

中间业务是指商业银行不运用或不直接运用自己的资金，而是以中间人的身份接受客户委托，替客户办理相关事宜，凭借自身专业优势提供相关金融服务并收取手续费的业务。中间业务最基本的性质是商业银行在办理中间业务时不直接作为信用活动的一方出现，即不直接以债权人或债务人的身份参与，这也是中间业务与资产业务和负债业务最根本的区别。

2. 商业银行中间业务的特点

第一，代理性强。商业银行办理中间业务通常是以接受客户委托的方式开展业务，尤其是在办理代理、担保、承担、承诺等中间业务时，其代理性的特点特别突出。第二，资产性少。商业银行在办理中间业务时，不运用或不直接运用银行自身的资金，只是利用其信用、信誉等方面的优势，通过付出一定的人力、物力和承担一定的经济责任为客户提供服务。第三，低风险性。在办理中间业务时，商业银行不直接以债权人或债务人的身份参与这项业务，而是接受客户委托，以中间人或代理人的身份开展业务，其经营风险主要由委托人来承担。有些中间业务，银行在办理时也会直接承担一定的风险，但风险相对较低。第四，收益稳定性。在办理中间业务时，商业银行通常以收取佣金或手续费的方式获利，它的开展为商业银行带来了大量的佣金收入和手续费收入，西方商业银行的中间业务收入占比一般为40%～50%。

（二）商业银行中间业务的分类

2001 年 6 月 21 日，我国颁布的《商业银行中间业务暂行规定》中规定，中间业务不构成商业银行表内资产、表内负债。商业银行形成银行非利息收入的业务包括两大类：一是金融服务类业务，二是表外业务。

1. 金融服务类业务

它是指商业银行以代理人的身份为客户办理的各种业务，目的是收取手续费收入，主要包括支付结算类业务、代理类中间业务、银行卡业务和咨询顾问类业务。

（1）支付结算类业务。它是指商业银行为客户办理债权债务关系引起的与货币支付、资金划拨有关的收费业务。结算业务借助的主要结算工具包括银行汇票、商业汇票、银行本票和支票。银行汇票是出票银行签发的、由其在见票时按照实际结算金额无条件支付给收款人或持票人的票据。商业汇票是出票人签发的、委托付款人在指定日期无条件支付确定金额给收款人或持票人的票据。支票是出票人签发的、委托办理支票存款业务的银行在见票时无条件支付确定金额给收款人或持票人的票据。银行本票是指申请人将款项交存银行，由银行签发的承诺自己在见票时无条件支付确定的金额给收款人或者持票人的票据。

（2）代理类中间业务。代理类中间业务是指商业银行接受客户委托、代为办理客户指定的经济事务、提供金融服务并收取一定费用的业务，包括代理政策性银行业务、代理中国人民银行业务、代理商业银行业务、代收代付业务、代理证券业务、代理保险业务等。

（3）银行卡业务。银行卡是由经授权的商业银行向社会发行的具有消费信用、转账结算、存取现金等全部或部分功能的信用支付工具。按银行卡的功能不同，可以将其分为借记卡、贷记卡、准贷记卡。借记卡是指先存款后消费（或取现）没有透支功能的银行卡。贷记卡是指发卡银行给予持卡人一定的信用额度，持卡人可在信用额度内先消费、后还款的信用卡。准贷记卡是指持卡人须先按发卡银行要求交存一定金额的备用金，当备用金账户余额不能足额支付时可在发卡银行规定的信用额度内透支的信用卡。

（4） 咨询顾问类业务。它是指商业银行依靠自身在信息、人才、信誉等方面的优势，收集和整理有关信息，通过对这些信息以及银行和客户资金运动的记录和分析形成系统的资料和方案并提供给客户，以满足其业务经营管理或发展需要的服务活动，具体包括企业信息咨询业务、资产管理顾问业务、财务顾问业务和现金管理业务等。

2. 表外业务

它是指那些未列入资产负债表，但同表内资产业务和负债业务关系密切，并在一定条件下会转化为表内资产业务和负债业务的经营活动，主要包括担保或类似的或有负债、承诺类业务和金融衍生业务。

（1）担保或类似的或有负债。它是指由银行向交易活动的第三者的现行债务提供担保，并且承担相应的风险，主要包括票据承兑、备用信用证、投标保函、还款保函和履约保函等。

（2）承诺类业务。它是指商业银行在未来某一日按照事前约定的条件向客户提供约定信用的业务，主要指贷款承诺与票据发行便利。

（3）金融衍生业务。它是指商业银行为满足客户保值或自身风险管理等方面的需要，利用各种金融工具进行的资金交易活动，主要包括远期利率协议、互换、金融期货。

（三）商业银行中间业务的作用

中间业务在商业银行经营中的地位越来越重要，作用也越来越明显，其作用主要表现在以下几个方面。

1. 规避资本限制，增加盈利来源

商业银行作为一个金融企业，有着扩充资产规模的内在要求，这是因为银行的资产规模越大，盈利就越多。但资产规模的扩张也会增加银行经营的风险，而规避风险的有效途径就是通过增加银行资本金来提高资本对资产的支撑能力。为了维持银行的盈利水平，银行将发展重点放在了中间业务上。中间业务的特点就是对资本没有要求或要求很低，银行完全可以在不增加资本或增加极少量资本的情况下通过发展中间业务来扩大经营规模和获得利润。

2. 转移和分散风险

20 世纪 80 年代，拉美国家的债务危机严重影响了国际商业银行的资产质量和资信，银行存款来源进一步减少，银行面临资金缺口扩大、流动性风险增加的问题，这些问题迫使银行寻求新的经营方式和策略来分散风险。中间业务给银行提供了控制资金成本、套期保值的投资手段。同时，中间业务的许多金融工具具有现金性、流动性和可转让性，从而促进了金融资产的流动性。

3. 更好地为客户提供多样化的服务

银行经营规模的扩大、盈利能力的增加，很大程度上取决于银行拥有的客户数量。商业银行为了巩固客户关系，必须通过不断增加服务品种、改进服务手段、提高服务质量来满足客户的各种需求。中间业务种类繁多、经营方式灵活，银行的业务范围得到拓宽，满足了客户的不同需要。同时，保住了银行的市场占有率，并使银行在社会上的知名度大大提高。

四、商业银行国际业务概述

（一）商业银行国际业务的含义

随着现代信息技术的不断发展，国际经济一体化的潮流日益凸显，商业银行已经不满足于传统的国内负债和资产业务，纷纷将触角伸向国外，国际业务也成为银行业务中不可分割的一部分。

商业银行所有涉及非本国货币或外国客户的业务活动都是其国际业务。从广义上说，银行国际业务不仅仅是商业银行在国外设立分支机构，还包括一切有关跨国界的资金融通业务活动。这包括两层含义：一是跨国银行在国外的业务活动，二是本国银行在国内所从事的有关国际业务。

（二）国际业务的经营目标

商业银行的经营目标是流动性、安全性、盈利性。国际业务经营目标应与商业银行的经营目标一致。从盈利性而言，银行国际业务是银行追逐高利润的重要手段。近年来，许多跨国银行的国际业务收入已经超过了国内收入，甚至有些银行靠国际业务的收入来填补国内业务的亏损。从安全性和流动性来说，国际业务经营环境的复杂性及不可预见性远远高于国内业务。银行因经营国际业务而面临额外风险，这些风险主要包括信用风险、外汇风险和国家政治风险。商业银行需要将国际业务的风险控制在适当范围内，以实现分散风险的目的。

（三）商业银行国际业务的种类

1. 国际结算业务

国际间进行贸易和非贸易往来而发生的债权债务要用货币收付，并在一定形式和条件下结清，这样就产生了国际结算业务。国际结算方式已经从简单的现金结算方式发展到比较完善的银行信用证方式，货币的收付形成资金流动，而资金的流动又通过各种结算工具的传送来实现。

2. 贸易融资

它是指在出口贸易中，银行对进口商或出口商提供的与进出口贸易结算相关的短期融资或信用便利。贸易融资不仅为国际业务的顺利开展和进一步发展提供了资金支持，还为银行自身发展拓展了业务范围，增加了利息和手续费等相关收入。

3. 国际信贷与投资

国际信贷与投资是商业银行国际业务中的资产业务，二者与国内资产业务有所不同，这种业务的对象绝大部分是国外借款者。

4. 国际筹资

它是指银行在国际范围内筹集资金的业务，主要围绕吸收存款、发行国际债券、向国外银行借款以及其他借款等进行。

5. 外汇买卖

外汇买卖是国际贸易和国际资本流动进行的必要条件。商业银行在外汇买卖过程中发挥着重要作用。作为外汇市场上的主体之一，银行主要进行两方面的活动：一是代客户进行外汇买卖来赚取手续费，二是银行自身进行外汇买卖以获得利润。

第四节 商业银行的经营管理

资产负债管理，也称资产负债综合管理，是现代商业银行在经营实践中总结出来的一种比较安全、高效的资金经营管理模式。它是指商业银行在业务经营过程中将资产和负债综合起来，通过对各类资产和负债进行预测、组织、调节和监督，以协调各种不同资产和负债在总量、结构、利率、期限、风险和流动性等方面的搭配，实现资产负债在总量上平衡和结构上合理，从而达到经营总目标的要求。

一、商业银行经营管理原则

依据《中华人民共和国商业银行法》，商业银行经营管理必须遵循安全性、流动性、盈利性的“三性”原则。

（一）安全性原则

安全性原则是指商业银行的资产、收入、信誉以及所有经营、生存、发展条件免遭损失的可靠程度。商业银行之所以必须坚持安全性原则，是因为商业银行作为信用资金的中介机构在经营过程中存在多种因素所形成的风险。一是商业银行作为社会信用中介，既是借入者的集中，又是贷出者的集中，是社会上最大的债务人和债权人，因而它必须保持足够的资金流动清偿能力，以履行其债务。二是商业银行的安全性包括资产业务和负债业务的安全性。在负债业务中，主要面临客户随时提存的可能；在资产业务中，可能面临贷款和投资的规模超过资金来源的问题。为了保证商业银行经营的安全性，就要把风险发生的可能性降到最低，在一定限度内避免风险。

（二）流动性原则

流动性原则是指商业银行能随时应付客户提存、满足必要贷款的能力。之所以要坚持流动性这一原则是由商业银行资金来源的性质和商业银行业务经营的特点来决定的。首先，从商业银行资金来源的性质看，商业银行的资金来源，大多是客户的存款和借入款，资金来源的流动性决定了其资金运用必须保持与此相适应的流动性。其次，从商业银行经营的特点来看，资金运用带有很强的不规则性。要保持流动性，就要使商业银行能够应付支取大于收入所需要的净额支出，这就需要有相应的资金来源实现商业银行资金收付的动态平衡。

（三）盈利性原则

盈利性即效益性，就是银行获得利润的能力。盈利性越高，获得利润的能力越强；反之，则获得利润的能力越弱。所以，坚持盈利性这一原则是由商业银行的本质要求所决定的。由于商业银行的本质要求其必须以盈利为目标，而商业银行的盈利取决于收入和经营成本，因此，要保持盈利性，就必须从增加收入和降低经营成本入手。

（四）“三性”原则之间的关系

“三性”原则是辩证统一的。“三性”原则是统一的，它们共同保证了商业银行正常有效的经营活动。首先，安全性是前提，只有保证了资金安全无损，才能获得正常盈利；其次，流动性是条件，只有保证了资金正常流动，才能确立信用中介的地位，银行各项活动才能顺利进行；最后，盈利性是目的，之所以要保持安全性和流动性，目的就是为了盈利。

然而，安全性、流动性与盈利性往往存在矛盾。要提高资金安全性和流动性，往往会削弱盈利性；要提高资金盈利性，安全性和流动性往往受到影响。

从某种意义上说，商业银行经营的核心就是协调这三者之间的关系，或者使安全性、流动性和盈利性达到最佳组合。

二、商业银行经营管理理论

商业银行在多年的发展过程中，其经营管理的理论也在不断发展。迄今为止，大致经历了资产管理理论、负债管理理论和资产负债综合管理理论三个阶段。

（一）资产管理理论

资产管理理论产生于资本主义自由竞争阶段，是注重银行资产安全性和流动性的经营管理理论。随着经济发展和商业银行经营环境的变化，资产管理理论又经历了商业贷款理论、资产转移理论、预期收入理论三个发展阶段。

商业贷款理论是基于对银行的资金来源主要是吸收存款的认识，从保持资金的流动性考虑，认为商业银行只应发放与商品周转相联系或与生产物资储备相适应的自偿性贷款，而禁止发放不动产贷款、消费贷款或长期性的设备贷款，更不能发放购买证券的贷款。

资产转移理论认为，银行能否保持其资产的流动性关键在于资产的变现能力。只要银行所掌握的证券具备信誉好、期限短、易于出售的条件，在需要资金时，可以迅速而且不受损失地通过市场出售或转让出去，这样银行就能保持流动性。

预期收入理论认为，银行资产的流动性取决于借款人的预期收入，而不是贷款期限的长短。借款人的预计收入有保障，期限较长的贷款也可以安全地收回；借款人的预期收入不稳定，期限短的贷款也会丧失流动性。因此，预期收入理论强调的是贷款偿还与借款人未来预期收入之间的关系，而不是贷款的期限与贷款流动性之间的关系。

以上三种资产管理理论反映了商业银行在不同发展阶段经营管理的特点，在保证银行资产流动性方面各有侧重。各理论之间并不是相互排斥的，而是一种相互补充的关系，体现了一种不断完善和发展的演进过程。

（二）负债管理理论

负债管理理论产生于 20 世纪 60 年代初期。它认为，商业银行在保持流动性方面没有必要完全依赖建立分层次的流动性储备资产。银行一旦需要周转资金，可以向外举债，只要能进入市场并且通过竞价获得资金，就可以大胆放款争取高盈利。换句话说，银行可以通过创造新的负债来满足其流动性的需要。

（三）资产负债综合管理理论

资产负债综合管理理论产生于 20 世纪 70 年代中后期。该理论不是对资产管理理论、负债管理理论的否定，而是吸收了这两种管理理论的合理内容，并对其进行了发展和深化。该理论认为，商业银行单靠资产管理理论或负债管理理论都很难真正实现安全性、流动性和盈利性的均衡，只有从资产和负债两方面入手，共同调整，协调安排，全方位、多层次地进行管理，才能达到经营总目标的要求，真正实现“三性”的均衡。

第五节 我国商业银行的发展趋势

20 世纪 80 年代以来，受金融自由化、电子化和信息化的影响，全球商业银行的经营方式和竞争格局一直处于迅速的发展变革之中。与之不同的是，中国商业银行组织体系的形成、市场化竞争的兴起、经营管理方式和竞争格局的演变，主要是由渐进的经济金融体制改革所推动的。随着我国加入世界贸易组织（WTO）和外资银行的不断进入，我国的金融市场已经成了一个面向全球的开放性市场。为了应对各种挑战，我国商业银行加快调整发展的步伐，银行业在整体上正呈现出以下几个方面的发展趋势。

一、商业银行向金融控股公司演变

金融控股公司指在同一控股权下，所属的受监管实体至少明显地在从事两种以上的银行、证券和保险业务，同时每类业务的资本要求不同。金融控股公司有两种组建方式：一是事业型金融控股公司或经营型金融控股公司。控股母公司本身有主营业务，同时控股两个以上不同金融业务的金融机构。二是纯粹的金融控股公司。母公司作为控股公司主要进行投资管理和制定集团发展战略，本身不参与具体业务的运营。

我国大部分股份制银行都经历过混业经营向分业经营的演变。由于混业经营带来的问题，我国提出了“分业经营、分业监管”的原则，形成了现在的格局。分业经营对于化解金融风险、稳定金融形势都起了积极的作用，但是，同时也造成了银行的经营范围过于狭窄的局面，限制了金融创新，降低了银行的盈利能力和消化不良资产的能力，并使我国银行在与外资银行的竞争中处于不利地位。目前，从我国金融行业的管理水平来看，至少在短时间内不具备混业经营的条件，匆忙推行混业经营很可能不利于金融市场的稳定，只能在坚持“分业经营，分业管理”的前提下，采取一种渐进的策略，而金融控股公司是比较可行的方法。大部分股份制商业银行都提出了要走“金融控股公司”的路子，其最基本的目标有三个：第一，实现范围经济效益，拓宽银行盈利的空间，增强抗风险能力；第二，满足客户多元化金融需求，提高银行盈利；第三，控股公司能够控制更大规模的资产，实现规模经济效益。由此可见，“集团混业、法人分业”的金融控股公司将会成为主导性的金融组织形式。

二、商业银行实施国际化改造

我国商业银行与国际一流的银行相比，差距还是非常大的。如果希望在与外资银行的竞争中处于不败之地，就必须按照国际一流商业银行的标准和规范，对自身的管理体制、经营理念、风险控制、创新能力等进行有计划的全面改造。国际化改造的重点是引进外资和尽快提高经营管理水平，逐步建成具有或接近国际经营管理水平的现代化商业银行。具体措施如下：第一，开展合作业务，加强与国外银行业的相互代理业务，与国外银行建立战略同盟关系。第二，在海外设立分支机构，想要实现国际化，就要走向世界金融市场。第三，实施国际化人才工程，可以引进国外金融业的优秀人才，将员工送到海外学习深造以及接受国际金融组织和国际化大银行的技术援助及辅导项目等。第四，经营管理模式与国际接轨，向国外大银行学习先进的经营管理模式。

三、商业银行资本补充渠道正常化

资本金不足是制约股份制银行快速扩张的最大瓶颈，它使银行丧失了很多发展机遇，不仅在设立分支机构时会遇到困难，正常的业务发展也受到影响。由于受监管政策约束，甚至不得不通过萎缩资产业务来满足资本充足率的要求。股份制银行的资本金补充渠道目前只有两个：一是增资扩股，但是数量有限，程序复杂，操作难度大；二是上市融资，进入资本市场，形成一个源源不断的、正常的资本补充渠道。目前，几乎所有大型银行都是上市公司，正是由于商业和资本市场的共同需要，近年来我国商业银行上市不断升温。

但是，上市必须符合严格的标准，并非任何一家股份制银行都具备上市的条件。上市公司必须实行“五级分类”标准，并按监管要求的比例提取风险准备金。上市的过程也是整改的过程，越过上市的门槛，既是迫使自己深化改革的过程，也是实现银行经营管理水平升级的过程。除了上市以外，符合条件的商业银行还被允许通过发行长期金融债券的方式来补充附属资本。同时，禁止职工持股的限制也有所突破。因为只有鼓励员工持股，才能更有力地把企业利益与员工利益捆绑在一起，与此相关的员工持股计划、限制性股票、股票期权等长期激励措施才能得以实行。

四、以风险计量为核心的全面风险管理

全面风险管理是指风险管理由企业的董事会、管理层以及其他人员共同实施的，应用于战略制定，包含银行各个层次的活动，旨在识别影响企业的各种潜在事件，并按照银行的风险偏好管理风险，为企业目标的实现提供合理保证的过程。在过去的 20 多年间，银行业管理领域发生的最显著的变化是，银行的管理重点由传统的资产负债管理过渡到以风险计量和风险优化为核心的全面风险管理。

根据《巴塞尔协议》，银行承担的风险应该严格限制在自身资本能够承担的范围内，银行必须从经营收益中提取足够的拨备，以缓冲预期损失，同时维持资本充足率不低于 8%。当银行遭受风险损失时，首先被吃掉的是拨备，其次是银行资本，损失越大，消耗的银行资本就越多。商业银行的经营原则是盈利性，而对资本的要求则进一步提高了股东权益对风险损失的敏感度，在客观上为银行承担风险提供了一种约束机制，有助于增强储户对银行的信心并稳定银行体系。

五、商业银行业务的电子化趋势日益明显

随着计算机技术的突飞猛进，商业银行的电子化趋势越来越明显，这拓宽了商业银行的业务空间，也加快了商业银行金融创新的脚步。计算机技术使银行得以开发出新的自动化服务，如现款支付机、自动柜员机等。现在，自动柜员机遍布银行营业厅内外以及大型商场与购物中心、医院、机场等，其功能包括存款、取款、查询、转账等。

计算机技术也促进了银行信用卡与储蓄卡等新型支付工具和信用产品的创新。现在，信用卡已经在居民日常支付和资金交易中占据了重要的地位。

银行电子化还体现为网上银行的迅速发展。随着互联网的逐步完善，网上银行在居民网上购物方面起到的作用越来越大，人们只需要在网上输入自己的信用卡号码与密码，就可以迅速完成网上交易与支付。网上银行极大地提高了资金流动的效率。

本章小结

1. 商业银行是以追求利润最大化为经营目标，以多种金融资产和金融负债为经营对象，能利用负债进行信用创造，并能为客户提供综合性、多功能服务的金融企业。

2. 商业银行具有信用中介、支付中介、信用创造、金融服务的职能。

3. 从组织形式上看，商业银行有总分行制和单一银行制；从业务结构上看，商业银行有全能银行制和分业银行制；从所有权结构上看，商业银行有股份制银行和独资银行。

4. 商业银行经营管理要坚持安全性、流动性与盈利性三个原则。

5. 商业银行的负债主要由存款负债、借入款负债和结算性负债三部分构成。商业银行的借入款负债包括短期借款和长期借款，短期借款有同业拆借和向中央银行借款两种形式，长期借款主要是发行金融债券。

6. 商业银行的资产主要包括现金资产、贷款和证券投资。现金资产一般包括库存现金、在中央银行存款、存放同业存款和在途资金四个部分。贷款可分为正常贷款、关注贷款、次级贷款、可疑贷款和损失贷款五类。证券投资可分为货币市场工具、资本市场工具和金融创新工具三大类。

7. 商业银行中间业务是不构成商业银行表内资产、表内负债，形成银行非利息收入的业务。它具体包括两大类：一是金融服务类业务，二是表外业务。

8. 商业银行国际业务的种类有国际结算业务、贸易融资、国际信贷与投资、国际筹资、外汇买卖。

重要概念

商业银行　商业银行的负债业务　商业银行的资产业务　商业银行贷款　商业银行中间业务　商业银行国际业务

选择题

1. 商业银行经营活动的最终目标是（　　）。

A. 安全性　　B. 盈利性

C. 流动性　　D. 合法性

2. 贴现业务属于下列哪项业务？（　　）

A. 资产业务　　B. 负债业务

C. 中间业务　　D. 国际业务

3. 商业银行长期借款种类有（　　）。

A. 同业拆借　　B. 回购协议

C. 年度再贷款　　D. 发行金融债券

4. 借记卡不具备的功能是（　　）。

A. 信贷功能　　B. 结算功能
C. 提款功能　　D. 汇兑功能

复习思考题

1. 商业银行的特征和职能分别是什么?
2. 如何理解商业银行经营管理的目标?
3. 商业银行短期借款的渠道有哪些?
4. 贷款价格的内容包括哪些?
5. 商业银行证券投资的策略有哪些?
6. 什么是中间业务?它有哪些特点?
7. 金融服务类业务与表外业务分别包括哪些内容?
8. 简述商业银行国际业务的种类。

实训案例

实训案例一:中国银保监会制定发布《商业银行表外业务风险管理办法》

为进一步加强商业银行表外业务风险管理,适应新形势下商业银行表外业务发展出现的新变化和新趋势,中国银行保险监督管理委员会(简称中国银保监会)对《商业银行表外业务风险管理指引》(银监发〔2011〕31号,简称《指引》)进行了全面修订,形成了《商业银行表外业务风险管理办法》(简称《办法》)。

2011年3月,原银监会发布《指引》,对商业银行表外业务进行了规范。近年来,随着表外业务快速发展,《指引》已滞后于表外业务的监管与管理需要,亟待更新和完善。为规范表外业务发展,防范化解金融风险,金融管理部门借鉴国际经验,结合我国银行业实际,针对各类具体表外业务陆续制定了一系列监管制度规定,涵盖了传统表外、理财、代理代销等各类业务。《办法》是在系统梳理已有制度规则的基础上,为进一步加强表外业务的全面风险管理进行的统领性、综合性规范。《办法》扩展了表外业务定义范围,增加了新兴表外业务类型,构建了全面、统一的表外业务管理和风险控制体系,理顺了各类表外业务的风险本质、法律关系和对应管理要求,有利于引导商业银行规范发展表外业务,有效防范化解金融风险。

《办法》共六章47条,包括总则、治理架构、风险管理、信息披露、监督管理及附则,强调商业银行按照管理全覆盖、分类管理和风险为本的原则建立健全表外业务风险管理体系,加强表外业务风险管理,规范开展表外业务,并加强外部监管。

资料来源:中国银行保险监督管理委员会,http://www.cbirc.gov.cn/cn/view/pages/ItemDetail.html?docId=1084277&itemId=915。

实训项目:在银保监会官网上查询商业银行表外业务风险管理办法具体内容,分析商业银行表外业务风险管理的重点在哪些方面,对商业银行的经营有哪些影响。

实训案例二：2022 年银行业金融机构资产负债情况表（境内）

1. 银行业金融机构

表 1　　银行业金融机构资产负债情况　　单位：亿元，%

时间	2022 年									
项目	1 月	2 月	3 月	4 月	5 月	6 月	7 月	8 月	9 月	10 月
总资产	3 422 377	3 450 215	3 509 750	3 511 114	3 543 449	3 604 346	3 596 514	3 611 927	3 666 365	3 656 391
比上年同期增长率	8.5	8.8	8.9	9.2	9.3	9.6	10.1	9.8	10.3	9.8
总负债	3 125 121	3 150 466	3 209 293	3 207 453	3 237 088	3 302 400	3 292 907	3 305 210	3 358 939	3 346 311
比上年同期增长率	8.4	8.6	8.8	9.1	9.2	9.7	10.3	10.0	10.5	10.0

其中：商业银行合计

表 2　　商业银行资产负债情况　　单位：亿元，%

时间	2022 年									
项目	1 月	2 月	3 月	4 月	5 月	6 月	7 月	8 月	9 月	10 月
总资产	2 870 753	2 893 379	2 951 383	2 952 721	2 981 742	3 034 485	3 026 236	3 036 975	3 082 311	3 067 225
比上年同期增长率	9.4	9.3	9.7	10.2	10.4	10.6	11.2	10.8	11.1	10.4
占银行业金融机构比例	83.9	83.9	84.1	84.1	84.1	84.2	84.1	84.1	84.1	83.9
总负债	2 630 524	2 651 052	2 708 491	2 706 979	2 733 754	2 791 049	2 781 408	2 789 344	2 833 941	2 816 610
比上年同期增长率	9.3	9.1	9.6	10.1	10.4	10.7	11.5	11.0	11.3	10.6
占银行业金融机构比例	84.2	84.1	84.4	84.4	84.5	84.5	84.5	84.4	84.4	84.2

2. 大型商业银行

表 3　　大型商业银行资产负债情况　　单位：亿元，%

时间	2022 年									
项目	1 月	2 月	3 月	4 月	5 月	6 月	7 月	8 月	9 月	10 月
总资产	1 359 239	1 370 052	1 403 564	1 399 012	1 420 255	1 454 852	1 447 205	1 455 146	1 486 200	1 471 190
比上年同期增长率	9.6	9.7	9.5	10.7	11.1	11.7	12.6	12.8	13.1	12.4
占银行业金融机构比例	39.7	39.7	40.0	39.8	40.1	40.4	40.2	40.3	40.5	40.2
总负债	1 241 188	1 250 629	1 283 710	1 277 373	1 297 314	1 335 355	1 326 225	1 332 616	1 363 207	1 347 011

续表

时间	2022 年									
项目	1 月	2 月	3 月	4 月	5 月	6 月	7 月	8 月	9 月	10 月
比上年同期增长率	9.4	9.4	9.4	10.6	11.0	11.9	12.8	13.0	13.5	12.7
占银行业金融机构比例	39.7	39.7	40.0	39.8	40.1	40.4	40.3	40.3	40.6	40.3

3. 股份制商业银行

表 4 **股份制商业银行资产负债情况** 单位：亿元，%

时间	2022 年									
项目	1 月	2 月	3 月	4 月	5 月	6 月	7 月	8 月	9 月	10 月
总资产	615 113	620 269	630 711	628 279	630 725	639 197	636 146	636 334	640 804	640 716
比上年同期增长率	7.0	7.1	8.4	7.3	7.7	7.7	8.2	7.0	7.1	6.4
占银行业金融机构比例	18.0	18.0	18.0	17.9	17.8	17.7	17.7	17.6	17.5	17.5
总负债	563 591	568 422	578 656	575 681	577 726	587 214	583 610	583 375	587 691	587 096
比上年同期增长率	6.6	6.7	8.2	7.2	7.6	7.6	8.2	6.9	7.0	6.2
占银行业金融机构比例	18.0	18.0	18.0	17.9	17.8	17.8	17.7	17.7	17.5	17.5

4. 城市商业银行

表 5 **城市商业银行资产负债情况** 单位：亿元，%

时间	2022 年									
项目	1 月	2 月	3 月	4 月	5 月	6 月	7 月	8 月	9 月	10 月
总资产	454 316	458 065	466 774	470 236	474 911	480 246	482 053	482 762	487 367	487 526
比上年同期增长率	9.5	9.5	10.5	10.4	10.4	10.1	10.8	9.9	10.2	9.7
占银行业金融机构比例	13.3	13.3	13.3	13.4	13.4	13.3	13.4	13.4	13.3	13.3
总负债	418 742	422 307	431 031	434 275	438 658	443 979	445 506	445 774	450 370	450 221
比上年同期增长率	9.1	9.2	10.4	10.4	10.4	10.1	10.9	10.0	10.2	9.8
占银行业金融机构比例	13.4	13.4	13.4	13.5	13.6	13.4	13.5	13.5	13.4	13.5

资料来源：中国银行保险监督管理会员，http://www.cbirc.gov.cn/cn/view/pages/ItemDetail.html?docId=1078821&itemId=954。

实训项目：根据上述表格数据分析我国银行业金融机构资产负债情况，根据各级别商业银行数据分析我国商业银行体系构成特点。

第六章

中 央 银 行

学习目标

习近平总书记在二十大报告中提出“深化金融体制改革，建设现代中央银行制度”要求。通过本章的学习，学生应了解中央银行的产生、制度类型和组织结构等基本知识；理解中央银行的性质及其在金融体系中的特殊地位、中央银行的业务经营原则和中央银行的独立性问题；掌握中央银行的资产负债业务及中间业务，重点掌握中央银行的职能。通过对中央银行基础知识的学习和实训案例的对比分析，使学生熟悉现代中央银行制度，了解中国人民银行的发展历程和组织架构，增强民族自豪感和自信心。

第一节　中央银行的产生

一、中央银行产生的历史过程

中央银行最早出现于欧洲，这是因为当时欧洲大陆的生产力和生产关系最为发达。13—17 世纪，欧洲商品经济快速发展，商业银行普遍设立，货币信用规模逐渐扩大，客观上为中央银行的产生创造了条件。

世界上最早出现的中央银行是瑞典国家银行。瑞典国家银行成立于 1668 年，最初并不具备货币发行的能力。1701 年，瑞典国家银行开始发行一种转账票据，该票据的功能与货币基本相同。1789 年，瑞典国会建立了一个国家债务办公室，正式发行瑞典货币。1897 年，瑞典通过了瑞典国家银行法案，瑞典国家银行成为瑞典货币的唯一法定发行者，从法律上确立了中央银行的存在。

第二家中央银行是英格兰银行。虽然其出现的时间晚于瑞典国家银行，但它是世界上最早的真正全面执行中央银行职能的银行，被视为现代中央银行的鼻祖。

英格兰银行成立于 1694 年，最初只是一家私人股份制银行，并没有什么特殊的垄断权利，它所发行的能兑换银币的货币票据与其他形式的货币（政府和其他私人金融公司发行的票据）一起流通。在经历了南海泡沫、英法战争和银行业危机之后，1844 年，英国首相比尔主持通过了《英格兰银行条例》（又称“比尔条例”），对英国银行券的发行进行了严格的限制，同时给予英格兰银行在银行券发行方面的特权。该条例规定，英格兰银行设立发行部与银行部，银行券的发行业务与其他业务绝对分离，发行部专门负责管理发行银行券；英格兰银行可以发行以国债为担保的银行券，发行限额为 1 400 万英镑，超过这一限额的部分，必须以十足的黄金储备做保证；禁止设立新的拥有发行银行券权利的银行，在这之前已成立的银行则不得再增发新的银行券；英格兰银行发行的银行券是英格兰和威尔士地区的合法银行券。该条例的颁布为英格兰银行独占货币发行权打下了坚实的基础，使它逐渐担负起中央银行的职责，成为实际意义上的中央银行。

英格兰银行出现之后很长一段时间，世界上都没有新的中央银行产生。在 100 多年的时间里，世界上只有瑞典国家银行和英格兰银行这两家中央银行。

1800 年，法兰西银行成立。成立之初，其业务范围与私营银行类似。1803 年，该行获得了在巴黎的通货发行特权，此后，它逐渐走上近代中央银行的道路，于 1848 年垄断了全法国的货币发行权，并于 19 世纪 70 年代完成了向中央银行的过渡，成为法国的中央银行。1816 年，奥地利国家银行建立，目的是恢复国家货币的价值。德国国家银行成立于 1875 年，并于 1912 年基本垄断了德国的货币发行权。欧洲各国中央银行的建立，一方面是为了统一，另一方面也为了集中管理和保护国家的贵金属储备，并简化与改进支付制度。日本的中央银行，即日本银行则成立于 1882 年，1889 年统一并独享货币发行权后逐步成为中央银行。

在 19 世纪之前，各国成立的国家银行与近代的中央银行相比，只能算是中央银行的萌芽或者前身。19 世纪中期，世界经济蓬勃发展带来了金融机构的繁荣兴旺，中央银行的数量也开始增长，但是这一时期中央银行的发展较为缓慢，数量不多，经济职能也很有限。这一时期对中央银行的讨论主要集中于以下两个方面：一是是否应当集中发行钞票和进行国家黄金储备；二是如果集中发钞和储备，那么中央银行又应如何对此进行控制。中央银行数量大量增长是在 19 世纪晚期和 20 世纪初期，几乎所有的欧洲国家以及日本、埃及等国均设立了中央银行。1913 年美国联邦储备体系建立，这标志着中央银行制度基本确立。1920 年，国际布鲁塞尔会议建议“未设立中央银行的国家，应该尽快设立中央银行”，这之后世界各国无不积极地进行中央银行的设立。1921—1939 年成立的中央银行有 31 家之多。第二次世界大战结束后，新兴的发展中国家也开始普遍设立中央银行。时至今日，中央银行的存在已被视为国家独立的象征之一。

我们可以把中央银行产生发展的历史过程大致分为三个阶段：初创时期（1694 年至第一次世界大战前），主要代表是瑞典银行（1668 年）、英格兰银行（1844 年）、美国联邦储备局（1913 年）；扩展时期（第一次世界大战结束至第二次世界大战结束），主要代表是德国国家银行、苏联国家银行、加拿大银行、澳洲联邦银行等；强化时期（第二次世界大战结束以后），中央银行在全球普遍建立。

纵观世界各国中央银行的形成，大致可以分为两种主要方式：一是由私人或国有商业银行逐渐演变而来，比如英格兰银行，一些老牌资本主义国家的中央银行多以这种方式形成；二是直接按照中央银行制度设立的，成立之初就履行中央银行的职责，20 世纪以后建立的中央银行多采用这种方式。

二、中央银行产生的必要性

18 世纪，西方国家发生了工业革命，落后的手工业迅速被机器大工业取代，社会生产力飞速发展，商品经济逐渐扩大，货币经营业务也越来越多，银行越来越普遍。随着银行信用的普遍化和集中化，经济危机的发生也越来越频繁，影响也越来越大，这就使中央银行的产生出现了必要性。

（一）统一银行券发行的需要

在中央银行产生之前，众多商业银行都有发行银行券的权利，并且这些银行都只负责保证自己发行的银行券与贵金属之间的兑换。但是随着经济的发展、市场的扩大、银行机构和信用业务的增多，这种分散发行的弊端越来越明显：首先，市场上存在着诸多中小银行，它们规模不大，资金实力薄弱，经营管理能力有限，在竞争加剧或者经济危机时期很难保证自己发行的银行券可以随时兑换，这就会给整个银行券体系的信誉以及流通带来危害，甚至会引发银行挤兑风潮和社会动乱；其次，各家银行所发行的银行券之间存在兑换的问题，不同银行所发行的银行券之间的兑换比例只能依据各自所代表的贵金属数量来确定，这给日常交易和交往带来了很多麻烦；再次，大量的不同类别的银行券同时在市场上流通，使得交易双方不得不花费大量的时间和精力去辨别它们的真伪，社会流通成本大大上升，也为许多不法之徒提供了欺诈的机会；最后，一些银行由于资金实力、管理能力、分支机构等问题，信用活动领域受到限制，其所发行的银行券只能在有限的地区流通，从而给社会生产和交易带来了很大的困难。由上可以看出，多家银行分散发行银行券的做法已经成为商品经济深入发展的障碍，由一家大银行统一发行银行券势在必行。事实上，这一过程在最开始时是自发的，某些大银行依托自身的优势，在银行券的发行中不断排挤其他的中小银行，并最终在政府的扶植下成为独占银行券发行权的中央银行。早期的中央银行大都经历了这样一个过程，如英国的英格兰银行就是一个典型例子。

（二）统一全国票据清算的需要

银行制度的建立和银行业务的发展带来了银行票据的广泛流通，依托于银行的转账结算方式也成为资金流通的主要渠道。随着经济的发展，银行每天的业务规模逐渐扩大，受理的票据也越来越多，各家银行之间的债权债务关系越来越复杂，各个银行之间自行进行结算就变得十分困难。票据交换和清算如果不能及时、合理地完成，就会严重阻碍经济的正常运转。所以，一个全国性的、统一的、权威的清算中心就十分必要。中央银行建立之后，这一职能就自然而然地由中央银行承担起来。

（三）商业银行最后贷款人的需要

商业银行由于其负债经营的特点，有时不可避免地会陷入资金周转困难，严重时甚至会发生挤兑，引发金融危机。这既不利于经济的发展，也不利于社会的稳定。因此，客观上需要一个经济实力雄厚的机构，能够为商业银行提供资金支持，在商业银行出现资金问题时充当贷款人，维持整个商业银行系统的稳定。中央银行可以将商业银行的准备金集中起来，增强防范风险的资金实力，帮助商业银行度过危机，充当整个银行体系的最后贷款人。

（四）宏观调控的需要

现代经济是市场经济，依靠货币流通进行运作，货币信用的状况对国民经济的稳定和发展极为重要。因此，对货币信用的调控也成为政府宏观调控的主要内容。中央银行制定并实施货币政策，调节宏观经济，同时，中央银行依据政府的政策意图制定金融规章制度和管理条例，建立并维持公平、有效、稳定的金融经营环境，促进全国货币金融活动的顺利展开。

三、中央银行制度的类型

根据中央银行组织形式和组织结构的不同，可以将中央银行制度大致分为四种类型。

（一）单一中央银行制度

单一中央银行制度是最主要的也是最典型的中央银行制度形式。它是指国家设立专门的中央银行，其业务与一般商业银行的业务相分离，纯粹地行使各项中央银行职能。单一中央银行制度又可以分成两种类型。

1. 一元制

一元制是指一国由独家中央银行及其众多的分支机构来行使中央银行职能。这种由总分行构成的中央银行的特点是：权力集中、职能齐全、分支机构众多。世界上大多数国家，如英国、日本、法国等国的中央银行都采用这种模式。中国自 1984 年明确由中国人民银行承担中央银行职能后也实行这种中央银行制度。

2. 二元制

二元制是指在一国内部建立中央和地方两级中央银行机构，中央级机构是最高权力或管理机构，地方级机构受中央级机构的监督管理，但地方级机构在各自的辖区内有较大的独立性。实行联邦制的国家多采用这种中央银行制度，如美国、德国等。

（二）复合中央银行制度

复合中央银行制度是指在一国之内不设立专门的中央银行，而是由一家大银行来行使中央银行和商业银行两类银行的职能，即“一身两任”。复合中央银行制度主要存在于过去的苏联和东欧国家，我国在 1983 年以前也实行这种中央银行制度。

（三）跨国中央银行制度

跨国中央银行制度是指两个或两个以上的国家设立共同的中央银行，通常由参加某一货币联盟的国家共同设立。第二次世界大战后，许多地域相邻、经济上与某一发达国家联系密切的欠发达国家为促进共同的经济发展组建了货币联盟，并在联盟内成立参加国共同拥有的统一的中央银行。这种跨国的中央银行发行共同的货币，执行一致的货币政策，如西非经济货币联盟、中非货币联盟、东加勒比货币联盟等设立的跨国中央银行以及欧盟成员国设立的欧洲中央银行。

（四）准中央银行制度

准中央银行制度是指某些国家或地区没有建立通常意义的中央银行，而只设立类似中央银行的机构，或由政府授权某个或某几个商业银行行使部分中央银行职能的制度，如新加坡、马尔代夫、斐济等国家以及中国香港等地区。实行这种制度的国家和地区通常地域较小，同时又有一家或几家银行在本国和地区处于垄断地位。

四、中央银行的组织结构

中央银行的组织结构包括三个方面的内容，即中央银行的权力分配结构、中央银行的内部组织结构和中央银行的分支机构设置。

首先，从中央银行的权力分配结构来看，它包括决策、执行和监督三个方面。由于世界各国历史传统、文化背景、经济发展水平不同，中央银行在社会经济生活中所处的地位不同，决定了中央银行在行使这些权力的方式上存在一定差异。比如英国的英格兰银行理事会、美国的联邦储备委员会分别是这两国中央银行的最高权力机构，同时行使着决策、执行和监督的权力。而日本银行政策委员会、日本银行理事会和监事会则作为日本中央银行的权力机构分别行使着决策、执行和监督的权力。

其次，从中央银行的内部组织结构来看，为了适应中央银行所负担的任务、职能、业务经营的需要，各国中央银行内部都设置了一些具体的职能部门。这些职能部门的名称、分工在各国不尽相同，一般应主要包括行政管理机构、业务经营机构、统计分析和经济金融调研机构等。

最后，中央银行为了适应业务经营的需要，要设置一定的分支机构。原则上，中央银行根据业务需要，按照经济区划设置分支机构。这些分支机构是中央银行总行的派出机构，必须按规定执行和完成中央银行总行制定的政策和任务。例如，根据《中华人民共和国中国人民银行法》(简称《中国人民银行法》)的规定，中国人民银行根据履行职责的需要设立分支机构，作为中国人民银行的派出机构。中国人民银行对分支机构实行统一领导和管理。

第二节 中央银行的性质和职能

一、中央银行的性质

中央银行是一个特殊的金融机构，国家赋予其制定和执行货币政策，对国民经济进行宏观调控和监督管理的权力。中央银行性质的核心在于它是一个“特殊的金融机构”，这种特殊性主要体现在三个方面。

(一)地位的特殊性

当前，几乎世界上所有的国家都设有中央银行，这些中央银行都有着特殊的地位，处于一国金融体系的中心。这主要表现在它是全国货币金融政策的最高决策机构，也是全国信用制度的枢纽和金融管理的最高当局。中央银行贯彻执行国家的金融政策，合理运用货币供应量调控机制，实现国家对整个货币量的控制，以调控整个国民经济发展的冷热程度；中央银行代表国家对资金流通和金融机构进行监督和管理，促使金融机构规范经营，实现国内金融业稳定发展，并加强国与国之间的金融合作。可见，中央银行的地位不同于一般金融机构，它是国家货币政策的制定和实施机构，是国家干预经济的代理机关，是政府意图在金融领域的体现，是国家的一个重要职能部门。它的目标是维持一国货币和价格的稳定，促进经济增长，保障充分就业和维持国际收支平衡。

（二）业务的特殊性

中央银行承担的是一系列特殊的业务，如发行货币、代理国库、保管存款准备金、制定执行货币政策等。拥有货币发行权是中央银行区别于商业银行和一般行政管理部门的最重要的特征。中央银行的资金主要源自其发行的货币，同时也接受商业银行和其他金融机构的存款。其业务对象仅限于政府和金融机构，不与一般的工商企业以及居民个人发生业务往来，这与一般的商业银行大为不同。

（三）管理的特殊性

中央银行虽然拥有各种金融管理权，但它与一般的政府管理机构也有着很大的区别：一方面，中央银行履行其职责主要是通过特定的金融业务进行的，它以银行的身份出现，对政府及其他金融机构办理存贷、发行业务，在金融市场上买卖有价证券，这种管理是经济的管理而不是行政的管理；另一方面，中央银行对宏观经济的调控是分层次进行的，利用货币政策工具调节金融机构的行为和金融市场运作，引导微观经济主体行为，进而达到调控的目的。这与一般政府管理机构所采用的直接作用于微观主体的行政手段大不相同。

二、中央银行的职能

从中央银行业务活动的特点分析，中央银行的职能可以概括为发行的银行、银行的银行、政府的银行和宏观调控的银行四大职能。

（一）中央银行是发行的银行

中央银行是发行的银行，这指的是中央银行垄断货币发行权，是全国唯一的现钞发行机构。目前，世界上几乎所有国家的现钞都由中央银行发行，而硬、辅币的铸造、发行有的由中央银行进行，有的则由财政部负责，发行收入归财政。

发行货币是中央银行的首要职责。由中央银行发行的货币，一部分形成商业银行等金融机构的库存现金，另外的大部分形成了流通中的现金，它们与存款机构在中央银行的准备金存款一起共同构成了基础货币。基础货币是当代金融体系货币创造的基础，也是中央银行控制货币供给的重要手段。

中央银行拥有货币发行权，其在资金来源上具有任何机构都无法比拟的优势，但这并不意味着央行可以无条件地滥发货币。滥发货币的结果会导致通货膨胀，货币贬值，严重的话可能会导致中央银行所发行的纸币无法行使货币的基本职能而成为废纸。因此，必须对中央银行的货币发行进行适当的控制。在金属本位制度下，银行券的发行必须有充足的贵金属准备，因此，中央银行集中的贵金属成为支持庞大货币流通的基础，是币值稳定的关键。贵金属准备增多，银行券及整个货币流通才可能扩大；贵金属准备减少，则必须紧缩货币发行。当货币发展到不兑现的信用货币阶段之后，确保货币价值稳定的不再是贵金属，货币若想稳定地流通必须依靠政府的强制力，但是仅靠政府的强制力是无法保证货币购买力稳定的。所以，必须控制货币供给量，以确保货币购买力的稳定，这也是中央银行在行使货币发行权时必须遵守的。

（二）中央银行是银行的银行

所谓银行的银行是指中央银行的地位处于商业银行和其他金融机构之上，对其开展存贷业务，并为其提供金融服务，具体表现在以下方面。

1. 保管一般金融机构的存款准备金

按照法律规定，商业银行和其他存款性金融机构都要按法定比例向中央银行缴存存款准备金。中央银行集中保管存款准备金最初的目的是保证商业银行的清偿能力，维持整个金融体系的稳定。法定存款准备金能够在一定程度上促使商业银行稳健经营，控制全社会的信用扩张比例，防范银行发生挤兑现象，保障存款人的利益。随着中央银行作用的增强，存款准备金变成了一项货币政策工具，中央银行通过变动法定存款准备金率，控制商业银行的信贷规模，进而控制经济中的货币供应量。

2. 作为金融机构的最后贷款人

当某一金融机构面临资金困难，而别的金融机构又无力或不愿对其提供援助时，中央银行将扮演最后贷款人的角色，对其进行资金支持。当一般金融机构资金周转困难时，通过中央银行加以调剂，既能保障存款人的安全，又能防止银行发生挤兑而倒闭。传统上，中央银行对商业银行贷款主要以再贴现的方式进行。此外，在某些情况下，再抵押或直接取得贷款也是商业银行从中央银行融资的形式。

3. 充当整个金融体系的清算中心

企业与企业之间的债权债务、往来清算由银行完成，因为每家企业都在银行开立账户，而银行与银行、其他金融机构之间的往来都需要中央银行进行清算。因此，中央银行是整个金融体系的清算中心。这项作用的发挥是在中央银行保管准备金这一业务的基础上发展起来的。由于中央银行集中保管商业银行及各存款性金融机构的准备金，所以各银行和金融机构都在中央银行开立账户，这为中央银行主持银行间的票据交换和差额清算提供了条件。中央银行将结算差额直接增减各银行在中央银行账户上的准备金，手续简便，有利于加速资金周转，从而成为全国的清算中心。

（三）中央银行是政府的银行

所谓政府的银行是指中央银行能够执行国库出纳的职能，是能够为国家提供信用的部门，并代表国家管理全国的金融事务，是非常重要的国家机关。

1. 代理国库

代理国库是指中央银行经办政府的财政预算收支，执行国库出纳职能，管理政府资金，为政府服务。代理国库具体包括：（1）收受国库的存款。一国政府通常把暂时闲置的资金存入中央银行的活期账户，于是中央银行便成为政府的现款中心。（2）为国库办理支付和结算。中央银行根据政府签发的支票，进行付款或转账，成为国库的出纳员。（3）代理国库办理代收税款以及公债的认购、推销、还本、付息等。（4）保管经营国家的黄金外汇储备。

2. 为政府提供信用

为政府提供信用是指在政府出现财政赤字时，需要中央银行对其进行资金支持。在某些情况下，因财政支出的急剧变动会出现短期财政收入不足以抵补财政支出的状况，政府为了弥补这种财政失衡，就需要向中央银行进行借款。通常，中央银行对财政的直接贷款或透支在期限和数额上都受法律的严格限制，以避免中央银行沦为政府弥补财政赤字的工具，进而对货币稳定造成不利影响。因此，中央银行向政府提供信用，一般都采用国库券贴现或以政府有价证券做抵押的形式。

3. 代表政府管理国内外金融事务

代表政府管理国内外金融事务是指中央银行充当政府的金融代理人，对内制定执行金融政策，优化金融管理；对外参与国际金融交往。在具体实施中，中央银行在国内通过货币政策对经济进行干预，达成预定经济目标；代表政府监督检查各金融机构的业务活动，对各金融机构的业务范围和信贷规模进行指导；在国际交往中，代表政府参加国际金融组织，出席国际会议，从事国际金融活动。

（四）中央银行是宏观调控的银行

1. 制定和执行货币政策

由于中央银行垄断了货币发行，其必然就成为货币政策的制定和执行机构。中央银行通过调整法定存款准备金率、再贴现和公开市场操作等工具影响利率及货币供应量，引导微观经济主体行为，干预经济，从而达到实现宏观调控的目的。

2. 监督和管理金融业

中央银行除了担负起调控货币供应量的职责外，作为一国的金融管理当局，还应当担负起对金融市场进行监督和管理的职责。中央银行不仅对不同层次的市场及交易进行监督和管理，还会直接参与到金融市场的交易中，以实现其政策目标。有些国家的中央银行还会对本国辖区内的金融机构，包括本国及外国银行、内外合资银行等进行监督和管理。

三、我国中央银行的性质和职能

《中国人民银行法》第一章“总则”明确规定，中国人民银行在国务院领导下，制定和执行货币政策，防范和化解金融风险，维护金融稳定。中国人民银行作为国家机关，其服务对象不是企业单位和个人，而是各商业银行和其他金融机构。它的主要功能是制定执行货币政策，对全国经济进行宏观调控，加强金融监管，保持币值稳定，并以此促进经济增长。

《中国人民银行法》规定，中国人民银行履行下列职责：发布与履行其职责有关的命令和规章；依法制定和执行货币政策；发行人民币，管理人民币流通；监督管理银行间同行拆借市场和银行间债券市场；实施外汇管理，监督管理银行间外汇市场；监督、管理黄金市场；持有、管理、经营国家外汇储备、黄金储备；经理国库；维护支付、清算系统的正常运行；指导、部署金融业反洗钱工作，负责反洗钱的资金监测；负责金融业的统计、调查、分析和预测；作为国家的中央银行从事有关的国际金融活动；国务院规定的其他职责。此外，中国人民银行为执行货币政策，还可以依照有关规定从事金融业务活动。

中国人民银行在各地的分支机构按经济区进行设置。在银行业务和干部管理上实行垂直领导，统一管理。在中国人民银行总行的领导下，各人民银行分支机构根据国家规定的金融方针政策和国家信贷计划，在本辖区内调节信贷资金和货币流通，协调、指导、监督、检查商业银行和其他金融机构的业务活动。国家外汇管理局作为国务院直属局和人民银行总行的一个职能部门，统一管理全国的外汇工作。

上述这些职能都围绕一个中心，即作为国家最重要的宏观经济调节机构之一，中央银行主要通过一系列直接的或间接的手段，实现对货币供求和社会经济生活的调节，使得社会总需求和社会总供给达到宏观平衡，保证国民经济稳定、协调、高效和健康发展。

第三节 中央银行的业务

一、中央银行业务活动的法律规范、原则和分类

（一）中央银行业务活动的法律规范

中央银行业务活动的法律规范是各国的中央银行法，各国的中央银行法都是不断修改与完善的，如美国的中央银行法就历经了《联邦储备法》《汉弗莱—霍金斯法》《金融服务现代法案》等几个阶段；英国从最初的 1844 年《英格兰银行条例》(《比尔条例》)开始，先后出台了 1919 年银行法、1946 年银行法、1987 年银行法、1997 年《英格兰银行条例》、1998 年《英格兰银行法》以及 2000 年的《金融市场与服务法案》。我国的中央银行法也经历了数次修正，最初是 1983 年《关于中国人民银行专门行使中央银行职能的决定》，随后 1986 年《中华人民共和国中国人民银行管理条例》这一行政法规确立了央行地位，1995 年 3 月出台了《中国人民银行法》，2003 年 12 月又对其进行了修改，形成了完整的中央银行法体系。[①]我国中央银行法的立法结构包括总则、组织机构、人民币、业务、金融监督管理、财务会计、法律责任、附则几个方面。它确立了中国人民银行的法定业务权力、法定业务范围和法定业务限制三个方面。

中国人民银行的法定业务权力包括：有权发行货币；有权利管理货币流通；有权发布监管金融机构的业务命令与规章制度；有权持有、管理、经营国家的黄金外汇储备；有权经理国库；有权对金融业的活动进行统计和调查；有权保持业务活动的相对独立性。

中国人民银行的法定业务范围包括：发行货币；办理金融机构的业务，这包括集中和保管存款准备金，在公开市场上买卖有价证券，再贷款和再贴现，组织、参与、管理全国金融系统清算四个方面；发布行政命令和规章制度；持有、管理、经营国家外汇储备；代理国库，代理国债发行和兑付；对金融业活动进行稽核、审计、调查；法律允许的其他业务。

中国人民银行的法定业务限制包括：不得经营一般性银行业务；不得向任何组织提供担保；不得从事商业性证券投资；不得从事不动产买卖业务；不得直接包销国债等。

---

① 2020 年 10 月 23 日，中国人民银行就《中华人民共和国中国人民银行法（修订草案征求意见稿）》发布公开征求意见通知。

（二）中央银行的业务经营原则

首先，从总体上看，最基本的业务活动原则是必须服从于履行职责的需要。

其次，在具体的业务经营活动中，中央银行一般奉行非盈利性、流动性、主动性、公开性和独立性五个原则。

非盈利性指中央银行的一切业务不以盈利为目的；流动性指央行资产业务必须保持一定的流动性，避免出现支付危机；主动性指央行的资产负债业务活动要主动进行，不是被动地适应市场要求；公开性指中央银行业务状况公开化，定期向社会公布业务与财务状况，并向社会提供有关金融统计资料；独立性是相对于政府而言，中央银行应当对政府保持一定的独立，避免成为政府的附庸。

另外，中央银行具有自己独特的业务活动，不经营一般商业银行业务。

（三）中央银行业务活动的一般分类

中央银行的业务活动按是否与货币资金的运动相关，一般可分为银行性业务和管理性业务两大类。银行性业务包括形成中央银行资金来源和资金运用的资产负债业务以及与货币资金运动相关但不进入中央银行资产负债表的银行业务。管理性业务是指中央银行作为一国最高金融管理当局所从事的业务。本章主要介绍中央银行的银行性业务。

二、中央银行的资产负债业务

中央银行资产负债表是其银行性业务中资产负债业务的综合会计记录。中央银行资产负债业务的种类、规模和结构都综合地反映在一定时期的资产负债表上。因此，要了解中央银行的业务活动和资产负债情况，必须首先了解中央银行的资产负债表及其构成。

（一）中央银行资产负债表的一般构成

根据国际货币基金组织编制的《国际金融统计》统一的口径，各国中央银行资产负债表的主要内容可以概括为以下方面。

1. 资产

（1）国外资产。国外资产主要包括黄金储备、中央银行持有的可自由兑换外汇、地区货币合作基金、不可自由兑换的外汇、国库中的国外资产、其他官方的国外资产、对外国政府和国外金融机构贷款、未在别处列出的其他官方国外资产、在国际货币基金组织中的储备头寸、特别提款权持有额等。

（2）国内资产。国内资产主要由中央银行对政府、金融机构和其他部门的债权构成。

① 对中央政府的债权亦是指中央政府对货币当局的债务，它包括中央银行持有的国库券、政府债券、财政短期贷款、对国库的贷款和垫款或法律允许的透支额；② 对各级地方政府的债权在本表中是指地方政府对中央银行的债务，包括中央银行持有的地方政府债券和其他证券、贷款和垫款等；③ 对存款货币银行的债权是指存款货币银行对中央银行的债务，包括再贴现、担保信贷、贷款和回购协议、中央银行对存款货币银行的其他债权和在一些银行的存款等；④ 对非货币金融机构的债权，其内容与对存款货币银行的债权基本相同，差别在于债权对象是两类不同的金融机构；⑤ 对非金融政府企业的债权；⑥ 对特定机构和私人的债权。

2. 负债

（1）储备货币。储备货币是货币当局负债中的主要项目，主要包括公众手中的现金、存款货币银行的现金、存款货币银行在中央银行的存款。

（2）定期储备和外币存款。定期储备和外币存款包括各级地方政府、非金融政府企业、非货币金融机构等 1 个月以上的定期存款和外币存款，还包括反周期波动的特别存款、特别基金以及其他外币债务等。

（3）发行债券。发行债券包括自有债务、向存款货币银行和非货币金融机构发行的债券以及向公众销售的货币市场证券等。

（4）进口抵押和限制存款。进口抵押和限制存款包括本国货币、外币、双边信用证的进口抵押金以及反周期波动的特别存款等。

（5）对外负债。对外负债包括对非居民的所有本国货币和外币的负债，如从国外银行的借款、对外国货币当局的负债、使用基金组织的信贷额和国外发行的债券等。

（6）中央政府存款。中央政府存款包括国库持有的货币、活期存款、定期以及外币存款等。

（7）对等基金。对等基金是在外国援助者要求受援国政府存放一笔与外国援助资金相等的本国货币的情况下建立的基金。

（8）政府贷款基金。政府贷款基金是指中央政府通过中央银行渠道从事贷款活动的基金。

（9）资本项目。资本项目包括中央银行的资本金、准备金、未分配利润等。

（10）其他项目。这是一个净额，等于负债方减去资产方的净额。

（二）中央银行资产负债简表及各项目关系

现代各国中央银行的任务和职能基本相同，其业务活动大同小异，资产负债表的内容也基本相近。我们可以将中央银行主要的资产负债项目简化成表 6－1。

表 6－1　　中央银行的资产负债表

资产（资金运用）	负债（资金来源）
再贴现和再贷款 政府债券和财政借款 金银外汇储备 其他资产	现金发行 金融机构存款 财政和公共机构存款 其他负债 资本

从上述资产负债表的构成可见，中央银行资产项目的增减变化会导致负债项目的增减变化，即在自有资本不变的情况下，中央银行的资产业务对货币供给有决定性作用。具体来说，中央银行通过再贴现和再贷款控制对金融机构的债权进而影响货币发行量；中央银行对政府债权过大或为政府赤字融资，有通货膨胀的隐患；黄金外汇占款过多容易导致货币供给量净增。现实中，各项目之间相互抵消或强化。

中央银行的资产负债表与其三大职能的对应关系是：作为发行的银行反映在负债方

“现金发行”科目中；作为银行的银行，反映在负债方“金融机构存款”和资产方“再贴现和再贷款”科目中；作为政府的银行，反映在负债方“财政和公共机构存款”和资产方“政府债券和财政借款”“金银外汇储备”科目中。

（三）中央银行的资产业务

1. 贷款业务

中央银行的贷款业务是其运用资金的重要途径之一。由于中央银行的特殊性质与特殊地位，能够取得中央银行贷款的借款人只有两种类型：一是商业银行和其他经过特殊批准的金融机构，二是国家政府。中央银行的贷款业务充分体现了其作为“最后贷款人”的职能，其意义在于中央银行通过向商业银行、国家财政以及其他金融机构发放应急贷款，起到维护金融体系稳定与安全、抑制通货膨胀、执行货币政策，从而促进经济发展的作用。

中央银行作为特殊的金融机构，其贷款也体现出独有的特征：以短期贷款为主，一般不经营长期贷款业务；不以营利为目的；应控制对财政的放款，以保持中央银行的相对独立性；一般不直接对工商企业和个人发放贷款。

中央银行对商业银行的贷款，也称为“再贷款”，目的在于解决商业银行短期资金不足的问题，补充其流动性。通常为了宏观金融调控与管理的需要，中央银行都不能对商业银行无限制地提供贷款。一般而言，商业银行向中央银行借款，不能以营利为目的，即不能用中央银行的低利贷款转手进行高利放款，而只能用于解决其短期资金周转不灵的需要。为达到这一目的，有些中央银行采取行政手段，规定商业银行向中央银行的最高借款限额。如法国的法兰西银行对商业银行的借款就实行过最高限额管理，而另一些中央银行则采取类似美国的“道义劝告”和日本的“窗口指导”等软硬兼施的手段限制商业银行借款。还有些中央银行则通过提高贷款利率的办法来约束。当然，这种约束和限制要以货币政策在总量上是紧缩还是扩张为条件。

中央银行对政府的贷款是政府弥补资金亏空的应急措施之一，但如果对这种贷款不加限制，则会从总量上削弱中央银行宏观金融控制的有效性。因此，各国中央银行法对此都有明确的规定。在美国，财政筹款只能通过公开市场进行，即用发行公债的办法解决。如果财政筹款确实遇到困难，也只能向联邦储备银行做短期借款，并且要以财政部发行的特别国库券作为担保。英格兰银行除少量的政府隔夜需要可以融通外，一般情况下不对政府垫款，政府需要的资金通过发行国库券的方式解决。德国的《德意志联邦银行法》规定，联邦银行向政府部门贷款的最高限额不得超过联邦银行向商业银行贷款总额的8%。实际上，政府及各部门向联邦银行借款的数额都大大低于规定的数额。

2. 再贴现业务

所谓再贴现是指商业银行在急需资金周转时，将其由贴现而取得的未到期的商业票据向中央银行申请转让，请求中央银行以一定的贴现率对该商业票据进行二次买进的经济行为。该业务之所以称为“再贴现”，是为了区别于企业或公司向商业银行申请的“贴现”和商业银行与商业银行之间的“转贴现”。在商业票据流通盛行、贴现市场发达的国家，再贴现是中央银行向商业银行融通资金的重要方式。

中央银行通过再贴现方式向商业银行进行资金融通，通常要在贴现窗口予以必要的约束，再贴现数量的限制类似于中央银行对商业银行提供的一般贷款。更为重要的是，中央银行一般通过调整再贴现率的方式来影响再贴现额度，从而调节信用规模。再贴现率是商业银行获得中央银行资金的成本，中央银行通过对再贴现率的调节，刺激或抑制商业银行的资金需求，从而实现对货币供应量的调控。

从广义上来讲，再贴现属于中央银行贷款的范畴，但二者之间还是存在一定的区别，具体体现在两个方面：（1）利息支付时间不同。再贴现是商业银行预先向中央银行支付利息，而贷款业务是在归还本金时支付利息。（2）本质和范围不同。再贴现本质上是中央银行向商业银行发放的抵押贷款，而中央银行贷款的范畴比再贴现广得多，不仅包括抵押贷款，还包括信用贷款。

3. 有价证券买卖业务

中央银行在公开市场上买卖的证券主要是政府债券、国库券以及其他市场流动性非常高的有价证券。中央银行通过公开市场业务买卖证券，对调节货币流通，维护金融市场稳定具有重要意义。它具体表现在：调节货币供应量，进而调控宏观经济；配合准备金政策和再贴现政策，削弱和抵消过激的政策调整给金融系统和整个经济带来的震动；缓解财政赤字造成的不利影响；协助政府公债的发行与管理。

一般而言，中央银行在公开市场上买卖证券时，应注意以下几点：中央银行买卖证券只能在二级市场上进行，这是保持中央银行相对独立性的需要；中央银行只能购买市场属性好、流动性强的证券，以保证其资产的高度流动性；中央银行一般不能购买外国的有价证券。

由于中央银行在公开市场上买卖有价证券既可以主动出击，也可以被动防御，买卖数量可以灵活控制，并且易于逆转，执行迅速，没有行政性延误等特点，所以有些国家（如美国）的中央银行把公开市场业务视为最有效和最常用的政策工具，从而有价证券买卖也就成了其主要的资产业务。

4. 金银外汇储备业务

各国中央银行保管金银外汇储备的主要目的在于稳定币值、汇率，调节国际收支，应付对外紧急支付需要等方面。中央银行最初储备金银外汇，是为了应付银行券兑换贵金属的需要，银行券停止兑换贵金属之后，中央银行的黄金外汇储备并没有废除，只是储备的目的发生了变化，由作为银行券兑换的准备金过渡到作为国际支付手段的准备金和一国对外经济交往实力的象征。中央银行可根据经济发展的需要，随时增加或减少金银外汇储备。

金银、外汇作为国际储备各有利弊。从安全性考虑，金银无疑是实现保值的最好手段，但金银变现需要时间，保管成本也很高，因此，在各国的国际储备中金银所占比例呈逐年下降的趋势；外汇具有直接支付的能力，并且保管成本低廉，但由于汇率波动频繁，使得持有外汇面临的风险较大。

因此，各国中央银行在保管金银、外汇储备过程中必须从本国国际收支状况和经济政策出发，确定合理的金银、外汇储备比例和数量。

（四）中央银行的负债业务

中央银行的负债业务主要包括货币发行、准备金存款、政府存款以及其他负债业务。

1. 货币发行

货币发行有两重含义：一是指货币从中央银行的发行库通过各商业银行的业务库流入到社会上；二是指货币从中央银行流出的数量大于从流通领域回笼的数量。

中央银行发行货币主要通过对商业银行及其他金融机构提供贷款，接受商业票据再贴现，在金融市场上购买有价证券，收兑黄金、白银、外汇等方式投入流通领域。货币是一种债务凭证，它是货币发行人即中央银行对货币持有者的一种负债，当中央银行接受国家政府委托、代替国家政府发行货币时，货币发行便是国家对货币持有者的一种负债。因此，货币发行便成为中央银行的负债业务之一。

中央银行的货币发行必须满足也只应满足国民经济正常发展对货币的客观需求。这就要求中央银行做到以下两点：第一，货币发行不能过多，否则，就会引起货币贬值和通货膨胀，并导致一系列社会经济问题的产生；第二，货币发行也不能过少，否则，就会妨碍国民经济的正常发展，使一部分商品的价值不能顺利实现，因缺少货币使国民经济增长达不到应有的速度。

为满足上述两方面的要求，各国中央银行在发行货币时都具有规范的货币发行制度。在贵金属货币制度时期，银行券的发行都具有黄金或白银准备；在不兑现的信用货币制度时期，则有多种方式，有规定金银准备的，也有规定有价证券或外汇准备的，还有规定最高发行限额的。

不同国家在不同时期都实行过不同的货币发行制度，同一国家的货币发行制度也时有变化，但从中可以看出一个基本的演化轨迹：金银准备阶段—保证准备阶段—通货管理阶段。这些阶段的演化与交替的经济根源是经济发展的客观需要。

归纳起来，中央银行的货币发行业务要遵循以下原则：（1）要有可靠的信用保证的原则，即货币发行要有一定的黄金或有价证券做保证，或者建立规范的货币发行准备制度，以保证货币价值稳定，避免出现通货膨胀；（2）垄断发行的原则，这是指货币的发行权必须高度集中于中央银行，避免多头发行造成的货币流通混乱，保证中央银行能灵活、有效地调节流通中的货币量；（3）弹性供应原则，指货币发行要具有一定的伸缩性和灵活性，以满足社会商品流通扩大和商品经济发展的需要。

2. 存款准备金

所谓存款准备金是指商业银行等存款货币银行按吸收存款的一定比例提取的准备金，它包括法定存款准备金和超额存款准备金两个部分。

商业银行在业务经营过程中为了保证流动性和安全性的需要，不能将吸收的存款全部用于放贷，而必须留存一部分以应付存款日常支取的需要，这种库存即为“存款准备金”。最初，这部分准备金是由商业银行自己依据经营需要按比例留存的，各家商业银行均不相同。后来，为了尽量有效地运用这部分资金，将其闲置额度压缩到最必要的低限，又为了集中力量，对发生支付困难的商业银行提供资金帮助，各家商业银行将自己的准备金集中起来，交由中央银行保管。

商业银行起初将存款准备金存入中央银行时都是自愿的，但当中央银行担负起稳定全国金融局势、保持货币正常流通的责任时，这种自愿就变成强制性的了，原来的存款准备金也就变成了“法定存款准备金”，成为商业银行必须履行的义务。商业银行超出法定比例缴存的准备金，即为超额存款准备金。

法定存款准备金制度建立初期，它的作用还只是为了保证存款安全和防止银行倒闭。集中存款准备金是中央银行作为银行的银行发挥作用的客观要求，是其最后贷款人职能的具体体现。但在实施过程中，中央银行发现，这种业务在客观上起到了约束商业银行贷款规模、控制货币供应量的作用。于是，中央银行开始使用法定存款准备金这一手段来进行宏观金融调控，并使其成为一项重要的货币政策工具。

存款准备金是中央银行资金来源的重要组成部分，在大多数国家，中央银行对这部分存款是不支付利息的，这为中央银行调控经济和金融、在资产业务中不以营利为目的提供了客观基础和现实保障。同时，集中商业银行的存款准备金也为中央银行在全国进行资金清算提供了条件。

3. 政府存款

中央银行作为政府的银行，需要执行代理国库的职责。通常情况下，财政的收入和支出都由中央银行代理（在某些情况下，中央银行会委托其他商业银行进行再代理）。同时，有些国家依靠国家财政拨款的行政事业单位、机关团体、部队、学校的存款也是由中央银行代理的。在中央银行的存款业务中，财政金库存款、政府和公共部门经费存款的数额仅次于存款准备金。

中央银行吸收政府存款积累了大量的资金，这为其提供了重要的资金来源，而且这种存款通常都是无息的，可以降低其总的筹资成本。对于国家政府而言，由中央银行代理国库，既可以减少（甚至是完全免去）收税的成本，又可以安全地保管资金，为其妥善使用提供方便。同时，在资金短缺时还可以借助中央银行做短期资金融通。

4. 其他负债业务

中央银行的负债业务除了货币发行、存款准备金和政府存款等主要业务以外，还有一些业务也可以成为中央银行的资金来源，并引起中央银行资产负债表负债方的变化，如非银行金融机构存款、对国际金融机构负债、发行中央银行票据和资本业务等。

三、中央银行的中间业务

中央银行的中间业务主要指中央银行为商业银行和其他金融机构办理资金的支付清算和转移的业务。这一业务与中央银行集中商业银行存款准备金密切相连。因为中央银行既然接受了各商业银行的存款准备金，那么商业银行彼此由于交换各种支付凭证所产生的应收应付款项就可通过中央银行的存款账户划拨，从而使中央银行成为全国的清算中心。

中央银行支付清算服务的主要内容包括：组织票据交换清算；办理异地跨行清算；为私营清算机构提供差额清算服务；提供证券和金融衍生工具交易清算服务；提供跨国支付服务。

由中央银行进行支付清算服务可以保障经济和社会生活正常运转，有利于中央银行货币政策的实施，保证金融体系的稳定与安全。

第四节　中央银行的独立性

一、中央银行独立性的内涵及必要性

（一）中央银行独立性的内涵

中央银行的独立性是指在中央银行履行其自身职责时，由法律赋予的或其自身实际拥有的决策与行动的自主权。独立性问题集中反映在中央银行与政府的关系上，这种关系具有两层含义：一是中央银行应当对政府保持一定的独立性；二是中央银行对政府的独立性是相对的。

（二）中央银行独立性的必要性

中央银行应当对政府保持一定的独立性，这是因为：（1）中央银行只有独立于政府，才能避免政府行为对货币发行的干扰，防止通货膨胀的产生。中央银行以稳定货币为天职，而政府往往关注短期利益，倾向于扩大财政支出，这会导致通货膨胀。实证研究表明，中央银行的独立性与通货膨胀之间存在着明显的负相关关系，即中央银行的独立性越强，通货膨胀率就越低；中央银行的独立性越差，通货膨胀率就越高。（2）中央银行在制定和执行货币政策以及实施金融监管时，需要具备必要的专业理论知识并进行长期的从业经验积累。中央银行调控对象是货币、信用、金融机构与金融市场，调控手段是技术性很强的经济手段，这就要求中央银行的机构具有一定程度的独立性和稳定性，其人员必须具有专业技术经验。如果政府进行不适当的干预，会导致中央银行的职能无法发挥，整个经济陷入困境。（3）中央银行是负有社会责任的机构，其货币政策应当保持稳定性和连续性，不受政府的干扰。强调中央银行的独立性，可以防止短期的、个别利益集团的利益对国家长远的、全局的利益产生影响，实现经济稳定增长。（4）中央银行与政府所处的地位不同，工作侧重点也不同。在现代社会中，政府的目标是多元的，不仅有经济目标，还有社会目标。经济目标也不仅仅是价格稳定，更关注的是充分就业和经济增长。而保持货币币值稳定是中央银行的首要责任，这与充分就业和经济增长的目标是有冲突的，为了实现中央银行稳定币值的目标，就必须使中央银行与政府保持一定的独立性。

但是，中央银行对政府的独立性不是绝对的，而是相对的。原因是：（1）中央银行的货币政策目标不能背离国家总体经济发展目标。中央银行对货币政策的制定与实施，不仅要考虑自身担负的责任，还必须重视国家利益。（2）货币政策是国家宏观经济政策的一部分，它必须服从、配合、服务于整个宏观经济政策的制定和实施。过于独立的中央银行将造成宏观经济政策协调困难，从而产生货币政策的“摩擦损失”。（3）中央银行具有国家行政机关的性质，其业务活动和监管都是在国家授权下进行的，其主要负责人一般由政府委任，其资本结构具有国有化趋势，这些也决定了中央银行不可能绝对独立于政府之外。（4）在特殊情况下，如遇到战争、特大灾害时，中央银行必须完全服从政府的领导和指挥。（5）官员并非从本意上就追求公共利益，实际上他们也像普通人一样追求个人或机构利益最大化。因此，需要某种权力制约以防止中央银行主要官员通过非正当行为危害公众利益。所以，中央银行的独立性也是相对的。

应当说，中央银行的独立性是相对独立性，即中央银行不能完全独立于政府控制外，不受政府约束，也不能凌驾于政府之上，应接受政府一定的监督和指导，并在国家总体经济政策的指导下，独立地制定和执行国家的货币金融政策，并且与其他政府机构相互配合。

二、中央银行独立性的主要内容

中央银行的独立性主要包括以下几个方面。

（一）组织独立

组织独立是指中央银行的组织形式、分支机构的设置、人事任免等不受政府的影响，这是中央银行独立性的核心部分。之所以这样说，是因为作为制定和执行国家货币政策机关的中央银行，其组织机构、人事制度安排会直接左右中央银行的职能发挥，进而影响一国宏观经济调控的全过程。

（二）目标独立

目标独立是指中央银行能够自主选择政策目标的自由程度以及中央银行是否以保持币值稳定作为其主要目标。如果中央银行能够自由地确定其货币政策目标，则其目标独立性程度就高，反之则低。中央银行货币政策目标的选择主要集中在币值稳定和促进经济增长两个方面。在市场经济体制下，政府在宏观经济目标，即币值稳定、充分就业、经济增长和国际收支平衡的选择上存在着多重目标选择和目标冲突。从世界各国中央银行发展的实际经验来看，以稳定币值为主要目标的中央银行占大多数。但中央银行稳定币值的货币政策目标与政府的经济目标是存在一定偏差的，因为每届政府从其政绩出发，往往把经济增长作为其首要目标。

（三）职能独立

职能独立是指中央银行能否独立地制定货币政策，并独立地运用一定的工具来保证货币政策的有效执行和货币政策目标的实现。中央银行的主要职能包括依法制定和执行货币政策，发行法定货币，维护金融稳定，维持支付、清算系统的正常运行，制定金融业的有关规章等。职能的实现是通过工具来保证的。中央银行可以运用的工具如存款准备金率、再贴现、再贷款、公开市场操作以及窗口指导等，其运用的目的都是为了保证货币政策的有效执行。因而中央银行独立自主地、依据经济金融发展变化的现实情况来履行中央银行职能，行使相应的工具，是构成中央银行独立性的又一主要内容。

（四）财务独立

财务独立的标准：中央银行的运营是依赖于财政拨款，还是有可供其独立支配的财源。如果中央银行不依赖于政府的财政拨款，有独立支配财源，则其财务独立性就高，否则其财务独立性就低。就当前各国中央银行而言，大多数中央银行不以追求利润为目标。其资本金由国家出资，业务运营的亏损由国家承担，利润属国家所有。国家每年按预算拨付运营资金。

本章小结

1. 中央银行是国家赋予其制定和执行货币政策，对国民经济进行宏观调控，对金融机构乃至金融业进行监督管理的特殊的金融机构。

2. 单一中央银行制度是指国家设立专门的中央银行，其业务与一般商业银行的业务相分离，纯粹地行使各项中央银行职能。单一中央银行制度又可以分成一元制和二元制两种类型。

3. 复合中央银行制度是指在一国之内不设立专门的中央银行，而是由一家大银行来行使中央银行和商业银行两类银行的职能。

4. 中央银行是发行的银行，这指的是中央银行垄断货币发行权，是全国唯一的现钞发行机构。

5. 中央银行是银行的银行，这是指中央银行的地位处于商业银行和其他金融机构之上，对其开展存贷业务，并为其提供金融服务。

6. 中央银行是政府的银行，这是指中央银行能够执行国库出纳的职能，是能够为国家提供信用的部门，并代表国家管理全国的金融事务，是非常重要的国家机关。

7. 中央银行的资产业务包括贷款业务、再贴现业务、有价证券买卖业务和金银外汇储备业务。

8. 中央银行的负债业务主要包括货币发行、存款准备金、政府存款以及其他负债业务。

9. 中央银行的独立性是指在中央银行履行其自身职责时，由法律赋予的或其自身实际拥有的决策与行动的自主权。

重要概念

中央银行　单一中央银行制　复合中央银行制　中央银行独立性

选择题

1. 中央银行之所以成为中央银行，最基本、最重要的标志是（　　）。

A. 集中存款准备金　　B. 集中与垄断货币发行

C. 充当“最后贷款人”　　D. 代理国库

2. 世界多数国家的中央银行制度都属于（　　）。

A. 复合中央银行制　　B. 单一中央银行制

C. 跨国中央银行制　　D. 类似于中央银行的机构

3. 中央银行最初和最重要的负债业务是（　　）。

A. 货币发行　　B. 政府存款

C. 金融机构存款　　D. 资本业务

4. 中央银行作为银行的银行，具体表现为（　　）。

A. 集中存款准备金　　B. 为国家管理国际储备
C. 充当最后贷款人　　D. 为政府融通资金
E. 组织、参与全国的清算

5. 中央银行的职能有（　　）。
A. 发行的银行　　B. 清算的银行
C. 储备的银行　　D. 银行的银行
E. 政府的银行

复习思考题

1. 简述中央银行制度的类型。
2. 中央银行的职能有哪些？
3. 中央银行的业务有哪些？
4. 什么是中央银行的独立性？如何看待中央银行的独立性问题？

实训案例

实训案例一：美　联　储

美国联邦储备系统（简称美联储），是美国的中央银行。其主要行使五项关键职能以促进美国经济的健康发展和美国金融体系的稳定。这五项职能包括：

（1）执行国家的货币政策，促进就业，稳定价格，使长期利率保持适度。

（2）促进金融体系稳定，通过在其国内外实行各种监管行为，力图最小化甚至是遏制系统风险。

（3）促进个体金融机构的安全稳定运行，监管其对整个金融体系的影响。

（4）为银行业和美国政府提供美元交易和支付的便利，以促进支付结算系统的安全和效率。

（5）通过以消费者为中心的监督和检查，对新兴的消费者问题及发展趋势、社区经济发展活动进行研究和分析，对消费者法律和法规进行管理，促进消费者保护和社区发展。

美联储在建立过程中，将美国在地理上划分为 12 个区域，每个区域内有一家独立的联储银行。各区域界线的划分依据是自 1913 年起就存在的贸易区以及经济方面的相关考虑，因此并不一定与各州界线完全一致。12 个区域在联储监管下独立运行。

联邦储备法案的设计者们有意地拒绝了单一中央银行的概念。相反，他们设计了一个中央银行系统，这一系统具有三个显著特征：（1）一个中央管理委员会；（2）去中心化的独立运行的 12 家联储银行系统；（3）公共特征和私人特征相结合。尽管联储系统具有部分私营特征，但其建立是服务于公共利益的。

美联储内部一共包含三个关键性实体：联邦储备委员会、储备银行系统、公开市场委员会（FOMC）。

1. 联邦储备委员会介绍

联邦储备委员会坐落于华盛顿特区，它是美联储的管理机构。它由 7 位委员构成，这些委员由总统任命，参议院批准。联邦储备委员会指导联储工作运行，促进其目标实现。所有的联储委员也是公开市场委员会的成员。

每位联储委员任期为 14 年，各委员任期重叠交错，每偶数年 1 月 31 日会有一位委员任期到期。任期满的委员不能被重新任命。如果一位委员任期未满即离职，接替其职位的委员在任满期限后还可以被任命下一个 14 年期。联邦储备委员会主席和副主席也由总统任命，参议院批准，其任期为 4 年。期满后还可以被任命 4 年。提名者必须已经是联储委员或将被任命的委员。

联邦储备委员会的职责包括：监管 12 家联储银行的运营，检查并批准每家银行的预算，并与他们共同承担其他金融机构和金融活动的监管职责。当联储银行为存款性金融机构及其他机构提供贷款，或联储银行为存款性金融机构及联邦政府提供金融服务的时候，联邦储备委员会会进行一般性的指导和规范。

2. 联邦储备银行系统介绍

依据联邦储备法案，每家联储银行独立组成公司，拥有 9 位董事会成员。联邦储备系统中的会员银行持有其所属地区联储银行的股份，并选举出 6 位银行董事；另外 3 位董事由联邦储备委员会任命。大多数的联储银行至少有一个分支机构，每个分支机构都有自己的董事会成员。分支机构的董事由联储银行或联邦储备委员会任命。联储银行的核心职能包括：监督管理各州的成员银行；为存款性金融机构提供贷款以保障系统流动性；提供各种金融服务；监管特定的金融机构以保障消费者权益，促进地区经济发展。

3. 公开市场委员会介绍

公开市场委员会是美联储货币政策的执行机构，它决定所有的公开市场业务操作，这些操作会影响美国联邦基金利率（同业拆借利率），影响美联储持有的资产的规模及构成，并与公众交流未来货币政策走向。

公开市场委员会包括 12 位拥有投票权的委员，其中，7 位是联邦储备委员会委员，1 位是纽约联储银行的主席，另外 4 位由其他 11 家联储银行的主席轮流担任。12 家联储银行的主席都参与公开市场委员会的会议及决定，但是只有时任委员会委员的主席拥有货币政策的投票权。

根据法律要求，公开市场委员会自行决定其内部组织。依照传统，公开市场委员会选择联邦储备委员会的主席作为其主席，选择纽约联储银行的主席作为其副主席。通常，公开市场委员会在华盛顿一年召开 8 次会议，必要时候可以增加。

公开市场委员会的职责主要是进行公开市场操作。

资料来源：根据美联储（https://www.federalreserve.gov）资料翻译整理。

实训项目：分析美联储的主要职能，讨论美联储这一中央银行制度类型与中国人民银行有什么差异？

实训案例二：欧洲中央银行

欧洲中央银行（European Central Bank）坐落于德国法兰克福，是跨国中央银行制的代表。其下设的管理委员会（the Governing Council）和执行局（the Executive Board）是决策机构。

管理委员会是决策主体，成员包括6位执行局成员和19位欧元区成员国的央行行长。通常，管理委员会一个月在欧洲央行总部召开两次会议，通过评估经济以及货币发展情况，每六周做一次货币政策决议，欧洲央行主席和副主席会主持新闻发布会详细解释货币政策决议。在货币政策以外的会议中，管理委员会主要讨论欧洲央行及欧元区的其他职责。为了确保欧洲央行的货币政策与其他监管职责分开，管理委员会会举行不同的会议。

执行局由欧洲央行行长、副行长及其他 4 位成员组成，所以成员都是由欧盟理事会（European Council）任命，实行少数服从多数原则。执行局的工作包括：准备管理委员会会议；按照管理委员会的决定执行欧元区货币政策，为欧元区各国央行提供必要的指导；管理欧洲央行的日常事务；执行管理委员会授权的其他职责。

欧洲中央银行还设立了由管理委员会和尚未参加欧元区的中央银行行长组成的第三个决策机构即总务理事会，负责协调欧盟内欧元区和非欧元区的货币政策。

欧洲中央银行的主要职责包括：控制通胀保持价格稳定；监管欧元区银行以促进银行系统安全；发行欧元；保障交易结算顺利进行；防范金融风险，保持金融体系平稳运行。

欧洲中央银行是欧洲经济一体化的产物，是为了适应欧元的发行流通而设立的金融机构，是一个管理超国家货币的中央银行，独立性是它的一个显著特点。货币政策的权力虽然集中了，但是具体执行仍由各欧元国央行负责。

资料来源：根据欧洲中央银行（www.ecb.europa.eu）资料翻译整理。

实训项目：分析欧洲中央银行的主要职能，对比欧洲中央银行的制度类型与中国人民银行的不同点。

实训案例三：英格兰银行

英格兰银行（Bank of England）成立于 1694 年，成立之初是一家私人银行，成立的主要目的是在英法战争中为英国政府融资。当时的国王威廉和王后玛丽是英格兰银行最初的两位股东，他们认为英格兰银行的建立是为了促进全体国民的利益。

1826 年英格兰银行开设分支机构，目的是进一步控制银行券的流通以防止兑换危机。1844 年，英国国会通过《银行特许条例》（即“比尔条例”），限定了英格兰银行以及其他已取得银行券发行权的银行的发行数额，禁止新的银行发行银行券。此后，英格兰银行逐渐垄断了全国的货币发行权。1931 年，英国取消了金本位制。1946 年，英格兰银行被收归国有。

英格兰银行总部位于伦敦，职能机构包括董事会、金融政策委员会、货币政策委员会、审慎监管委员会等。英格兰银行的领导机构是董事会，每年最少召开 7 次会议，由 5 位执行董事和最多 9 位非执行董事组成。所有成员都由英王任命。总裁任期 8 年，副总裁任期 5 年，非执行董事任期 4 年。董事会下设不同的委员会，分管不同工作。

英格兰银行的主要职责包括：发行货币，监管支付结算系统；保持价格稳定，控制通胀；确保银行体系平稳运行，防范金融风险。

资料来源：根据英格兰银行（https://www.bankofengland.co.uk）资料翻译整理。

实训项目：查阅并分析英格兰银行的具体职能。

实训案例四：中国人民银行

中国人民银行（The People's Bank of China，PBC）的历史渊源，可以追溯到第二次国内革命战争时期。1931 年 11 月，在江西瑞金召开的全国苏维埃第一次代表大会上，通过决议成立中华苏维埃共和国国家银行（简称苏维埃国家银行），并发行货币。从土地革命到抗日战争时期一直到中华人民共和国诞生前夕，人民政权被分割成彼此不能连接的区域。各根据地建立了相对独立、分散管理的根据地银行，并各自发行在其根据地内流通的货币。1948 年 12 月 1 日，以华北银行为基础，合并北海银行、西北农民银行，在河北省石家庄市组建了中国人民银行并发行人民币，成为中华人民共和国成立后的中央银行和法定本位币。中国人民银行成立至今的七十多年，特别是改革开放以来，在体制、职能、地位、作用等方面，都发生了巨大而深刻的变革。从时间上看，大致可以分为以下几个阶段：1948—1952 年，中国人民银行的创建与国家银行体系的建立；1953—1978 年，计划经济体制时期的国家银行；1979—1992 年，从国家银行过渡到中央银行体制；1993 年至今，逐步强化和完善现代中央银行制度。随着社会主义市场经济体制的不断完善，中国人民银行作为中央银行在宏观调控体系中的作用将更加突出。

中国人民银行的机构设置包括以下方面。

1. 中央纪委国家监委驻中国人民银行纪检监察组

其主要职责是负责综合监督中国人民银行、国家外汇管理局。下设处室有：办公室、第一纪检监察室、第二纪检监察室、第三纪检监察室、第四纪检监察室、第五纪检监察室。

2. 内设部门

办公厅（党委办公室）、金融委办公室秘书局、条法司、研究局、货币政策司、宏观审慎管理局、金融市场司、金融稳定局、调查统计司、支付结算司、科技司、货币金银局（保卫局）、国库局、国际司（港澳台办公室）、征信管理局、反洗钱局、金融消费权益保护局、会计财务司、内审司（党委巡视工作领导小组办公室）、人事司（党委组织部）、党委宣传部（党委群工部）、参事室、机关党委、离退休干部局、工会、团委。

3. 上海总部

中国人民银行上海总部成立于 2005 年 8 月，作为总行的有机组成部分，在总行的领导和授权下开展工作，主要承担部分中央银行业务的具体操作职责，同时履行一定的管理职能。上海总部建设总目标可归纳为“两个平台、一个窗口和一个中心”，即把上海总部建设成为总行公开市场操作的平台、金融市场运行监测的平台、对外交往的重要窗口和一部分金融服务与研究和开发业务的中心。

上海总部承担的主要职责有：

（1）根据总行提出的操作目标，组织实施中央银行公开市场操作；承办在沪商业银行及票据专营机构再贴现业务等。

（2）管理银行间市场，跟踪金融市场发展，研究并引导金融产品的创新；分析市场工具对货币政策和金融稳定的影响；负责对区域金融稳定和涉外金融安全的评估。

（3）负责有关金融市场数据的采集、汇总和分析；围绕货币政策操作、金融市场发展、金融中心建设等开展专题研究。

（4）负责有关区域金融交流与合作工作，承办有关国际金融事务。

（5）承担上海地区的人民银行有关业务。

（6）根据管理权限，负责上海总部及辖区的人事、党建、内审、纪检监察工作。

（7）负责在上海的人民银行有关机构的管理及相关机构的协助管理工作。

（8）承办总行交办的其他事项。

上海总部的组织架构为：

根据上海总部的职能定位，上海总部机关内设：综合管理部（党委办公室）、公开市场操作部、金融市场管理部、金融稳定部、调查统计研究部、国际部、金融服务一部、金融服务二部、外汇管理部、跨境人民币业务部、金融消费权益保护局（部）、现场检查部、人力资源部（党委组织宣传部）、纪检监察办公室（内审部）、中国反洗钱监测分析中心上海分中心（上海总部反洗钱监测分析中心）。

上海总部办公地址：上海市浦东新区陆家嘴东路 181 号。

4. 直属机构

直属机构包括：中国人民银行机关服务中心、中国人民银行集中采购中心、中国反洗钱监测分析中心、中国人民银行征信中心、中国外汇交易中心（全国银行间同业拆借中心）、中国金融出版社、金融时报社、中国人民银行清算总中心、中国印钞造币集团有限公司、中国金币总公司、中国金融电子化公司、中国人民银行党校、中国金融培训中心、中国人民银行郑州培训学院、中国钱币博物馆、中国人民银行金融信息中心。

5. 分支机构

中国人民银行的分支机构如表 1 所示。

表 1　　中国人民银行分支机构

辖区/类别	分支机构
地区总部	上海总部
管理部	北京营业管理部
	重庆营业管理部
天津分行辖区	天津分行
	石家庄中心支行
	太原中心支行
	呼和浩特中心支行
沈阳分行辖区	沈阳分行
	长春中心支行
	哈尔滨中心支行

续表

辖区/类别	分支机构
上海分行辖区	杭州中心支行
	福州中心支行
南京分行辖区	南京分行
	合肥中心支行
济南分行辖区	济南分行
	郑州中心支行
武汉分行辖区	武汉分行
	长沙中心支行
	南昌中心支行
广州分行辖区	广州分行
	南宁中心支行
	海口中心支行
成都分行辖区	成都分行
	贵阳中心支行
	昆明中心支行
	拉萨中心支行
西安分行辖区	西安分行
	兰州中心支行
	西宁中心支行
	银川中心支行
	乌鲁木齐中心支行
计划单列市	厦门市中心支行
	宁波市中心支行
	青岛市中心支行
	大连市中心支行
	深圳市中心支行

中国人民银行的主要职责包括：

（1）拟订金融业改革、开放和发展规划，承担综合研究并协调解决金融运行中的重大问题、促进金融业协调健康发展的责任。牵头国家金融安全工作协调机制，维护国家金融安全。

（2）牵头建立宏观审慎管理框架，拟订金融业重大法律法规和其他有关法律法规草案，制定审慎监管基本制度，建立健全金融消费者保护基本制度。

（3）制定和执行货币政策、信贷政策，完善货币政策调控体系，负责宏观审慎管理。

（4）牵头负责系统性金融风险防范和应急处置，负责金融控股公司等金融集团和系统重要性金融机构基本规则制定、监测分析和并表监管，视情责成有关监管部门采取相应监管措施，并在必要时经国务院批准对金融机构进行检查监督，牵头组织制定实施系统重要性金融机构恢复和处置计划。

（5）承担最后贷款人责任，负责对因化解金融风险而使用中央银行资金机构的行为进行检查监督。

（6）监督管理银行间债券市场、货币市场、外汇市场、票据市场、黄金市场及上述市场有关场外衍生产品；牵头负责跨市场跨业态跨区域金融风险识别、预警和处置，负责交叉性金融业务的监测评估，会同有关部门制定统一的资产管理产品和公司信用类债券市场及其衍生产品市场基本规则。

（7）负责制定和实施人民币汇率政策，推动人民币跨境使用和国际使用，维护国际收支平衡，实施外汇管理，负责国际国内金融市场跟踪监测和风险预警，监测和管理跨境资本流动，持有、管理和经营国家外汇储备和黄金储备。

（8）牵头负责重要金融基础设施建设规划并统筹实施监管，推进金融基础设施改革与互联互通，统筹互联网金融监管工作。

（9）统筹金融业综合统计，牵头制定统一的金融业综合统计基础标准和工作机制，建设国家金融基础数据库，履行金融统计调查相关工作职责。

（10）组织制定金融业信息化发展规划，负责金融标准化组织管理协调和金融科技相关工作，指导金融业网络安全和信息化工作。

（11）发行人民币，管理人民币流通。

（12）统筹国家支付体系建设并实施监督管理。会同有关部门制定支付结算业务规则，负责全国支付、清算系统的安全稳定高效运行。

（13）经理国库。

（14）承担全国反洗钱和反恐怖融资工作的组织协调和监督管理责任，负责涉嫌洗钱及恐怖活动的资金监测。

（15）管理征信业，推动建立社会信用体系。

（16）参与和中国人民银行业务有关的全球经济金融治理，开展国际金融合作。

（17）按照有关规定从事金融业务活动。

（18）管理国家外汇管理局。

（19）完成党中央、国务院交办的其他任务。

（20）职能转变。完善宏观调控体系，创新调控方式，构建发展规划、财政、金融等政策协调和工作协同机制，强化经济监测预测预警能力，建立健全重大问题研究和政策储备工作机制，增强宏观调控的前瞻性、针对性、协同性。围绕党和国家金融工作的指导方针和任务，加强和优化金融管理职能，增强货币政策、宏观审慎政策、金融监管政策的协调性，强化宏观审慎管理和系统性金融风险防范职责，守住不发生系统性金融风险的底线。按照简政放权、放管结合、优化服务、职能转变的工作要求，进一步深化行政审批制度改革和金融市场改革，着力规范和改进行政审批行为，提高行政审批效率。

加快推进“互联网+政务服务”，加强事中事后监管，切实提高政府服务质量和效果。继续完善金融法律制度体系，做好“放管服”改革的制度保障，为稳增长、促改革、调结构、惠民生提供有力支撑，促进经济社会持续平稳健康发展。

资料来源：根据中国人民银行网站（http://www.pbc.gov.cn）资料整理。

实训项目：

1. 分组讨论中国人民银行机构设置的特点，并分析上海总部的职责与重要性。
2. 登录中国人民银行网站，了解中国人民银行的信息。

第七章

货 币 需 求

学习目标

通过本章的学习，学生应了解货币需求的含义及分类，在理解货币需求理论的基础上，掌握货币需求的决定因素和影响因素。

第一节 货币需求概述

一、货币需求的含义

货币需求是指在一定时期内社会各经济主体（包括个人、企业、政府）为满足正常的生产、经营和各种经济活动需要而应该保留或占有一定货币的动机或行为，它包含两个基本因素：一是必须有持有货币的愿望，二是必须有持有货币的能力。

二、货币需求的分类

（一）名义货币需求与实际货币需求

名义货币需求是指不考虑通货膨胀因素，按现行价格计算的各经济主体对货币的需求量，即用货币单位来表示的货币数量，如 8 万元人民币、1 万美元等，通常用 M 表示。实际货币需求是指扣除了通货膨胀因素后各经济主体对货币的真实需求量，它等于名义货币需求除以物价水平（P），即 M/P。

名义货币需求与实际货币需求的根本区别在于其是否剔除了通货膨胀或通货紧缩所引起的物价变动的影响。

（二）主观货币需求与客观货币需求

根据货币需求的动机，货币需求可以分为主观货币需求和客观货币需求。前者是指个人、家庭或单位等各种经济主体在主观上希望拥有多少货币，是一种占有货币的愿望。后者是一种有支付能力的有效需求，是指个人、单位或国家在一定时期内能满足其正常生产和交换及正常经济发展客观需要的货币需求。依据货币作为一般等价物具有质上无限、量上有限的特征，主观货币需求在量上是无限制的，是一种无约束性的无效货币需求，这显然不是我们研究的对象。客观货币需求又可分为微观货币需求和宏观货币需求。

（三）微观货币需求与宏观货币需求

微观货币需求是指个人、家庭、企业等微观经济主体，在既定的收入水平、利率水平和其他经济条件下，因生活或生产经营活动的需要而应该保有的货币量。对微观货币需求的分析主要研究每一个经济单位持有多少货币最为合算，并剖析货币需求变化的原因。宏观货币需求是指一个国家在一定时期内因经济发展和商品流通的需要而保有的货币量。对宏观货币需求的分析，主要在于根据影响货币需求的变量，探讨一国经济发展客观上所需的货币量，从而为货币供给决策提供依据。

二者的区别在于：前者是从一个经济单位着眼，探讨每一个经济单位持有多少货币最为合适，即持有多少货币的机会成本最低和所得效用最大；而后者则是从国民经济总体出发，去探讨一国经济发展客观上所需的货币量。二者的联系在于：前者是后者的构成和基础，后者是前者的总括，但前者的总和并不等于后者。微观货币需求总和往往大于宏观货币需求。

三、货币需求的决定和影响因素

（一）收入水平

收入水平是决定货币需求的主要因素之一，这一因素又可以分解为收入水平和收入间隔两个方面。在一般情况下，货币需求量与收入水平成正比，当居民、企业等经济主体的收入增加时，他们对货币的需求也会增加；当其收入减少时，他们对货币的需求也会减少。如果人们取得收入的时间间隔延长，则整个社会的货币需求量就会增大；相反，如果人们取得收入的时间间隔缩短，则整个社会的货币需求量就会减少。

（二）消费倾向

消费倾向是指消费支出在收入中所占的比重。在一般情况下，消费倾向与货币需求呈同方向变动关系，即消费倾向越大，货币需求就越大；消费倾向越小，货币需求越小。

（三）利率水平

在正常情况下，市场利率与货币需求成反比，原因在于：第一，市场利率提高，意味着人们持有非货币金融资产的收益率就会上升，货币的机会成本增加，因此，货币需求趋于减少；相反，市场利率下降，持有货币的机会成本减少，货币需求趋于增加。第二，市场利率与有价证券的价格呈反向变动，利率上升，有价证券的价格下跌，吸引投资者购买证券，货币需求减少；反之亦然。

（四）信用的发达程度

一般情况下，信用发达程度与货币需求呈反方向变动关系。信用程度越发达，金融市场越完善，可供选择的金融工具就越多，人们对货币的需求就越小；反之，对货币的需求就越大。

（五）货币流通速度、社会商品可供量、物价水平

这三个因素对货币需求的影响可用货币流通规律说明。若以 M 代表货币需求量，P 代表物价水平，Q 代表社会商品可供量，V 代表货币流通速度，则根据货币流通规律有如

下公式：$M=PQ/V$。可见，物价水平和社会商品可供量同货币需求成正比，货币流通速度同货币需求成反比。

（六）公众的预期和偏好

以上五点是决定货币需求的客观因素。货币需求在相当程度上还受到人们的主观意志和心理活动的影响。一般地说，人们的心理活动与货币需求有如下关系：一是当利率上升幅度较大时，人们往往预期利率将下降，而有价证券价格将上升，于是人们将减少手持现金，增加有价证券的持有量，以期日后取得资本溢价收益，反之亦然。二是预期物价水平上升，则货币需求减少；预期物价水平下降，则货币需求增加。三是人们偏好货币，则货币需求增加；人们偏好其他金融资产，则货币需求减少。

第二节 货币需求理论

经济学界存在多种货币需求说，它们从不同的角度研究了货币需求量和其影响因素之间的数量关系，形成了许多不同的货币需求理论，如马克思的货币需求理论、古典学派的货币需求理论、凯恩斯学派的货币需求理论、新古典学派的货币需求理论等。

一、马克思的货币需求理论

马克思的货币需求理论又称为货币流通规律，集中表现在其货币流通规律公式中，即

执行流通手段职能的货币量=商品价格总额（即流通中商品数量×商品价格）/同名货币的流通次数

这一规律也可以表述为“执行流通手段的货币量决定于流通商品的价格总额和货币流通的平均速度”。如果以 M 表示执行流通手段职能的货币量，以 P 表示商品价格水平，以 Q 表示流通中商品数量，以 V 表示货币流通速度，则货币流通规律可以表示为：

$$M=PQ/V \tag{7-1}$$

上式既表达了货币需求量的决定因素，即流通的商品量、价格水平和货币流通速度，同时也表达了这三个因素的变动与货币需求量变动的关系。这些关系表现在以下方面。

第一，货币需求量与商品数量、价格水平即商品价格总额成正比。商品价格总额越大，需要的货币量越多，反之就越少；当价格水平一定时，商品价格总额取决于商品数量，商品数量越多，商品价格总额越大，需要的货币量越多，反之则就越少。

第二，货币需求量与货币流通速度成反比。货币流通速度是单位货币一定时期内在商品交易者之间的转手次数。在商品交易过程中，商品被卖出后就退出流通领域，进入消费领域，而货币则不会退出流通领域，仍在买者与卖者之间不停地转手运动，为实现商品的价值服务。这样，在一定时期内，单位货币可以实现多倍的商品价值。在商品价格总额一定的条件下，货币的流通次数增加，需要的货币量就会减少；货币的流通次数减少，需要的货币量就会增加。

需要指出的是，马克思的分析是以19世纪金属货币流通为前提的。针对纸币和不兑现的信用货币流通下货币量对价格的影响，马克思在货币流通规律的基础上提出了纸币流通规律，其内容和要求包括三个层次的含义。

第一，纸币无论发行多少，都能被商品流通吸收。这是由纸币的性质决定的。纸币是由国家发行并强制流通的，不具有内在价值。纸币如果在流通界执行流通手段职能，它就能够代表相应的价值，具有与一切商品相交换的能力；若纸币处于流通之外，就因失去交换价值而成为一文不值的废纸。因此，纸币只要投入流通，就必然被商品流通所吸收，不会轻易退出流通界。

第二，纸币所代表的价值决定于流通中的纸币数量。一方面，纸币无论投入多少，都会被商品流通吸收；另一方面，商品流通只能吸收一定量的金属货币，而纸币又代表这一定量的金属货币流通。于是就产生了矛盾，这一矛盾是通过单位纸币所代表的价值量的自发调节来解决的，用公式表示为：

投入流通的全部纸币所能代表的价值量=商品流通所能吸收的金属货币量（7－2）

单位纸币所代表的价值量=流通中必要的金属货币量/流通中的纸币　　（7－3）

即在纸币流通的条件下，单位纸币所代表的价值量等于流通中所需的金属货币量除以流通中的纸币总额。

第三，纸币的发行限于它代表的金（或银）的实际流通的数量。这是纸币流通规律的基本要求。纸币无论发行多少，在流通中总是被压缩为它所代表的那种金属货币在实际流通中能够吸收的数量。因此，当纸币发行量超过了流通中所能吸收的同名金属货币量时，就会导致纸币贬值、物价上涨的现象。例如，假定国家投入的纸币数量是1 000亿元，而当时流通中吸收的同名金属货币量为800亿元，则这1 000亿元的纸币只能代表800亿元的金属货币流通，此时

单位纸币所能代表的价值量=800/1 000=0.80（元）

可见由于纸币多发行了20%，单位纸币就贬值了20%。因此，这就要求国家发行的纸币量仅限于流通中吸收的同名金属货币的流通数量。

二、古典学派的货币需求理论

古典学派的货币需求理论又称为古典货币数量理论。该理论认为货币本身并不存在内在的价值，其价值纯粹源于其交换价值，即货币的价值是商品和劳务的实际购买力。古典货币数量论有两种成熟形态，其一是费雪的现金交易方程式，其二是剑桥学派的现金余额方程式，或称为剑桥方程式。

（一）现金交易方程式

1911年，美国经济学家欧文·费雪在其代表作《货币购买力：其决定因素及其与信贷、利息和危机的关系》中，对古典货币数量论观点做了最清晰的表述。费雪十分注重货币的交易媒介功能，认为人们需要货币是因为货币可以用来交换商品和劳务，以满足人们的欲望。人们手中的货币，最终都将用于购买。因此，在一定时期内，社会的货币

支出量与商品、劳务的交易量的货币总值一定相等。据此，费雪提出了著名的现金交易方程式：

$$MV=PT \tag{7-4}$$

式中，M 代表一国中经常流通的货币数量，V 代表这些货币的平均流通速度，P 代表交易中商品的平均价格即一般物价水平，T 代表所有商品、劳务的交易总量。PT 表示一定时期中所支付的名义价格的总额，MV 则是相应的货币周转总额。

这一方程式是一个恒等式，故价格水平 P 的值取决于 M、V、T 三个变量。费雪认为，货币的流通速度 V 由制度条件决定，在短期内不会有大的变化，可视为常数。T 取决于人口、资源、技术条件及其他社会因素，在充分就业水平上，T 不能再增加，也是相对稳定的，故 V/T 可以假定为一常数。因此，P 的值主要取决于 M 的变化，只要 M 发生变化，P 就按正比例发生变化。

现金交易方程式虽然说明了 P 主要由 M 决定，但当把 P 视为给定的价格水平时，这个交易方程式就成为货币需求函数，即

$$M=1/V \cdot PT \tag{7-5}$$

此公式表明，在给定价格水平下，名义货币量与总交易量具有一定的比例关系，这个比例就是 $1/V$。换言之，要是价格保持给定水平，就必须是货币量与总交易量保持一定比例关系。

（二）现金余额方程式

在费雪发展其货币数量论观点的同时，在 1917 年及以后几年中，英国剑桥大学的一些经济学家，如 A. 马歇尔、A. C. 庇古和 D. H. 罗伯逊等人也在做同样的课题，与此前的经济学家不同，他们不是从整个经济的角度考虑货币数量问题，而是着眼于个人对货币持有的需求，重视微观主体的行为。他们认为，处于经济体系中的个人对货币的需求，实质是选择以怎样的方式保有自己的资产问题。

剑桥学派经济学家注重分析人们持有货币的动机。他们认为，人们之所以持有一定的货币是为了购买商品、劳务、应付对货币的突然需求和价格上涨。人们持有货币的多少主要取决于预算的规模和持有货币的机会成本。预算限额由总财富和收入构成，持有货币的机会成本，包括各种资产的利息率、实际资本的收益率和预期的通货膨胀率等。

马歇尔注重以某一时期货币存量来说明价格水平，他认为现金交易理论没有说明决定货币流通速度的原因，所以改用现金余额方法。根据马歇尔的说法，一个社会的全部货币存量恰好等于所有人希望以货币形式持有的购买手段，它取决于一个国家的商业习惯、交易总额和持有的货币与总产量的比率等因素。马歇尔的观点由他的学生庇古加以系统化。庇古是第一个把现金余额理论变成方程式的剑桥学派经济学家，罗伯逊也采用了大致相同的方程式。现金余额方程式可以简写成下面的形式：

$$M_d=KPY \tag{7-6}$$

式中 M_d 为货币需求量，K 为总财富中以货币形式保有的比例，P 为平均价格水平，Y

为社会总资源或国民收入，PY 表示名义总收入。

根据这一公式，我们可以看出剑桥学派经济学家在物价问题上的观点，方程式中的诸因素都对价格水平有影响，如果人们愿意持有较多的货币，对货币的需求就会增加，货币流通速度便会放慢，价格水平下降，如果方程式中的 K、Y 不变，则价格水平 P 就与货币存量 M 做同等比例的变化。该方程式表明，货币需求有三个变量。

现金余额方程式是现金交易方程式的变形与发展，它们之间的区别在于：第一，交易说重视货币作为媒介的功能，认为人们需要货币是为了便于交换，而余额说则强调货币的价值储藏功能，认为货币是具有充分流动性的价值储藏工具，不仅交换需要货币，而且持有货币也是持有资产的一种形态。第二，与交易说不同，余额说以收入 Y 代替了交易量 T，以个人持有货币需求对收入的比率 K 代替了货币流通速度 V，V 是一个常数，而 K 是变量。第三，交易说重视影响交易的金融及经济制度等因素，而余额说则重视持有货币的成本与持有货币的满足程度的比较，重视预期和收益等不确定性因素。第四，交易说没有明确地区分名义货币需求与实际货币需求，所以，交易次数、交易量以及价格水平都影响到货币的需求，而余额说的货币需求是实际货币需求，它不受物价水平的影响，因此物价变动只能影响名义货币需求。

三、凯恩斯学派的货币需求理论

凯恩斯对货币需求的研究是从对经济主体的货币需求动机，即流动性偏好的研究出发的。流动性偏好是指人们宁愿持有流动性高但不能生利的货币，也不愿持有其他虽能生利但较难变现的资产的心理。其实质就是人们对货币的需求，我们可以把流动性偏好理解为对货币的一种心理偏好。

凯恩斯沿着剑桥学派的思路，从人们持有货币的需求出发并加以论证，认为流动性偏好出于三个动机。

第一，交易动机，即个人或企业为了应付日常交易需要而产生的持有货币的需求。对个人而言，其强度主要取决于货币收入的数量以及货币收支时间间隔的长短；对企业而言，它取决于企业当期生产规模的大小及生产周期的长短。

基于交易动机而产生的货币需求被称为货币的交易需求。影响交易需求的因素包括收入规模、收入与支出的时距及其规律性、支出习惯、金融制度、预期因素等。在这些影响因素中，除了收入因素外，其他因素均可视为在短期内不变的常量。因此，凯恩斯将交易需求看作收入的函数。

第二，预防动机，又称为谨慎动机，即为应付可能遇到的意外支出等而持有货币的动机，如个人和家庭应付失业、患病等意料不到的需要以及企业预防不时之需，即为应付突然发生的意外支出和为不失去意外的有利的购买机会做好准备，也为了持有一种其货币价值不变的资产，以便偿付那些根据货币计算其数额不变的未来的债务。这类需求即货币的预防需求。它的产生主要是因为未来收入和支出的不确定性，为了防止未来收入减少或支出增加这种意外变化而保留一部分货币以备不测。可见，货币的交易需求和预防需求都与收入有关，交易需求是因为在收入和支出之间有一定的时差，货币的预防需求则主要是因为收入和支出的不确定性。所以，两者可归入一个范围内，都可视为收入的函数。

第三，投机动机，即人们根据市场利率变化的预期而持有货币以满足从中获利的目的。这种需求又被称为投机性货币需求。这是凯恩斯流动性偏好理论同古典学派的最大不同之处，也是他对货币理论发展做出的重大贡献。

投机性货币需求取决于三个因素，即当前市场利率、投机者正常利率水平的目标值以及投机者对利率变化趋势的预期。其中，第三个因素依赖于前两个因素，所以投机动机的货币需求实际上取决于当前市场利率水平与投机者对正常利率目标取值的差。从总体分析来看，如果当前市场利率水平较低，那么预期利率上升的投机者就会较多，从而以货币形式持有其财富的投机者就越多，货币的投机性需求也就越大，反之亦然。所以，货币的投机性需求是当前利率水平的递减函数。

简言之，货币执行交换手段职能形成人们的交易动机和预防动机，而货币执行储藏手段职能则形成人们的投机动机。人们对货币的交易需求和预防需求主要由收入决定，对货币的投机需求主要由利率决定。其中，因交易动机和预防动机带来的货币需求 L_1 与利率没有直接关系，它是收入 Y 的函数，并且与收入成正比，即 $L_1=L_1(Y)$。而投机动机带来的货币需求 L_2 则与利率 r 成反比，即 $L_2=L_2(r)$，因为利率越高，人们持有货币进行投机的机会成本也就越高。

综上，凯恩斯的货币需求函数为：

$$L=L_1(Y)+L_2(r) \tag{7-7}$$

式中，L 为货币需求量，Y 为收入，r 为利率。

上式表明货币的总需求由收入和利率两个因素决定，这是该式与此前所有函数式的关键区别所在。

对于任何已知的价格水平，根据 $L_1=f(Y)$，我们可以求出每一收入水平 Y 的货币需求。同理，对于任何已知的价格水平，根据 $L_2=f(r)$，我们可以求出在每一利率水平上的货币需求。因此，根据 $L_1=f(Y)$ 和 $L_2=f(r)$，我们可以求出每一个可能的收入 Y 和利率 r 对货币的总需求。如图 7－1（a）所示，曲线 L_1 与利率无关，是一条与货币需求横轴垂直或与利率纵轴平行的直线。但 L_2 则是一条向右下方倾斜的曲线，即利率越高，货币需求越少；反之，利率越低，货币需求越多。如果将 L_1 与 L_2 相加，则货币总需求曲线 L 如图 7－1（b）所示。

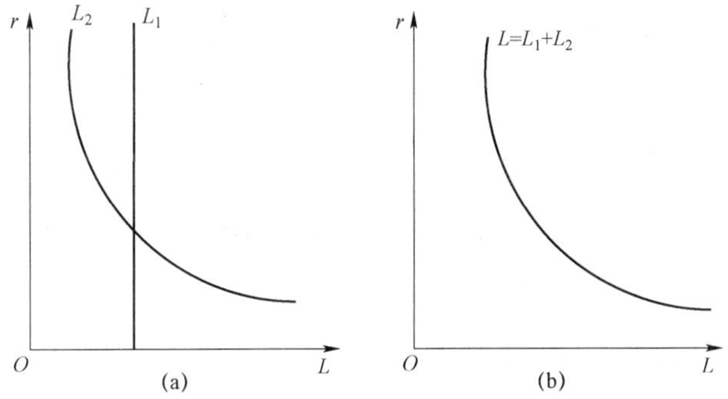

图 7－1 凯恩斯的货币需求曲线

既然 L 因收入多少而增减，那么，L 曲线也应随着收入的变化而移动。如图 7-2 所示，$L(Y_1)$ 是收入为 Y_1 时的货币需求，如果收入增至 Y_2，则 L 曲线也会向右移至 $L(Y_2)$。总之，L 曲线并非一条单独地在（L，r）平面上的曲线，而是在该平面上的一系列随收入 Y 而变化的曲线。

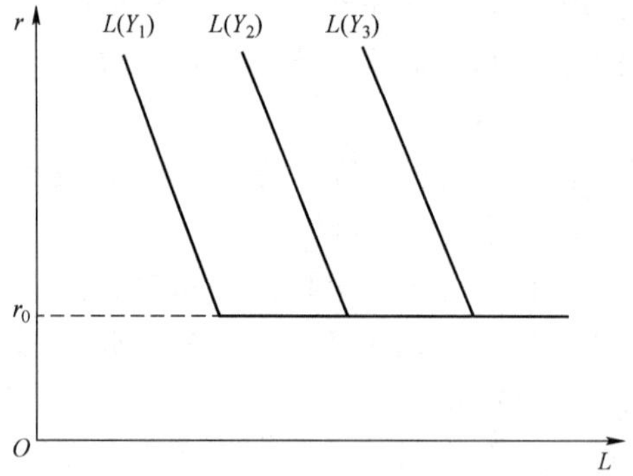

图 7-2　凯恩斯的“流动性陷阱”

凯恩斯学派货币需求理论的新颖之处在于它强调了货币作为资产或价值储藏的重要性。也就是说，货币并非仅是一种交易手段，它本身也有保有的价值。比如企业或个人预期其他商品及资产价格将要下跌时，持有货币可以达到财富保值甚至升值的目的。凯恩斯利率的第二个特色是，当利率降至一定低点后，货币需求就会变得无限大，这时，没有人会愿意持有债券或其他资产，每个人只愿意持有货币，即进入了凯恩斯所谓的“流动性陷阱”。如图 7-2 所示，当利率降至 r_0 时，货币需求曲线变成与横轴平行的直线，在该直线部分，货币需求的利率弹性变得无限大。凯恩斯认为，一般情况下，由流动性偏好决定的货币需求在数量上主要受收入和利率的影响。其中，交易性货币需求是收入的递增函数，投机性货币需求是利率的递减函数，所以，货币需求是有限的。但是当利率降到一定低点之后，由于利息率太低，人们不再愿意持有没有什么收益的生息资产，而宁愿以持有货币的形式来持有其全部财富。这时，货币需求便不再是有限的，而是无限大了。如果利率稍微下降，不论中央银行增加多少货币供应量，都将被货币需求所吸收。也就是说，利率在一定低点以下时，中央银行的货币政策对货币需求是不起任何作用的。

总结：第一，凯恩斯研究影响货币需求的因素时假定货币需求来自三个动机，即交易动机、预防动机与投机动机；第二，由交易动机和谨慎动机而产生的货币需求一般用于商品或劳务交易，称为交易性货币需求，用 L_1 表示，它是收入 Y 的递增函数，即 $L_1=L_1(Y)$；第三，投机性货币需求 L_2 则与利率有关，是利率的递减函数，即 $L_2=L_2(r)$；第四，货币总需求 L 由交易性货币需求和投机性货币需求构成，即 $L=L_1(Y)+L_2(r)$，这表明对货币的总需求是由收入和利率两个因素决定的。

四、新古典学派的货币需求理论

新古典学派的货币需求理论以弗里德曼的现代货币数量论为代表，该理论认为货币数量论不是关于产量、货币收入或价格水平的理论，而首先是一种货币需求理论。1956年，弗里德曼在《货币数量论——重新表述》中提出货币需求函数，后来又将它扩展。

新古典学派的货币需求理论试图用稳定的货币需求函数来重新表述货币数量论，它不考虑人们持有货币的动机，而只是像剑桥学派那样设定货币具有效用，然后考察什么因素决定人们想要持有货币的多少。其货币需求函数可以表述为：

$$M/P=f（Yp，W；rm，rb，re，1/p \cdot dp/dt，U） \quad (7-8)$$

其中，M 为个人财富持有者持有的货币量，即名义货币需求量；P 为一般物价水平；M/P 表示个人财富持有者持有的货币所能支配的实物量，即实际货币需求量；Yp 为按不变价格计算的实际收入；W 为物质财富占总财富的比重；rm 表示预期的货币名义收益率，rb 表示固定收益的债券收益率，re 表示非固定收益证券（股票）的收益率；$1/p \cdot dp/dt$ 表示预期物价变动率，即实物资产的名义报酬率；U 为货币的效用以及影响此效用的其他因素。

下面具体分析弗里德曼货币需求函数的各个变量，以及它们对货币需求的意义。

第一，Yp 作为收入，不是当期收入，而是按不变价格计算的实际收入，也可理解为恒久性收入，即过去、现在和将来的收入的平均数。在弗里德曼看来，货币需求主要取决于总财富，但总财富实际上是无法衡量的，只能用恒久性收入而不是用不稳定的现期收入来代替。货币需求对利率不敏感，恒永久性收入的稳定导致了货币需求的稳定。

第二，W 代表物质财富占个人总财富的比率，它与货币需求负相关。财富由各种资产构成，其中包括人力财富和物质财富。人力财富是个人在未来获得收入的能力。弗里德曼认为，大多数财富持有者的主要资产是他们个人挣钱的能力，但人力财富转化为物质财富需要很多条件，如投资、增加就业机会和生产、生活条件等，所以，人力财富在总财富中所占比例越大，货币需求将越大。

第三，在人们保有的货币及其他资产中，货币的名义收益率 rm 为零，而其他资产如债券、股票、实物资产的可预期收益一般由两部分组成：（1）任何现在已付的收益或费用，如债券利息、股票红利、有形资产保管费用；（2）这些资产的名义价格的变动。其中，实物资产的收益率就是物价水平的变动率 $1/p \cdot dp/dt$，当物价水平变动时，实物资产的价值发生变动，因而产生收益。而各种资产的收益就是人们保有货币所支付的费用，其收益率上升，货币需求量就会减少。

第四，U 表示与保有其他资产相比，人们保有货币所得到的效用及影响这种效用的收入以外的其他各种因素，如人们的主观偏好、技术与制度因素等。

对于货币需求，弗里德曼最具有概括性的论断是：由于恒久性收入多，且货币流通速度（恒久性收入除以货币存量）也相对稳定，货币需求因而也是比较稳定的。

弗里德曼得出与凯恩斯完全不同的结论：第一，货币需求是稳定的，这与恒久性收入的稳定性相关，其对利率变动不敏感；第二，货币需求通过货币数量影响总支出，从而转到货币供给量的变动影响价格与产量上。因此，他认为，要稳定经济，就必须稳定货币供应。

本章小结

1. 货币需求是一种能力和愿望的统一，经济学研究的对象是客观的货币需求，它是与货币供给直接对应的一个范畴，主要是一个宏观经济学问题。

2. 货币需求理论是一种研究人们持有货币需求的动机、决定或影响货币需求的各种因素以及数量决定的理论，研究的内容包括一国经济发展在客观上需要多少货币量，以及一个经济主体在现实的收入水平、利率和商品供求等经济背景下持有多少货币的机会成本最小、收益最大等问题。

3. 货币需求理论主要有马克思的货币需求理论、古典学派的货币需求理论、凯恩斯学派的货币需求理论以及新古典学派的货币需求理论。它们之间各有异同，在考察对象、范围、影响货币需求变量的分析方面是不断深化的，即从 $f(Y)$ 发展为 $f(Y, r)$，并不断纳入更多的变量。

4. 货币需求的决定和影响因素主要有收入水平、消费倾向、利率水平、信用发达程度、货币流通速度、社会商品可供量、物价水平以及公众预期和偏好等。

重要概念

货币需求　宏观货币需求　微观货币需求　名义货币需求　实际货币需求　交易动机　预防动机　投机动机　流动性陷阱　恒久性收入

选择题

1. $M=KPY$ 属于（　　）理论。

A. 现金交易说　　B. 现金余额说

C. 可贷资金说　　D. 流动性偏好说

2. 根据凯恩斯流动性偏好理论，当预期利率上升时，人们就会（　　）。

A. 抛售债券而持有货币　　B. 抛出货币而持有债券

C. 只持有货币　　D. 只持有债券

3. 凯恩斯认为，人们之所以需要货币是因为货币（　　）。

A. 是最好的价值储藏手段　　B. 具有最强的流动性

C. 可以满足人们的投资需求　　D. 是最好的金融资产

4. 流动性陷阱是指（　　）。

A. 人们普遍预期利率将上升时，愿意持有货币而不愿持有债券

B. 人们普遍预期利率将上升时，愿意持有债券而不愿持有货币

C. 人们普遍预期利率将下降时，愿意持有货币而不愿持有债券

D. 人们普遍预期利率将下降时，愿意持有债券而不愿持有货币

复习思考题

1. 什么是货币需求和货币需求理论?
2. 试述马克思的货币需求理论。
3. 试述交易方程式与剑桥方程式。
4. 试述凯恩斯学派的货币需求理论。
5. 试述新古典学派的货币需求理论。

实训案例

数字金融发展对居民家庭货币需求的影响

20世纪30年代资本主义经济危机的发生使当时社会有效需求萎靡不振，凯恩斯在这样的背景下，从持有货币动机不同的视角提出了流动性偏好理论。根据该理论凯恩斯将人们的货币需求划分为交易性货币需求、预防性货币需求和投机性货币需求，并指出交易性和预防性的货币需求是受收入影响，而投机性货币需求是利率的函数。第二次世界大战之后，随着西方国家经济的恢复和发展，金融管制趋于放松，利率在金融市场的作用越来越突出，凯恩斯货币需求理论，交易性和预防性货币需求只受收入影响的结论明显与实际情况不符。也就是说随着金融创新的不断发展，传统的货币需求理论已不适用于现实。

当前，我国经济已由高速增长阶段转向高质量发展阶段，数字经济成为经济发展的新的动能。数字金融、数字货币、数字资产都是几年来逐渐兴起的新兴金融创新形式。数字金融是金融领域的数字化，目前被普遍接受的数字金融的含义，主要指传统金融机构与互联网公司利用数字技术实现融资、支付、投资和其他新型金融业务模式。随着大数据、区块链、云计算等数字技术的进步，我国数字金融发展迅速，主要体现在移动支付规模日渐庞大，中国人民银行数字货币试点有序开展。2019年末以来，中国人民银行在深圳、苏州、雄安、成都及2022年北京冬奥会场景开展数字人民币试点测试。2020年11月，又增加了上海、海南、长沙、西安、青岛、大连6个新的试点地区，形成了“10+1”个试点地区。2022年4月，增加天津、重庆、广州、福州、厦门及浙江省承办亚运会的6个城市作为试点地区，北京和张家口在2022年北京冬奥会、冬残奥会场景试点结束后转为试点地区成为新增的第三批试点城市。那么新兴发展的数字金融究竟对居民家庭货币需求有没有影响?

首先，数字金融改变了传统货币需求理论的现实环境。数字金融的创新主要表现在以下三方面：一是运用大数据、云计算、区块链和人工智能等新技术，产生数字支付、数字融资、数字投资、数字货币、数字保险等新业务模式；二是增强了金融服务的普惠性；三是使资金供需双方运用数字金融平台直接进行交易匹配，加大金融脱媒。其次，数字金融的发展改变了传统的金融交易方式，由原有的现金支付发展为数字支付，持有的金融资产也早已超出现金和债券两种，还包括数字货币和股票、基金、信托等多种理财产品。另外，传统金融形式并不具备数字金融的消费信用和数字借贷功能。鉴于以上，可以看出数字金融的发展已经改变了传统货币需求理论依赖的环境基础，都会现实的影响居民家庭的货币需求。

其次，数字金融改变了居民的生活方式和交易习惯。我国传统居民家庭的货币需求以预防性货币需求为主，货币需求层次不高，因此居民储蓄率过高。数字金融一方面能够缓解家庭流动性约束，降低居民家庭预防性货币需求；另一方面，数字金融的发展大大改善了金融服务的可得性和便利性，即使在偏远落后地区也可以快速完成数字支付、投资交易、生活缴费等各种金融活动。数字金融的便捷也提高了居民家庭网购比例，进而从数字支付、消费信用和数字货币收益三方面强化数字金融的替代效应，降低居民家庭交易性货币需求。因此，数字金融发展显著降低了居民家庭的交易性和预防性货币需求。

资料来源：根据网络资料整理。

实训项目：根据上述材料，请谈谈你对数字金融与家庭货币需求关系的看法。

第八章

货 币 供 给

学习目标

通过本章的学习，学生应掌握货币供给的基本概念、货币供给模型和影响货币供给的因素，区分内生变量和外生变量，理解现金和存款货币的供给机制，了解货币供给的相关理论，熟练进行货币乘数的运算。

第一节 货币供给概述

一、货币供给的概念

货币供给是指货币供给主体向货币需求主体供给货币的过程，是一个动态的概念。货币供给会形成一定的货币数量，即货币供给量。货币供给量是一个货币区（通常是指一个主权国家，也可以是根据某种国际条约建立的、使用同一种货币的多国联盟，如欧元区，也可能是由历史遗留问题形成的或根据某种需要而建立的一国之内使用另外一种货币的特殊区域，如中国香港等）。在某一时点上由非银行部门持有的货币总量，即为社会经济运行服务的货币数量，显然，这是个存量概念。

这里需要注意的是，这个货币量一定是由非银行部门持有的，即货币供给量一定是流通中的货币量，银行部门拥有的货币不应计入货币供给量，中央银行所属的造币厂的纸币库存更不应计入货币供给量，因为这些货币不参与流通。这个货币总量与考察货币量的层次有关，各国不尽相同。如以狭义货币 M_1 为例，非银行部门持有的现金是货币供给量的一个部分，非银行部门持有的活期存款凭证则是货币供给量的另一个部分。

货币供给量又可以分为名义货币供给量和实际货币供给量，前者是指一定时点上不考虑价格因素影响的货币存量，后者是指剔除价格因素之后一定时点上的货币存量，我们通常所说的货币供给量一般都是指名义货币供给量。虽然货币供给量和货币供给是有区别的，货币供给量是货币的存量，而货币供给是一种行为或过程，但在不影响理解的前提下，人们常常把货币供给量简称为货币供给。

货币供给量是存在于流通领域中被各经济单位（银行系统以外的个人、家庭、企业和机关团体等）所持有的货币存量，这些经济单位只是货币的运用者，事实上现实生活中的货币都出自银行。货币由银行体系发行和创造，又不断地回归银行体系，所以银行体系是整个货币流通的中心环节。而现代银行作为信用中介机构和信用创造机构的统一，其本质特征在于信用创造方面，即银行可以在相当范围内通过增加自身的负债去增加货币供给量，由此影响社会各种资源的配置、再生产各环节的协调、各种经济杠杆作用的发挥以及币值本身的稳定。

研究货币供给的目的就是为了使货币供给主体提供的货币量能够与货币需求主体需要的货币量保持一致，并能不断维持经济的稳定增长。

二、货币供给的内生性与外生性

货币供给理论是分析货币供给量的大小及决定因素的理论，相对于货币需求理论，货币供给理论的产生和形成要晚得多。这是因为在相当长的时间里，绝大多数经济学家都把货币供给当作中央银行能够完全控制的一个变量，因此很少有人研究货币供给的决定过程，而是只研究当中央银行改变货币供给量时经济如何变化。后来人们才逐步认识到，中央银行并不具有绝对控制货币供给的能力，货币供给量还要受商业银行和公众行为的影响，因此，货币供给理论可以分为外生性货币供给理论和内生性货币供给理论。

所谓外生变量，又称政策性变量，是指在经济机制中易受外部因素影响，由非经济因素所决定的变量，它是能够由政策决策人控制，并用于实现其政策目标的变量。而内生变量，又称非政策性变量，是指在经济机制内部由纯粹的经济因素所决定的变量，不为政策所左右。

货币供给具有外生属性，这是因为货币供给量主要是由经济体系以外的货币当局即中央银行决定的，中央银行可以通过发行货币、规定法定存款准备金率等方式来控制货币供给量。因此，中央银行只要确定了经济发展所需要的合理的货币需求量，然后再由中央银行供给适量货币，货币供需就能实现均衡。如果货币需求量是合理的，当货币失衡时，完全可以由中央银行通过政策手段改变货币供给量加以矫正。强调货币供给的外生性并不否认经济系统中实际经济活动对货币供给量的影响，只是认为实际经济活动对货币供给量的作用远不如中央银行对货币供给量的作用那么强。

货币供给的内生性分析认为，中央银行不能完全直接控制货币供给量，货币供给的变动主要是由经济体系中各经济主体的行为所决定的，因此，货币供给量是内生变量，中央银行对货币供给的控制只是相对的。从金融领域来看，一方面，商业银行的存款和资产规模要受到储户偏好和银行贷款、投资机会的影响；另一方面，其他非银行金融机构的存款创造能力也会随着其贷款融资活动的增加而提高，社会公众的资产偏好所影响的资产结构又会随着现实经济的运行经常调整变化，这就使货币供给具有内生性。主张货币供给的内生性并不是否认中央银行对货币供给量的控制能力，只是认为货币资产与其他金融资产之间、商业银行的货币创造能力与非银行金融机构的货币创造能力之间的替代性会大大降低中央银行对货币供给量的有效控制。

综上分析可知，货币供给量是一个融外生性和内生性于一体的复合变量。货币供给量首先是一个外生变量，因为货币供给形成的源头——基础货币——是由中央银行直接控制的，中央银行能够按照自身的意图运用政策工具对货币供给量进行扩张和收缩，货币供给量的大小在很大程度上为政策所左右；另一方面，货币供给量并不完全是纯粹的外生变量，在现代二阶银行体制和部分准备金制度下，决定货币供给量的因素，不仅包括货币当局的政策变量，还包括一系列经济因素（例如商业银行、社会公众的偏好和资产选择等），尤其是后面我们要学到的货币乘数，更是一个由多重经济主体操作、受多重因素影响的复杂变量，这表明货币供给还带有内生变量性质。正因为如此，货币供给理论的研究必须同时关注货币供给的内生性和外生性，既强调中央银行对货币供给的控制与调节作用，又重视政府、企业、个人等不同经济主体的经济行为对货币供给的决定性影响，只有这样才能正确描述货币供给的决定机理，为货币供给实践奠定理论基础。

货币供给的内生性和外生性可以用图 8－1 来描述：如图（a）所示，货币供给曲线 M 是一条平行于利率轴并等于某一常数 M_0 的直线，M 是外生变量。在图（b）中，货币供给曲线 M 是利率 i 的函数，M 与利率 i 具有正相关关系，M 是内生变量，由于货币供给的这种内生性质，中央银行对货币供给量的控制与调节变得十分困难。

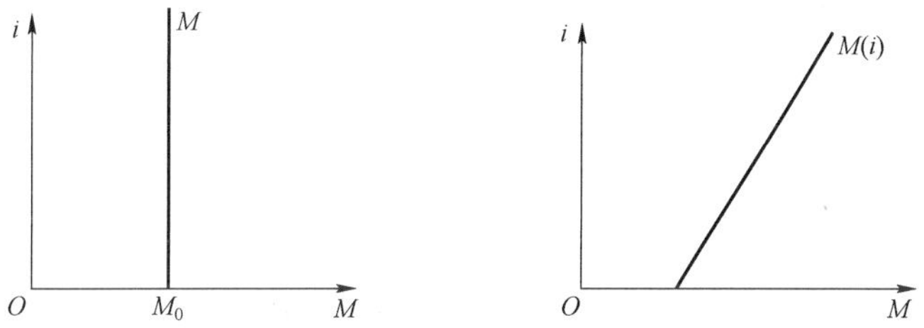

(a) M 为外生变量　　(b) M 为内生变量

图 8－1　货币供给曲线

三、货币供给的形成机制

在当今信用货币制度下，社会经济活动主体所需要的货币都是由银行供给的。银行是货币供给的主体，这是没有问题的。但是，必须分清楚的是，货币供给量的不同部分是由不同性质的银行投放到市场上的。现金是由地位超然的央行印制并发行的，而存款则是由商业银行体系对非银行部门的放款、投资等资产业务创造的。通常，存款在货币供给量中占的比重比较大。

（一）现金的供给机制

我们先来了解一下现金是怎样从央行投放到市场流通中去的。换言之，先来了解中央银行向市场投放现金的渠道。一般说来，主要渠道有三个。

（1）对政府贷款（通常是财政当局），政府获得了现金的使用权。

（2）对金融机构贷款，金融机构获得了现金的使用权。

（3）收购外汇和金银，出口商、金银持有者得到了现金所有权。

那么现金或纸币究竟是什么？用学术一点的语言可以这样描述：央行发行的现金是法定货币，它是以国家权力为后盾推行的价值符号。究其实质，央行的纸币是国家对持币人的负债凭证。

那么，负债的内容是什么？我们来做这样一个假设：

政府从央行借到了一笔“央行负债凭证”（现金），于某年某月某日从你那里买走了1 000元的商品。你付出了商品，得到了面值1 000元的“负债凭证”。这就意味着，国家（央行代表国家）欠你以当日价格计算的1 000元的资源和劳动，即价值。简单说，你手上的纸币说明央行欠你与面值等额的“价值”，或者说，这是央行的一张借条，你拥有了对央行的债权。

那么，央行这笔债务何时偿还呢？很不幸地告诉你：债务人（央行）永远不会偿还这笔债务，但债权人（你）可以顺利地将此债权转让出去，用于购买别人的商品或服务。于是，在日常的市场交易中，人们就互相转让这些“央行负债凭证”，没有人会拒收，因为那是违法的。

其实，除经济学界的专家学者外，没人考虑，甚至很少有人知道“纸币是国家的欠条”这种“奇怪的事情”。人们一直认为，那些质地精良、印刷考究、花花绿绿的钱就是钱，我们经常用它清偿债务，它本身怎么会是“负债凭证”呢？这种观念恰好说明央行的信誉极好，这是纸币流通的必要条件。

（二）存款的供给机制

存款的供给机制在本书第五章第二节有详细介绍。

第二节　货币供给模型

由商业银行的存款创造模型可以知道，商业银行系统创造出的存款与存款准备金之间存在着一种乘数关系，但这一模型并不能全面地反映货币供给问题。因为，商业银行存款创造模型只阐述了存款货币是如何决定的，没有涉及货币供给量的另一个重要组成部分——现金；该模型的基础运算变量——原始存款的数额很难确定，而且也不受商业银行的控制；计算存款乘数的法定存款准备金率是由商业银行体系以外的因素——中央银行决定的。另外，这一模型不能作为货币供给模型存在的另一个重要原因是，它没有将控制货币供给量的主体——中央银行考虑在内。所以，我们必须引入新的模型，即货币供给模型，来全面研究货币供给的相关问题。

一、基础货币和货币乘数的概念

基础货币，也称货币基数（Monetary Base）、强力货币、初始货币，因其具有使货币供应总量成倍放大或收缩的能力，又被称为高能货币（High－powered Money）。根据国际货币基金组织的定义，基础货币包括中央银行为广义货币和信贷扩张提供支持的各种负债，主要指银行持有的货币（库存现金）和银行外的货币（流通中的现金），以及银行与非银行在货币当局的存款。

通常情况下，基础货币是指流通中的现金和商业银行在中央银行的存款准备金之和，如果用 B 代表基础货币，用 C 代表流通中的现金，用 R 代表商业银行在中央银行的存款准备金，则基础货币可以表示为 $B=C+R$。基础货币的概念之所以如此重要，是因为只要掌握了它与货币供给量之间的联系，中央银行就可以利用这种联系对货币供给进行控制。

如前文所述，流通中的现金发行权由中央银行垄断，其发行程序、管理技术等均由中央银行掌握，流通中的现金是中央银行的负债。商业银行在中央银行的存款准备金也是中央银行的负债，包括法定存款准备金和超额存款准备金两个部分。

商业银行通常不会将吸收的全部存款都贷放出去，而是会留存一部分以应付取款的需要，这就是最初的存款准备金。但由于这部分准备金不能给银行带来直接的收益，银行有不断压缩准备金比率的倾向。为了确保商业银行在遇到突然大量的存款提取时能有相当充足的清偿能力，各国的中央银行都会要求商业银行缴纳一定的法定存款准备金。所谓法定存款准备金是指商业银行按照法律规定必须存在中央银行里的准备金，准备金提存的比例通常是由中央银行决定的，被称为法定存款准备金率。法定存款准备金制度为中央银行提供了一种控制货币总量的手段，法定存款准备金率越高，商业银行需要缴纳的存款比例就越高，能够投入流通领域的货币数量就会越少。

所谓超额存款准备金就是超过法定存款准备金的准备金，超额存款准备金与存款总额的比例是超额存款准备金率。金融机构为适应资金运营的需要，保证存款支付和资金清算时有随时可调用的资金，按规定在中央银行开设存款账户，存入一定数量的准备金用于支付款项。这个存款账户和法定存款准备金使用同一个存款账户，因此超额存款准备金就是商业银行超过法定存款准备金要求数量以外保留的准备金。超额存款准备金和超额存款准备金率的高低由商业银行根据具体情况自行掌握。一般而言，保持适度超额存款准备金率，能保证银行体系的正常支付能力，商业银行在经营中必须随时保持一定比例的现金和流动性强的资产做准备以应付客户提款的需要。

从基础货币的构成来看，流通中的现金和商业银行在中央银行的存款准备金都是中央银行的负债，中央银行对这两个部分都具有直接的控制能力。中央银行可以通过现金供给渠道影响货币供给量，也可以调整法定存款准备金率，改变商业银行的存款准备金数量，影响其信贷能力，进而调控货币供给量。

基础货币有三个特点：它是中央银行的负债；它具有派生性，即它运动的结果能够产生出数倍于它本身的货币量，具有多倍的伸缩功能；它具有可控性，即中央银行能够控制它，并且通过对它的控制来控制整个货币供给量。

基础货币是通过货币乘数与货币供给量相联系的，货币乘数就是基础货币每增加或减少一个单位所引起的货币供给量增加或减少的倍数。

我们可以用货币供给模型来表述这一关系，即

$$M_s = k \cdot B$$

其中，M_s代表货币供给量，$M_s=C+D$，C代表现金，D代表银行存款，k代表货币乘数，B是基础货币，$B=C+R$，R代表商业银行存款准备金。

基础货币中的现金部分虽然能够成为创造货币供给量的基础，但其数量取决于中央银行，不会有倍数的增加，能够成倍扩张的是存款。因此，基础货币与货币供给量的关系可以用图 8－2 表示。

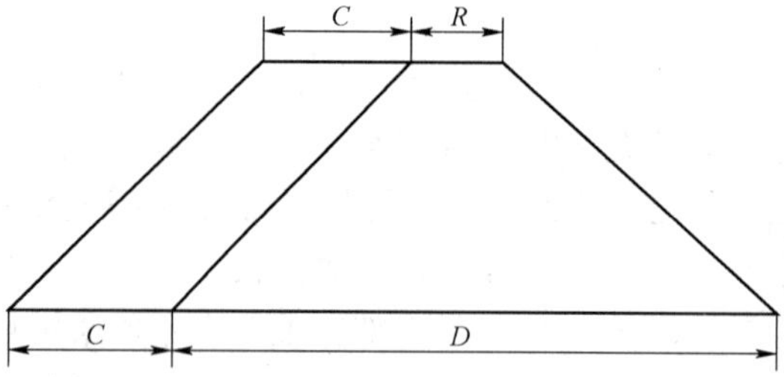

图 8－2　基础货币与货币供给量关系示意图

由以上分析可以看出，如果增加基础货币，则货币供给量增加，货币政策趋于扩张；反之，减少基础货币，则货币供给量减少，货币政策趋于紧缩。基础货币的两个组成部分都是中央银行的负债，其中，现金是中央银行对现金持有者的负债，存款准备金是中央银行对商业银行的负债。因此，中央银行可以通过对自身负债的控制，即对基础货币的控制来调节流通中的货币供给量。如果基础货币的量既定，货币供给的扩张和收缩则取决于货币乘数的变动。如果基础货币和乘数都在变动，则货币供给量取决于各种因素的变动情况。

中央银行提供基础货币是整个货币供给过程的最初环节，虽然基础货币并不是最终的货币供给，但基础货币决定着流通中的现金，影响商业银行运用存款准备金进行存款创造的活动，只有通过基础货币才能完成最终的货币供给。货币供给的全过程就是由中央银行提供基础货币，基础货币形成商业银行的原始存款，商业银行在原始存款基础上创造派生存款（现金漏损的部分形成流通中现金），最终形成货币供给总量的过程。

二、货币乘数的推导

我们已经知道，货币供给量的多少取决于基础货币和货币乘数两个因素。在货币乘数 k 不变时，基础货币 B 的变动直接引起货币供给量的增加或减少，而且二者的变动方向相同。当基础货币 B 不变时，货币供给量则取决于另一个因素——货币乘数 k。下面，我们分别用 M_1 和 M_2 层次的货币供给模型来推导货币乘数。

我们首先需要界定一下各字母符号的含义：

C：流通中的现金

D：商业银行的存款总额

D_d：商业银行的活期存款

B：基础货币

R：商业银行的存款准备金
r：法定存款准备金率
e：超额存款准备金率
n：活期存款在存款总额中所占的比例
h：流通中的现金在存款总额中所占的比例，即现金漏损率，也称通货比率
根据货币定义

$$M_1=C+D_d \tag{8-1}$$
$$M_2=C+D \tag{8-2}$$

根据基础货币的定义

$$B=C+R \tag{8-3}$$

根据商业银行存款准备金的定义

$$R=Dr+De \tag{8-4}$$

根据上述字母含义，D_d、C 与 D 的关系可写成

$$D_d=Dn \tag{8-5}$$
$$C=Dh \tag{8-6}$$

现将式（8－4）和式（8－6）代入式（8－3），得

$$B=Dh+Dr+De=D(r+e+h) \tag{8-7}$$

整理，得

$$D=\frac{1}{r+e+h}B \tag{8-8}$$

将式（8－8）代入式（8－5）得

$$D_d=\frac{n}{r+e+h}B \tag{8-9}$$

将式（8－8）代入式（8－6）得

$$C=\frac{h}{r+e+h}B \tag{8-10}$$

将式（8－9）和式（8－10）代入式（8－1）得

$$M_1=\frac{n+h}{r+e+h}B \tag{8-11}$$

式（8－11）即为M_1层次的货币供给模型，其中乘数K为$\frac{n+h}{r+e+h}$，它表示每一单位基础货币的增减将引起$\frac{n+h}{r+e+h}$倍货币供给量M_1的增减。

将式（8－8）和式（8－10）代入式（8－2）得

$$M_2=\frac{1+h}{r+e+h}B \qquad (8-12)$$

式（8－12）即为M_2层次的货币供给模型，其中乘数K为$\frac{1+h}{r+e+h}$，它表示每一单位基础货币的增减将引起$\frac{1+h}{r+e+h}$倍货币供给量M_2的增减。

由以上两个乘数可以得出结论，货币供给量是由中央银行、商业银行和非银行部门共同决定的。但是，一般情况下中央银行和商业银行占主要地位。

三、影响基础货币的因素分析

基础货币是由现金和商业银行的存款准备金构成的，这二者是中央银行的货币性负债，我们可以利用中央银行的资产负债表来分析基础货币受哪些因素影响。表8－1是中央银行的资产负债表。

表8－1　中央银行的资产负债表

资产		负债	
		现金	B
		商业银行的准备金存款	
对商业银行债权	A_1	政府财政存款	L_1
对政府债权	A_2	其他负债	L_2
国际储备资产	A_3	对外负债	L_3
其他资产	A_4	资本项目	L_4

依据资产负债表的基本会计等式

$$A_1+A_2+A_3+A_4=B+L_1+L_2+L_3+L_4 \qquad (8-13)$$

可以推出

$$B=A_1+A_2+A_3+A_4-L_1-L_2-L_3-L_4 \qquad (8-14)$$

即

基础货币=中央银行资产－中央银行非货币性负债和资本　（8－15）

我们将式（8－14）整理可得

$$B=A_1+(A_2-L_1)+(A_3-L_3)+(A_4-L_2-L_4) \tag{8-16}$$

即

基础货币=对商业银行的债权＋对政府资产净值＋对外资产净值＋其他资产与资本项目净值　（8－17）

由上面的式（8－15）可以知道，在中央银行非货币性负债和资本不变的情况下，中央银行资产项目的变动，会使基础货币做同方向等额的变动；在中央银行资产不变的情况下，中央银行非货币性负债和资本的变动会使基础货币做反向等额的变动。具体说来，影响基础货币的因素包括以下方面。

（一）货币政策

中央银行货币政策的方向会影响基础货币的供应量，中央银行制定执行宽松的货币政策，会增加基础货币的数量；中央银行制定执行紧缩的货币政策，会减少基础货币的数量。中央银行货币政策对基础货币的影响主要是利用再贴现（再贷款）和公开市场操作两大工具。在再贴现方面，中央银行如果降低再贴现率或再贷款利率，整个金融机构体系向中央银行的贴现和贷款就会增加，则中央银行对金融机构体系的债权增加，即资产项目增加，其结果是基础货币增加；如果中央银行提高再贴现率或再贷款利率，整个金融机构体系向中央银行的贴现和贷款就会减少，则中央银行对金融机构体系的债权减少，即资产项目减少，结果是基础货币减少。在公开市场操作方面，如果中央银行买进有价证券，则中央银行资产增加，资产增加使基础货币增加；反之，如果中央银行卖出有价证券，则中央银行资产减少，资产减少使基础货币减少。

（二）财政收支状况

中央政府的财政收支状况也会影响到基础货币的供给。财政收支状况会影响中央银行对政府的债权和债务之差，这一差额有时是被动变化的，有时是主动变化的。

中央银行对政府债权差额的被动变化主要是指财政收支本身的变化。财政是政府部门对国民收入进行再分配的重要工具，其收支活动与货币供给量之间有着密切关系。财政的各项收入和支出都是以货币形式进行的，而且都是与银行存款账户直接相联系的。一般而言，财政金库都是由中央银行代理的，中央银行按规定的程序办理财政收入的上缴和支出的下拨，政府在中央银行的财政存款对于中央银行而言是负债。当财政收入增加时，政府在中央银行的存款增加，意味着中央银行的负债增加，在其他因素不变的情况下，基础货币就会减少；而当政府的财政支出增加时，中央银行对政府的负债减少，或者说中央银行的资产增加，在其他因素不变时，基础货币就会增加。

中央银行对政府债权差额的主动变化主要是指为弥补政府的财政赤字而引起的变化。财政赤字是政府财政支出大于财政收入而形成的差额，由于会计核算中用红字处理，所以称为财政赤字，它反映着一国政府的财政收支状况，财政赤字是财政收支未能实现平衡的一种表现。理论上，财政收支平衡是政府财政的最佳情况，即财政收支相抵或略有节余。但是，在现实中，政府经常需要大量的资金去解决一些预算以外的问题，这会造成入不敷出的局面。由于中央银行代理国库，当出现财政赤字时，政府有时会依靠中央银行进行资金融通。中央银行为政府提供资金有两条渠道：一是贷款给政府以弥补财政赤字，二是购买政府债券。贷款给政府意味着赤字货币化，政府的财政赤字全部转化为增发的货币，会造成通货膨胀，通常各国都禁止这种做法；购买政府债券意味着中央银行对政府的债权增加，会带来基础货币的增加。

（三）国际收支状况

国际收支状况会影响到中央银行持有的国外净资产规模，国外净资产规模的大小会直接影响基础货币。国外净资产由外汇、黄金占款和中央银行在国际金融机构的净资产构成。其中外汇、黄金占款是中央银行用基础货币来收购的。从中央银行资产负债表看，基础货币是中央银行的负债，国外净资产是中央银行的资产。一般而言，中央银行资产增加得越多，负债方的基础货币就增加得越多。中央银行的国外净资产的增加意味着中央银行投放的基础货币增加，从而使货币供给量增加。也就是说，若国际收支顺差，则中央银行累计收购的外汇增加，央行的外汇储备增加，即资产项目增加，基础货币也会增加；若国际收支逆差，则中央银行的外汇储备会减少，央行资产项目减少会导致基础货币减少。

汇率制度、汇率政策、冲销干预等其他因素也会导致中央银行持有的外汇储备数量发生变化。如果一个国家实行的是浮动汇率制度，则中央银行不把稳定汇率作为政策目标，通过该项资产业务投放的基础货币有较大的主动权；而如果一个国家实行固定汇率制度的话，中央银行就会因为要维持汇率的稳定而被动进入外汇市场进行干预，这样外汇市场的供求状况对中央银行的外汇占款有很大影响，造成通过该渠道投放的基础货币具有相当大的被动性。举个例子来说，一国的中央银行在本国市场上通过购买外币债券来增加基础货币的投放，但这也会导致对外币需求量的增加，如果该国实行的是固定汇率制度，为了稳定汇率，中央银行又不得不抛售外币资产收回本币，基础货币又将减少。因此，如果中央银行不把稳定汇率作为政策目标，当中央银行对国外的资产增加时，基础货币量增加；相反，基础货币量减少。

由上面的分析可以看出，基础货币的供应量在很大程度上要受到中央银行货币政策的影响。因此，从该因素看，货币供给具有外生性，是外生变量。需要说明的是，在现实的资产负债业务活动中，中央银行可以在各有关项目之间通过冲销操作来减轻对基础货币的影响，也可以通过强化操作来加大对基础货币的作用。

四、影响货币乘数的因素分析

从货币供给模型的推导可以看出，影响货币乘数的因素主要有四个：法定存款准备金率、超额存款准备金率、现金漏损率、商业银行活期存款与存款总额的比率。

（一）法定存款准备金率

法定存款准备金率与货币乘数之间呈反向变动关系。当中央银行提高法定存款准备金率时，货币乘数减小，若基础货币数量不变，则货币供给量减少；反之，当中央银行降低法定存款准备金率时，货币乘数扩大，若基础货币数量不变，则货币供给量增加。

一般情况下，中央银行都是依据经济金融的发展状况对法定存款准备金率加以调整的，法定存款准备金率是央行的货币政策工具之一。

具体来说，法定存款准备金率受以下几个因素的影响。

1. 中央银行的货币政策意向

如前文所述，法定存款准备金率是中央银行的货币政策工具之一，因此，法定存款准备金率的变动首先取决于中央银行的货币政策意向。中央银行的货币政策是逆经济风向行事的，因此法定存款准备金率与经济运行态势呈反方向变动。在经济过热时，中央银行提高法定存款准备金率，紧缩银根；在经济衰退时，中央银行降低法定存款准备金率，放松银根。

2. 商业银行的存款构成

中央银行的货币政策意向是法定存款准备金率变动的主要原因，但不是唯一决定因素。因为即使是在法定存款准备金率不变的情况下，如果商业银行存款结构发生变化，实际的存款准备金率也会变化。在商业银行的存款中，中央银行对活期存款和定期存款的准备金率要求是不同的，如果定期和储蓄存款比率相对上升，活期存款比率相对下降，则实际的法定存款准备金率将下降；反之，实际的法定存款准备金率将上升。

3. 商业银行的经营规模和处所

中央银行通常对商业银行实行差别存款准备金率制度。除了前述存款的差别外，商业银行经营规模的大小、商业银行距离中央银行的远近等，都可以作为实行差别存款准备金率的条件。如果这些因素发生变化，即使中央银行的货币政策意向与商业银行的存款结构不变，整个商业银行体系的实际法定存款准备金率也会发生变化；如果存款在不同规模的商业银行和不同地区的商业银行之间流动和转移，那么也会引发实际法定存款准备金率的变化。

（二）超额存款准备金率

超额存款准备金率与货币乘数之间也呈反向变动关系。当超额存款准备金率上升时，货币乘数就会变小，货币供给量下降；当超额存款准备金率下降时，货币乘数就会变大，货币供给量上升。超额存款准备金率的大小主要取决于商业银行持有超额存款准备金的意愿，而这一意愿又主要取决于其持有超额存款准备金的成本与收益。具体来说包括以下方面。

1. 市场利率的高低

市场利率相当于商业银行持有超额存款准备金的机会成本。市场利率越高，商业银行持有超额存款准备金的机会成本就越高，商业银行持有的超额存款准备金就会减少，该比率便会下降；反之，当市场利率降低，商业银行持有超额存款准备金的机会成本也就下降，商业银行持有的超额存款准备金就会增加，该比率就会上升。

2. 中央银行的货币政策导向

中央银行提高法定存款准备金率或再贴现率，就意味着货币政策趋紧，商业银行借入资金的成本增加，持有超额存款准备金的收益上升，因此商业银行会增加超额存款准备金的持有，超额存款准备金率就会上升；反之，中央银行降低法定存款准备金率或再贴现率，这就意味着货币政策宽松，商业银行借入资金较为容易，持有超额存款准备金的收益下降，因此商业银行会减少超额存款准备金的持有，超额存款准备金率就会下降。

3. 存款外流的程度

存款是商业银行最主要的资金来源，存款的数额和稳定程度直接关系到商业银行的经营状况。商业银行存款外流数额越多、不确定性越高，其持有超额存款准备金的收益就越高，商业银行就会增加超额存款准备金的持有，提高超额存款准备金率；反之，如果商业银行存款外流数额少，存款外流的不确定性低，持有超额存款准备金的收益就低，商业银行就会减少超额存款准备金的持有，从而降低超额存款准备金率。

4. 商业银行的经营策略

如果商业银行的经营策略属于激进型，其资金运用强调获利，则其持有的超额存款准备金就比较少，超额存款准备金率就低；如果商业银行的经营策略属于稳健型，其资金运用强调安全，则其持有的超额存款准备金就比较多，超额存款准备金率就高。

（三）现金漏损率

现金漏损率也称现金比率或通货比率，其高低水平体现了社会公众持有金融资产的偏好。现实生活中，人们持有的现金和存款之间存在着此消彼长的关系，这种关系的变化会影响货币乘数，使二者呈反向变动。若现金漏损率提高，货币乘数会变小，在基础货币数量不变的情况下，货币供给量减少；若现金漏损率降低，货币乘数会变大，在基础货币数量不变的情况下，货币供给量增加。影响现金漏损率的因素主要有以下几个。

1. 财富变动情况

财富较少、收入较低的社会阶层习惯使用现金作为支付工具，而财富较多、收入较高的社会阶层则偏好把既方便又安全的支票作为支付工具。因此，随着经济增长和社会财富的不断增加，社会公众会减少现金持有从而使现金漏损率降低。

2. 存款利率高低

社会公众在进行金融资产配置时，重点考虑的因素之一就是各种金融资产的相对收益情况。当存款利率上升时，社会公众会增加存款，减少现金的持有，从而使现金漏损率下降；反之，当存款利率下降时，社会公众会减少存款，增加现金的持有，从而使现金漏损率上升。

3. 风险变动情况

风险变动情况也会影响社会公众对现金的需求。如果金融业经营出现不稳定因素、通货膨胀较为严重、消费品供不应求时，社会公众就会减少存款，增加现金的持有和现金消费，这样就会提高现金漏损率；反之，则会降低现金漏损率。

4. 金融业的发达情况

金融业越发达，转账结算越广泛，各种电子支付工具越普及，社会公众越会减少现金的使用，从而使现金漏损率降低。

5. 季节性因素

每逢节假日，居民消费热情高涨，公众需要更多的现金用于消费支出，所以会大量提现，现金漏损率也会相应提高。

（四）商业银行活期存款与存款总额的比率

商业银行活期存款与存款总额的比率与货币乘数呈正向变动关系。当商业银行活期存款比率上升时，货币乘数增大，货币供给量增加；相反，当商业银行活期存款比率下降时，货币乘数减小，货币供给量减少。在存款总额中，活期存款所占比率的问题本质上指的是存款结构的问题，该比率的大小主要受以下因素的影响。

1. 可支配收入水平的高低

社会公众可支配收入水平的高低是影响存款结构的主要因素之一。可支配收入水平提高，社会公众所持有的金融资产数量也会相应增加。但就商业银行所提供的金融资产来看，由于活期存款不支付利息或支付较低利息，所以，当公众可支配收入增加时，虽然活期存款也会增加，但定期存款和储蓄存款会增加更多，从而使存款结构发生变化，活期存款占存款总额的比重相对降低。

2. 存款利率的结构

存款利率结构是影响存款结构的重要因素。当活期存款与定期存款、储蓄存款之间的利差扩大时，活期存款占存款总额的比重会降低；相反，如果活期存款与定期存款、储蓄存款之间的利差缩小，则活期存款占存款总额的比重会提高。

从上面的分析可以看出，货币乘数的影响因素并不能由中央银行完全控制，超额存款准备金率、现金漏损率和活期存款与存款总额的比率是受经济内部因素影响的变量。从这一意义上说，货币供给具有内生性，是内生变量。

本章小结

1. 货币供给是指货币供给主体向货币需求主体供给货币的过程，是一个动态的概念。

2. 货币供给量是一个货币区在某一时点上由非银行部门持有的货币总量，即为社会经济运行服务的货币数量。

3. 外生变量，又称政策性变量，是指在经济机制中易受外部因素影响、由非经济因素所决定的变量，它是能够由政策决策人控制并用于实现其政策目标的变量。

4. 内生变量，又称非政策性变量，是指在经济机制内部由纯粹的经济因素所决定的变量，不为政策所左右。

5. 基础货币是指流通中的现金和商业银行在中央银行的存款准备金之和。

6. 货币乘数就是基础货币每增加或减少一个单位，所引起的货币供给量增加或减少的倍数。

重要概念

货币供给　货币供给量　内生变量　外生变量　基础货币　货币乘数

选择题

1. 货币供给量一般是指（　　）。

A. 流通中的现金量　　B. 流通中的存款量

C. 流通中的现金量与存款量之和　　D. 流通中的现金量与存款量之差

2. 基础货币是由（　　）提供的。

A. 投资基金　　B. 商业银行

C. 中央银行　　D. 财政部

3. 内生变量是由（　　）决定的。

A. 政策因素　　B. 经济因素

C. 非经济因素　　D. 人为因素

4. 基础货币包括（　　）。

A. 现金　　B. 存款货币

C. 存款准备金　　D. 原始存款

E.派生存款

5. 货币供给的控制机制由（　　）环节构成。

A. 货币供给量　　B. 基础货币

C. 利率　　D. 货币乘数

E. 再贴现率

复习思考题

1. 为什么说货币供给既有内生属性又有外生属性?

2. 什么是基础货币?

3. 货币乘数如何推导?

4. 影响货币乘数的因素有哪些?

实训案例

根据下列资料完成实训项目。

资料一：2022 年 8 月金融统计数据报告①

一、广义货币增长 12.2%，狭义货币增长 6.1%

2022 年 8 月末，广义货币（M_2）余额 259.51 万亿元，同比增长 12.2%，增速分别比上

① 关于报告中的数据及指标说明：a. 当期数据为初步数。b. 自 2015 年起，人民币、外币和本外币存款含非银行业金融机构存放款项，人民币、外币和本外币贷款含拆放给非银行业金融机构的款项。c. 报告中的企（事）业单位贷款是指非金融企业及机关团体贷款。

月末和上年同期高 0.2 个和 4 个百分点；狭义货币（M_1）余额 66.46 万亿元，同比增长 6.1%，增速比上月末低 0.6 个百分点，比上年同期高 1.9 个百分点；流通中货币（M_0）余额 9.72 万亿元，同比增长 14.3%。当月净投放现金 722 亿元。

二、人民币贷款增加 1.25 万亿元，外币贷款减少 347 亿美元

8 月末，本外币贷款余额 213.98 万亿元，同比增长 10.4%。月末人民币贷款余额 208.28 万亿元，同比增长 10.9%，增速分别比上月末和上年同期低 0.1 个和 1.2 个百分点。

8 月，人民币贷款增加 1.25 万亿元，同比多增 390 亿元。分部门看，住户贷款增加 4 580 亿元，其中，短期贷款增加 1 922 亿元，中长期贷款增加 2 658 亿元；企（事）业单位贷款增加 8 750 亿元，其中，短期贷款减少 121 亿元，中长期贷款增加 7 353 亿元，票据融资增加 1 591 亿元；非银行业金融机构贷款减少 425 亿元。1—8 月，人民币贷款累计增加 15.61 万亿元，同比多增 5 540 亿元。

8 月末，外币贷款余额 8 268 亿美元，同比下降 12.3%。8 月，外币贷款减少 347 亿美元，同比多减 332 亿美元。

三、人民币存款增加 1.28 万亿元，外币存款减少 425 亿美元

8 月末，本外币存款余额 258.66 万亿元，同比增长 10.9%。月末人民币存款余额 252.38 万亿元，同比增长 11.3%，增速比上月末低 0.1 个百分点，比上年同期高 3 个百分点。

8 月，人民币存款增加 1.28 万亿元，同比少增 926 亿元。其中，住户存款增加 8 286 亿元，非金融企业存款增加 9 551 亿元，财政性存款减少 2 572 亿元，非银行业金融机构存款减少 4 353 亿元。

8 月末，外币存款余额 9 112 亿美元，同比下降 8.9%。8 月，外币存款减少 425 亿美元，同比多减 462 亿美元。

四、银行间人民币市场同业拆借月加权平均利率为 1.23%，质押式债券回购月加权平均利率为 1.24%

8 月，银行间人民币市场以拆借、现券和回购方式合计成交 198.22 万亿元，日均成交 8.62 万亿元。其中，同业拆借日均成交 7 551 亿元，现券日均成交 1.23 万亿元，质押式回购日均成交 6.61 万亿元。

8 月，同业拆借加权平均利率为 1.23%，分别比上月和上年同期低 0.12 个和 0.85 个百分点。质押式回购加权平均利率为 1.24%，分别比上月和上年同期低 0.09 个和 0.84 个百分点。

五、经常项下跨境人民币结算金额为 10 042 亿元，直接投资跨境人民币结算金额为 5 884 亿元

8 月，经常项下跨境人民币结算金额为 10 042 亿元，其中货物贸易、服务贸易及其他经常项目分别为 7 652 亿元、2 390 亿元；直接投资跨境人民币结算金额为 5 884 亿元，其中，对外直接投资、外商直接投资分别为 1 507 亿元、4 377 亿元。

资料二：2022 年 8 月社会融资规模存量统计数据报告①

初步统计，2022 年 8 月末社会融资规模存量为 337.21 万亿元，同比增长 10.5%。其中，对实体经济发放的人民币贷款余额为 206.83 万亿元，同比增长 10.8%；对实体经济发放的外币贷款折合人民币余额为 2.19 万亿元，同比下降 6.7%；委托贷款余额为 11.06 万亿元，同比增长 1.2%；信托贷款余额为 3.88 万亿元，同比下降 27.4%；未贴现的银行承兑汇票余额为 2.9 万亿元，同比下降 11.5%；企业债券余额为 31.54 万亿元，同比增长 8%；政府债券余额为 58.42 万亿元，同比增长 17.6%；非金融企业境内股票余额为 10.23 万亿元，同比增长 13.9%。

从结构看，8 月末对实体经济发放的人民币贷款余额占同期社会融资规模存量的 61.3%，同比高 0.2 个百分点；对实体经济发放的外币贷款折合人民币余额占比 0.6%，同比低 0.2 个百分点；委托贷款余额占比 3.3%，同比低 0.3 个百分点；信托贷款余额占比 1.2%，同比低 0.6 个百分点；未贴现的银行承兑汇票余额占比 0.9%，同比低 0.2 个百分点；企业债券余额占比 9.4%，同比低 0.2 个百分点；政府债券余额占比 17.3%，同比高 1 个百分点；非金融企业境内股票余额占比 3%，同比高 0.1 个百分点。

资料三：2022 年 8 月社会融资规模增量统计数据报告②

初步统计，2022 年 8 月社会融资规模增量为 2.43 万亿元，比上年同期少 5 571 亿元。其中，对实体经济发放的人民币贷款增加 1.33 万亿元，同比多增 631 亿元；对实体经济发放的外币贷款折合人民币减少 826 亿元，同比多减 1 173 亿元；委托贷款增加 1 755 亿元，同比增加 1 578 亿元；信托贷款减少 472 亿元，同比减少 890 亿元；未贴现的银行承兑汇票增加 3 485 亿元，同比多增 3 358 亿元；企业债券净融资 1 148 亿元，同比少 3 501 亿元；政府债

① 关于报告中的数据及指标说明：a. 社会融资规模存量是指一定时期末（月末、季末或年末）实体经济从金融体系获得的资金余额。数据来源于中国人民银行、中国银行保险监督管理委员会、中国证券监督管理委员会、中央国债登记结算有限责任公司、银行间市场交易商协会等部门。b. 自 2019 年 12 月起，中国人民银行进一步完善社会融资规模统计，将“国债”和“地方政府一般债券”纳入社会融资规模统计，与原有“地方政府专项债券”合并为“政府债券”指标，指标数值为托管机构的托管面值；自 2019 年 9 月起，中国人民银行完善“社会融资规模”中的“企业债券”统计，将“交易所企业资产支持证券”纳入“企业债券”指标；自 2018 年 9 月起，中国人民银行将“地方政府专项债券”纳入社会融资规模统计；自 2018 年 7 月起，中国人民银行完善社会融资规模统计方法，将“存款类金融机构资产支持证券”和“贷款核销”纳入社会融资规模统计，在“其他融资”项下单独列示。c. 文内同比数据为可比口径。

② 关于报告中的数据及指标说明：a. 社会融资规模增量是指一定时期内实体经济从金融体系获得的资金额。数据来源于中国人民银行、中国银行保险监督管理委员会、中国证券监督管理委员会、中央国债登记结算有限责任公司、银行间市场交易商协会等部门。b. 自 2019 年 12 月起，中国人民银行进一步完善社会融资规模统计，将“国债”和“地方政府一般债券”纳入社会融资规模统计，与原有“地方政府专项债券”合并为“政府债券”指标，指标数值为托管机构的托管面值；自 2019 年 9 月起，中国人民银行完善“社会融资规模”中的“企业债券”统计，将“交易所企业资产支持证券”纳入“企业债券”指标；自 2018 年 9 月起，中国人民银行将“地方政府专项债券”纳入社会融资规模统计；自 2018 年 7 月起，中国人民银行完善社会融资规模统计方法，将“存款类金融机构资产支持证券”和“贷款核销”纳入社会融资规模统计，在“其他融资”项下单独列示。c. 文内同比数据为可比口径。

券净融资 3 045 亿元，同比少 6 693 亿元；非金融企业境内股票融资 1 251 亿元，同比少 227 亿元。1—8 月，社会融资规模增量累计为 24.17 万亿元，比上年同期多 2.31 万亿元。

资料来源：中国人民银行调查统计司。

实训项目：

1. 调查 2022 年我国内外经济金融环境，结合 2022 年 1—8 月各类统计数据报告和货币供应量表（见表 1）分析我国货币供给情况，分组讨论货币政策取向。

2. 已知 A 国公众持有现金 500 亿元，商业银行的库存现金为 400 亿元，在中央银行的法定存款准备金为 200 亿元，超额存款准备金为 100 亿元，银行法定存款准备金率 6%，超额存款准备金率 8%，现金漏损率 10%。

（1）该国基础货币是多少？

（2）该国货币供给量是多少？

表 1 **货币供应量**

单位：亿元

项目	2022.01	2022.02	2022.03	2022.04	2022.05	2022.06	2022.07	2022.08
货币和准货币（M_2）	2 431 022.72	2 441 488.90	2 497 688.34	2 499 710.90	2 527 026.15	2 581 451.20	2 578 078.57	2 595 068.27
货币（M_1）	613 859.35	621 612.11	645 063.80	636 139.01	645 107.52	674 374.81	661 832.33	664 604.85
流通中货币（M_0）	106 188.87	97 227.70	95 141.92	95 626.49	95 546.86	96 011.17	96 509.19	97 231.03

注：2018 年 1 月，人民银行完善货币供应量中货币市场基金部分的统计方法，用非存款机构部门持有的货币市场基金取代货币市场基金存款（含存单）。

第九章

通货膨胀与通货紧缩

学习目标

通过本章的学习，学生能够对通货膨胀和通货紧缩的理论有一个基本的认识，学生能熟练掌握通货膨胀的定义及类型、通货膨胀的成因、后果与对策；了解通货紧缩的定义、原因及对策等基本概念和基本理论。

第一节　通货膨胀的一般理论

一、通货膨胀的含义

通货膨胀是指在纸币流通条件下，流通中的货币量超过实际需要的货币量所引起的货币贬值、物价上涨的经济现象。

在界定通货膨胀的含义中，我国理论界比较统一的观点是：

（1）不能将通货膨胀与货币发行过多画等号。不可否认，货币过多会引起通货膨胀，但决定流通中货币量的不仅是商品价格总额，还有货币流通速度。即在商品总量和货币量相适应的情况下，如果货币流通速度加快，也会使流通中货币过多。所以，不能将通货膨胀与货币发行过多简单等同。

（2）不能将通货膨胀与物价上涨画等号。通货膨胀会引起物价上涨，但决不能引申为，凡是物价上涨都是由通货膨胀引起的。因为引起物价上涨的因素是多方面的，价格运动有其自身的规律性，不能都归咎于通货膨胀。

（3）不能将通货膨胀与财政赤字画等号。财政赤字如果通过多发行货币来弥补，可能引发通货膨胀，但财政赤字并非都是靠货币发行弥补，还可以采取压缩银行信贷、举借外债、发行国家债券等方式。

由以上分析，可以给现实经济生活中客观存在的通货膨胀下这样的定义：通货膨胀是指因流通中注入货币过多而造成的货币贬值，总的物价水平以不同形式（公开的或隐蔽的）持续上升的过程。

二、通货膨胀的度量

通货膨胀的程度多以物价上涨幅度表示出来，而物价上涨幅度即物价总水平的变动则通过物价指数反映出来。物价指数是本期物价水平对某期物价水平的比率，它是一般物价水平的指数形态，用以反映物价的涨跌幅度。通常人们将基期的物价指数设定为 100（%）。因此，如果本期物价指数大于 100，则表示本期物价水平相对于基期物价水平上涨；如果本期物价指数小于 100，则表示本期物价水平相对于基期物价水平下跌。

目前，测量物价指数的主要指标有三个。

（1）消费物价指数（Consumer Price Index，CPI），即零售价格指数。它是衡量城市家庭和个人消费的商品和劳务价格变化的指标，能反映直接影响一般民众生活状况的物价趋势。

消费物价指数通常可以灵敏地反映居民日常生活成本的变化，所以在衡量通货膨胀时被多数国家所采用。不过，这一指数也有其缺点：第一，CPI 无法分析出商品或劳务的价格上涨中，有多少成分是由于生产者提高质量、改善品质所致，有多少是真正的价格上涨。第二，在人们消费的内容中，经常有新产品出现并取代老产品，而新产品通常功能较强，在编入物价指数时，有高估物价上涨的现象。第三，不同收入阶层在消费结构上存在差异，但 CPI 不能反映出这种差异。第四，消费品毕竟只是社会最终产品的一部分，因而 CPI 不足以反映整个物价变动的情况。

1982—2021 年中国历年居民消费价格指数如表 9－1 所示。

表 9－1　　1982—2021 年中国居民消费价格指数

1982 年	1983 年	1984 年	1985 年	1986 年	1987 年	1988 年	1992 年	1993 年	1994 年
102	102	102.7	109.3	106.5	107.3	118.8	106.4	114.7	124.1
1995 年	1996 年	1997 年	1998 年	1999 年	2000 年	2001 年	2002 年	2003 年	2004 年
117.1	108.3	102.8	99.2	98.6	100.4	100.7	99.2	101.2	103.9
2005 年	2006 年	2007 年	2008 年	2009 年	2010 年	2011 年	2012 年	2013 年	2014 年
101.8	101.5	104.8	105.9	99.3	103.3	105.4	102.6	102.6	102
2015 年	2016 年	2017 年	2018 年	2019 年	2020 年	2021 年			
101.4	102	101.6	102.1	102.9	102.5	100.9			

资料来源：中国国家统计局。

（2）批发物价指数（Wholesale Price Index，WPI）。它是根据制成品和原料的批发价格编制的指数。

批发物价指数对生产资料价格的变动有较为敏感的反应，可以用它来衡量物质生产部门生产成本的变化。但它的局限性在于：第一，原材料与居民生活没有直接联系，而且该指数未把劳务包括进去，因此，不能用以反映整个物价的变动情况。第二，原材料价格的变动，未必能够反映最终产品的价格变化。

（3）国民生产总值平减指数（GNP Deflator）。它是指按当年价格计算的国民生产总值对按固定价格计算的国民生产总值的比率。

国民生产总值平减指数是较全面地衡量一个国家整体物价水平从基期到计算期变化程度的物价指数，但是其编制既耗时又费力，对一些国民经济核算体系不发达的国家，一年只能编制一次。因此，各国一般将三个指数同时应用并互相印证。

三、通货膨胀的类型

从不同的角度，按照不同的标准，通货膨胀可分为以下类型。

（一）按形成原因划分

（1）需求拉动型通货膨胀。需求拉动型通货膨胀指通货膨胀是由于总需求过度增长引起的，是由于过多的货币追逐过少的商品，从而使包括物资与劳务在内的总需求超过了按现行价格可获得的总供给，因而引起物价上涨的现象。

（2）成本推进型通货膨胀。成本推进型通货膨胀指通货膨胀的根源在于总供给变化的一种理论假说，具体指由于商品成本上升，即材料、工资保持一定利润水平，从而使物价水平普遍上涨的一种货币经济现象。

（3）供求混合推进型通货膨胀。供求混合推进型通货膨胀即一般物价水平的持续上涨，既不能说是单纯的需求拉动，也不能归咎于单纯的成本推进，又不能笼统地概括为社会经济结构的原因，而是由于需求、成本和社会经济结构共同作用形成的一种一般物价水平持续上涨的货币经济现象。

（4）结构型通货膨胀。物价的上涨是由于对某些部门的产品需求过多，虽然经济的总需求并不过多。其发展过程最初由于某些经济部门的压力使物价和工资水平上升，随后又使那些需求跟不上的部门的物价和工资额也趋于上升的水平，于是便出现全面的通货膨胀。

（5）国际传播型通货膨胀。国际传播型通货膨胀又称输入型通货膨胀，是指由于国外商品或生产要素价格的上涨，通过国际传导过程，引起国内物价的持续上涨现象。

（二）按表现形式划分

（1）开放型通货膨胀。开放型通货膨胀又称公开的通货膨胀，即物价可随货币供给量的变化而自由浮动。一般说来，主要由市场机制发挥作用的地方，通货膨胀多采取公开形式。

（2）抑制型通货膨胀。抑制型通货膨胀又称隐蔽的通货膨胀，即国家控制物价，主要消费品价格基本保持人为平衡，但表现为市场商品供应紧张、凭证限量供应商品、变相涨价、黑市活跃、商品走后门等的一种隐蔽性的一般物价水平普遍上涨的经济现象。在主要由计划机制发挥作用的国家或地区，通货膨胀多以这种方式表现出来。

（三）按通货膨胀程度划分

（1）爬行式膨胀。爬行式膨胀又称温和的通货膨胀，即允许物价水平每年按一定的比率缓慢而持续上升的一种通货膨胀。

（2）跑马式膨胀。跑马式膨胀又称小跑式通货膨胀，即通货膨胀率达到两位数字，在这种情况下，人们对通货膨胀有明显感觉，不愿保存货币而抢购商品，用以保值。

（3）恶性通货膨胀。恶性通货膨胀又称极度通货膨胀，即货币贬值幅度极大，贬值速度极快，如第一次世界大战后德国的情况。

第二节　通货膨胀的成因

通货膨胀的成因和机理比较复杂，对此各国经济学家从不同的角度做出了各种分析，将通货膨胀分为需求拉动型通货膨胀、成本推进型通货膨胀、供求混合推进型通货膨胀、结构型通货膨胀、预期型通货膨胀和输入型通货膨胀等。

一、需求拉动型通货膨胀

在需求拉动型通货膨胀（Demand－pull Inflation）情况下，经济中需求扩张超出总供给增长时所出现的过度需求是拉动价格总水平上升、产生通货膨胀的主要原因。通俗的说法就是“太多货币追逐太少的商品”，使得对商品和劳务的需求超出了在现行条件下可得到的供给，从而导致一般物价水平的上涨。其理论分析可用图 9－1 加以说明。

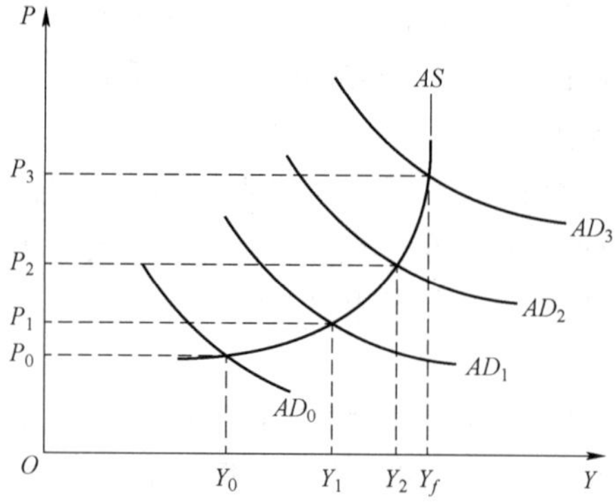

图 9－1　需求拉动型通货膨胀

图中 AS 表示总供给曲线，AD_0 表示总需求曲线的初值，两者的交点决定了供求平衡条件下的物价水平 P_0 和收入水平 Y_0。当总需求增加，曲线 AD_0 移至 AD_1 时，会使收入水平提高至 Y_1，同时拉动物价水平上升至 P_1。由于经济离充分就业差距较大时，总供给曲线 AS 较平坦，因此收入水平提高较快，而物价水平变动较小。当总需求继续增加，曲线 AD_1 移至 AD_2 时，收入水平提高至 Y_2，同时拉动物价水平升至 P_2。此时 AS 曲线倾斜度增大，物价水平的提高加快，进入凯恩斯所说的“半通货膨胀”的状况。经济愈是接近充分就业时的收入水平 Y_f，AS 曲线越是陡峭，表示收入水平难以进一步增长。因此，当曲线从 AD_2 移至 AD_3 时，经济达到充分就业，AS 曲线变为垂直，收入水平不再增长，总需求的增加几乎全部通过物价的上涨反映出来，即进入凯恩斯所谓的“真正的通货膨胀”。

根据引起总需求增加的原因，需求拉动的通货膨胀又可分为三种类型：（1）自发性需求拉动型，其总需求的增加是自发性的而不是由于预期的成本增加引起的；（2）诱发性需求拉动型，主要是由于成本增加而诱发了总需求的增加；（3）被动性需求拉动型，由于政府增加支出或采用扩张性货币政策增加了总需求，从而导致通货膨胀。

从 20 世纪 50 年代后期起，经济学家的注意力开始转向总供给方面，提出了成本推进型通货膨胀。

二、成本推进型通货膨胀

成本推进型通货膨胀（Cost-pull Inflation）是指通货膨胀并非由于总需求过度引起的，而是由于总供给方面的生产成本上升所引起的。因为在通常情况下，商品的价格是以生产成本为基础，加上一定利润而构成的。因此，生产成本的上升必然导致物价水平的上升。其理论分析可用图 9－2 加以说明。

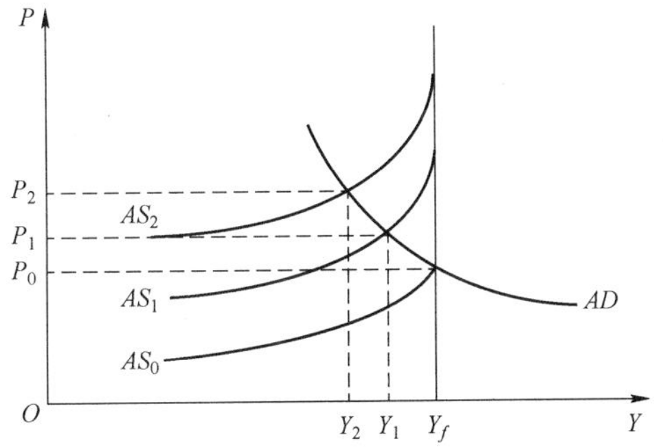

图 9－2　成本推动型通货膨胀

图 9－2 中的 AD 表示总需求曲线，AS_0 表示总供给曲线的初值，并假定两者的交点为经济达到充分就业条件下的供求均衡点，由此得到初始时的价格水平 P_0 和收入水平 Y_f。当成本增加时，企业会在同等产出水平上提高价格，或在同等价格水平上提供较少的产出，因而总供给曲线会由 AS_0 向上移动至 AS_1，甚至 AS_2。当总需求不变时，价格水平则由 P_0 上升至 P_1，甚至 P_2，而收入水平则下降至 Y_1，甚至 Y_2。因此，成本推进型通货膨胀正是由于成本的上升推动了物价水平的上升，并导致收入水平下降。

成本推进型通货膨胀理论揭示了促使产品成本上升的原因，并指出在现代经济中，有组织的工会和垄断性大公司对成本和价格具有操纵能力，是提高生产成本并进而提高价格水平的重要力量。此外，汇率变动引起进出口产品和原材料成本上升以及石油危机、资源枯竭等造成的原材料、能源生产成本的提高也会引起成本推进型通货膨胀。

三、供求混合推进型通货膨胀

尽管理论上可以区分需求拉动型通货膨胀与成本推进型通货膨胀，但在现实生活中，需求拉动的作用与成本推进的作用常常是混合在一起的。因此人们将这种总供给和总需求共同作用情况下的通货膨胀称为供求混合推进型通货膨胀（Hybrid Inflation）。其理论分析可用图 9－3 加以说明。

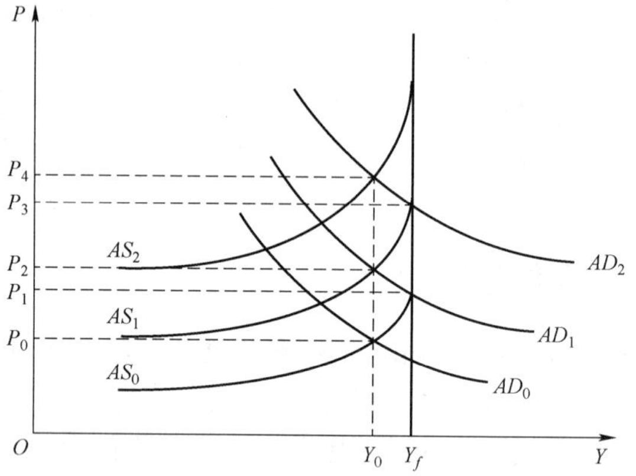

图 9－3　供求混合推动型通货膨胀

图 9－3 中的 AS_0 和 AD_0 的交点为初始时经济的供求均衡点。当总需求增加时，其曲线由 AD_0 移至 AD_1，物价水平由初始点 P_0 上升至 P_1。物价上涨导致生产成本相应提高，必然会使总供给减少，总供给曲线由 AS_0 移至 AS_1，物价水平则上升至 P_2。为保持经济增长和充分就业，政府不得不增加支出，总需求再次增加，由 AD_1 移至 AD_2，相应地 AS_1 也移至 AS_2，物价水平则上升至 P_3 和 P_4，从而形成由需求冲击开始的物价螺旋式上涨的通货膨胀。类似地，也可能发生由供给冲击开始的通货膨胀。当发生一次性成本推进型的物价上涨时，如果需求并不增加，通货膨胀则不会持久。如果供给的减少导致政府为避免经济下滑和失业增加而扩大需求，则必然发生持续性的通货膨胀。

四、结构型通货膨胀

结构型通货膨胀（Structural Inflation）是指由于不同国家的经济部门结构的某些特点，当一些产业和部门在需求方面或成本方面发生变动时，往往会通过部门之间相互看齐的过程而影响到其他部门，从而导致一般物价水平的上升。

这种结构型的通货膨胀又可分为三种情况。

（1）需求转移型通货膨胀。从整个社会看，需求可能并不多，但各部门之间因供求关系发展不平衡，有些部门可能因需求过多或贷给不足而出现价格上涨现象，而另一些部门则出现供给超过需求的现象。如果这些部门的价格能够随着供过于求而相应下跌，则只会发生部门之间相对价格的变动，不会引起一般物价水平的上涨和通货膨胀。但若供过于求的部门价格具有只涨不跌（刚性）的特点，即它的价格并不因供给超过需求而下跌，就会出现这样的情况——尽管整个社会的货币总需求并不过多，有些部门甚至存在着大量失业和闲置未用的生产能力，也会出现一般物价水平持续上涨。

（2）外部输入型通货膨胀。对于国际贸易占国民经济较多份额的国家来说，与世界市场密切联系的部门（也叫开放经济部门）的价格，依存于世界市场的价格。而与世界市场没有直接联系的部门（也叫非开放经济部门）的价格则取决于本国的需求和成本状况。因此，开放经济部门的价格将随世界市场价格水平的上升而上升，其价格上涨率和劳动生产率共同决定本部门的货币工资增长率。但在开放经济部门货币工资增加后，非开放部门货币工资向前看齐，当非开放部门货币工资增长率超过其劳动生产率时便会出现工资推进所引起的通货膨胀。这时，一国通货膨胀率取决于开放经济部门与非开放经济部门在该国国民经济中的相对份额及各部门的货币工资增长率和劳动生产率增长率。

（3）部门差异型通货膨胀。在一个国家的国民经济中，总有些部门劳动生产率提高较快，而另一些部门的劳动生产率提高较慢。当前者因劳动生产率提高而货币工资增加时，后一类部门的货币工资由于向前者看齐而提高，就会引起工资推进的通货膨胀。

五、预期型通货膨胀

预期型通货膨胀（Anticipated Inflation，Expectation Inflation）认为，如果人们普遍预期一年后的价格将高于现在的价格，就会在出售和购买商品时将预期价格上涨的因素考虑进去，从而引起现行价格水平提高。通货膨胀预期说主要通过对通货膨胀预期心理作用的分析来解释通货膨胀的发生。

预期心理加快通货膨胀的过程可以从三个方面说明：第一，货币流通速度的加快。当公众有了通货膨胀的预期心理以后，他们会尽可能地购买实物资产，而不愿意持有货币，这样，货币流通速度加快，单位货币媒介的商品流通次数增加，流通中的货币数量相对过多，从而引起通货膨胀。第二，提高名义利率。对于储蓄者来说，一般比较重视实际利率的高低，当他们有了通货膨胀预期时，为确保实际利率不变，会要求提高名义利率，名义利率提高的幅度就是他们预期通货膨胀上升的幅度。名义利率的提高，更进一步提高了商品生产者的生产成本。为转嫁成本或者为了维持利润水平，商品价格被提高，从而造成通货膨胀。第三，提高对货币工资的要求。在通货膨胀预期作用下，工人或企业经营者会要求提高工资和其他福利所得，如此一来商品价格因生产成本提高而上涨。

六、输入型通货膨胀

输入型通货膨胀（Imported Inflation）是指由于国外商品或生产要素价格的上涨，通过国际传导过程，引起国内物价持续上涨的现象。

输入型通货膨胀的传递途径可分为三种情况：第一，国际市场存在通货膨胀、物价上涨，会刺激对出口国家出口商品的需求，从而使出口增加。与此同时，出口国对国外进口商品需求减少，这样就会扩大该国贸易顺差，从而总需求增加引起通货膨胀、物价上涨。第二，国际市场存在通货膨胀和物价上涨，商品出口国呈现贸易顺差状况，在国际固定汇率制度下，储备增加将增加国内货币供给，从而起到降低利率、刺激投资的作用。货币供给量的增加会直接引发需求拉动型通货膨胀。第三，在世界市场上，因石油、原材料等价格上涨，使石油、原材料等基础资料的输入成本提高，相应造成进口国物价上涨，进而引发成本推进型通货膨胀。

第三节　通货膨胀的效应

通货膨胀对社会经济发展会产生什么影响？对此，经济学家们有着不同的观点。

一般认为，通货膨胀不利于经济增长，即使对经济发展有某些刺激作用，也是短时期的，并以积累更大矛盾为代价。通货膨胀对国民经济的影响表现为以下方面。

第一，对生产的影响。从表面上看，通货膨胀可以刺激生产的暂时扩大，带来虚假的繁荣，但从根本上说，通货膨胀对生产起破坏性作用。

第二，对流通的影响。首先，通货膨胀会使正常的商品流通渠道遭到破坏；其次，通货膨胀会使需求发生扭曲。

第三，对信用制度的影响。首先，它会使商业信用缩减；其次，它会使银行不能发挥正常职能；再次，由于投机盈利比放款利息要大得多，会使银行把大量资金用于投机。此时，银行不仅不能成为促进经济发展的力量，反而会成为阻碍经济发展的因素。

第四，对货币制度的影响。首先，严重的通货膨胀会使纸币难以履行定价工具的职责；其次，当通货膨胀极度恶化时，纸币甚至不能执行流通手段与支付手段职能。

第五，对财政收支的影响。一方面，政府可采取通货膨胀政策，发行纸币，带来追加的财政收入；另一方面，当通货膨胀发展到一定程度时，不仅会给国民经济带来破坏性后果，引起生产萎缩，导致实际财政收入减少，而且由于货币贬值，会引起财政支出的增加。

通货膨胀产生的效应主要表现在以下几个方面。

一、经济增长效应

关于通货膨胀与经济增长的关系，存在三种不同的观点。

（1）有益论。有益论主要盛行于 20 世纪 60 年代凯恩斯主义流行时，在一些发展中国家也很有市场，认为通货膨胀对经济增长具有积极的影响作用。原因是：第一，资本主义经济长期处于有效需求不足、实际经济增长率低于潜在经济增长率的状态。因此，政府可通过实施通货膨胀政策，增加赤字预算，扩大投资支出来刺激有效需求，推动经济增长。第二，通货膨胀有利于社会收入再分配向富裕阶层倾斜，而富裕阶层的边际储蓄倾向比较高，因此会提高储蓄率从而促进经济增长。第三，通货膨胀出现后，公众预期的调整有一个时滞过程。在此期间，物价水平上涨而名义工资未发生变化，企业的利润率会相应提高，从而刺激私人投资的积极性，使总供给增加，从而推动经济增长。

（2）有害论。有害论主要是 20 世纪 70 年代以来，随着凯恩斯主义货币政策在西方国家的破产，人们普遍认识到通货膨胀对经济的危害。虽然通货膨胀初始阶段对经济具有一定的刺激作用，但长期的通货膨胀会对经济带来严重的消极影响，降低经济体系的运行效率，阻碍经济的正常发展。原因是：第一，纸币贬值妨碍货币职能的正常发挥。第二，降低借款成本诱发过度的资金需求。第三，企业的生产成本上升，预期利润率降低，不利于调动生产者和投资者的积极性。第四，企业先期积累的各种折旧准备金和公积金贬值，从而使企业设备更新和技术改造能力下降，影响生产发展。第五，破坏正常的信用关系，增加生产性投资风险和经营成本，从而缩减银行信贷业务，使流向生产性部门的资金比重下降，流向非生产性部门的资金比重增加，导致产业结构和资源配置不合理，国民经济畸形发展。第六，阻碍本国商品的出口，导致国民收入减少，同时还会鼓励外国商品进口，加剧国内市场竞争压力，影响国内进口替代品生产企业的发展，并导致贸易收支逆差。第七，打乱正常的商品流通渠道，加深供求矛盾，助长投机活动，引起资本大量外流和国际收支的恶化。

（3）中性论。少数经济学家采取通货膨胀中性论的观点，认为通货膨胀对实际产出和经济增长既无正效应又无负效应。其理由是，公众会根据对通货膨胀发展的预期，按照物价上涨水平做出合理的行为调整，因此，通货膨胀的各种影响作用会相互抵消。但是，这种观点难以自圆其说。

目前大多数经济学家的观点是有害论，即认为通货膨胀是阻碍经济增长的原因。

二、收入和社会财富的再分配效应

收入和社会财富的再分配效应是指通货膨胀发生时人们的实际收入和实际占有财富的价值会发生不同变化，有些人的收入与财富会提高和增加，有些人则会下降和减少。

从收入再分配来看，每个人或家庭各有不同的所得来源，各种所得来源受通货膨胀的影响各不相同，从而会发生所得再分配现象。通常情况下，在出现通货膨胀的情况下，工薪阶层和依赖退休金生活的退休人员等有固定收入者的收入调整滞后于通货膨胀，因而会使其实际收入减少，而一些负债经营的企业和非固定收入者能够及时调整其收入，因而可从通货膨胀中获利。随着通货膨胀的持续，员工工薪和原材料价格相应上调，企业利润的相对收益会逐渐消失。政府由于其实行的累进税制度使其成为通货膨胀的最大受惠者。但政府是否真正从通货膨胀中受益还要看政府的名义收入增长是否快于物价上涨。

从财富再分配来看，整个社会，每个人或阶层总会或多或少积累一定财富，但人们持有财富的形式极不相同。面值固定的金融资产，其价值随着物价上涨而下跌，各种变动收益证券和实物资产则随着通货膨胀而增大其价值。同时，个人所持有的各种金融资产分别是社会其他部门的负债，因此，通货膨胀的财富再分配效应是通过改变金融资产的实际价值和债务人的债务负担实现的。

一般来说，通货膨胀时期，面值固定的金融资产如债券和票据等，其价值会下跌，而各种变动收益的证券和实物资产如股票和房地产等，其价值会增大。因此债权人是受害者，债务人是受益者。通货膨胀在减少债务性金融资产实际价值的同时也减轻了政府、金融机构和公司企业的债务负担。最易受通货膨胀打击的往往是小额存款人和债券持有人。因为大的债权人不仅可以采取更多的措施避免通货膨胀的不利影响，同时他们也是更大的债务人。

通货膨胀过程中，不同阶层消费支出的不同变化对社会财富的再分配也会产生重要影响。按照西方经济学理论，低收入阶层的边际支出倾向相对大于高收入阶层的边际支出倾向。通货膨胀时期，由于物价上涨和人们名义收入的提高，会使低收入阶层消费支出的增加相对大于高收入阶层消费支出的增加，而低收入（主要是工薪收入）阶层实际收入的增加相对小于高收入（主要是利润收入）阶层实际收入的增加，因此社会财富的积累和再分配会向高收入（利润收入）阶层一方倾斜。

三、资源配置扭曲效应

在市场经济条件下，价格机制发挥着引导资源流动、分配社会资源的作用，从而使社会各种生产要素最有效地发挥其功能。但是，当通货膨胀发生时，特别是在非预期通货膨胀发生的情况下，各种生产要素、商品、劳务的相对价格随之发生变化，因而资源的分配被扭曲。因此，通货膨胀在资源配置方面的效应通常是负面的，其原因主要有以下方面。

第一，在通货膨胀中，各种生产要素、商品和劳务的相对价格会发生很大的变化和扭曲，引起资源配置的低效和浪费。某些价格上涨较快的商品和劳务往往会吸引过多的资金和生产要素投入，从而导致这类商品和劳务的过度供给和浪费。

第二，通货膨胀会助长投机并导致社会资源的浪费。通货膨胀期间，由于投机利润大于生产利润，投机活动大大增加，大量的资源被投机者用于囤积居奇和投机获得。

第三，在通货膨胀期间，为避免金融资产价值的损失，人们会尽量降低持有货币和各种金融资产的比例，并购入各种实物资产。由于实物资产在交易、维护、处置和管理上要花费更多的时间、人力和物力，因而造成了社会资源的浪费。

第四，通货膨胀会造成市场供不应求的环境，使购买者盲目抢购，不计质量，企业失去提高产品质量的外在压力，经济结构失衡更为严重。

第五，通货膨胀会使实际利率下降，打击公众的储蓄意愿，使资本积累的速度降低。

第六，在通货膨胀期间，中央银行基准利率的调整往往滞后，这使金融机构的正常融资渠道受阻，而民间高利贷则得以盛行，因而会改变正常的利率结构，阻碍长期金融工具的发行，影响金融市场的健康发展及其配置社会资源的功能。

四、经济秩序与社会秩序紊乱效应

通货膨胀发展到比较严重的程度时，还会破坏经济秩序和社会秩序，甚至会引发社会经济危机。这方面的效应主要表现为以下方面。

第一，加剧经济环境的不确定性。在通货膨胀持续发生的情况下，个人和企业的通货膨胀预期将变得难以捉摸，市场行情动荡不定。

第二，导致商品流通秩序的混乱。在通货膨胀期间，由于流通领域容易获取暴利，大量资金被吸引到流通中从事投机交易，使商品流通秩序极为混乱，产销脱节、商品倒流、囤积居奇、商品抢购等不正常的交易活动加剧了经济的不平衡。

第三，败坏社会风气，激化社会矛盾。在通货膨胀期间，劳动者的工资所得赶不上投机活动的利润所得，这会挫伤劳动者的劳动积极性，助长投机钻营、不劳而获的恶习。而通货膨胀导致不公平的收入和财富再分配更有可能激化社会矛盾，引起社会各阶层的经济对立。

第四，助长贪污腐败，损害政府信誉。通货膨胀时期，国家公务人员工资奖金增长通常滞后，实际收入水平下降，因而可能导致一些国家公务员以权谋私、贪污受贿。

第四节 通货膨胀的治理

通货膨胀对一国经济、社会、政治和生活的正常发展会造成严重影响，如何治理通货膨胀成为困扰各国政府的重大课题。经济学家们为此进行了不懈的努力，找到一些解决问题的方法。

一、需求管理政策

需求管理政策是对付非预期通货膨胀和需求拉动型通货膨胀的主要政策。所谓需求管理政策就是政府利用财政政策或货币政策的操作，改变全社会的总支出，以实现抑制通货膨胀的目的。由于需求拉动型通货膨胀的根本原因是货币数量过多，所以，需求管理政策实质在于通过控制社会的货币供应总量以实现抑制通货膨胀的目的。需求管理政策包括紧缩性货币政策和紧缩性财政政策两方面。

（一）紧缩性货币政策

紧缩性货币政策又称抽紧银根，即中央银行通过减少流通中货币量的办法，提高货币的购买力，减轻通货膨胀压力。具体政策工具和措施包括：（1）通过公开市场业务出售政府债券，以减少经济体系中的货币存量；（2）提高贴现率和再贴现率，或直接提高利率，缩小信贷规模；（3）提高商业银行的法定存款准备金率，以缩小货币发行的扩张倍数，压缩商业银行放款，减少货币流通量。

（二）紧缩性财政政策

紧缩性财政政策通过削减财政支出和增加税收的办法来治理通货膨胀。削减财政支出的内容主要包括减少生产性支出和非生产性支出。生产性支出主要是国家基本建设和投资支出；非生产性支出主要是政府各部门的经费支出、国防支出、债息支出和社会福利支出等。增加税收包括增加个人的所得税或增开其他税种，可使个人可支配收入减少，降低个人消费水平。而提高企业的所得税率和其他税率则可降低企业的投资收益率，抑制投资支出。

在 20 世纪 60 年代中期以前，一些国家根据英国经济学家菲利普斯揭示的通货膨胀与失业的相关关系（见图 9-4）制定需求管理政策，用以治理需求拉动型通货膨胀，取得了较为显著的成效。

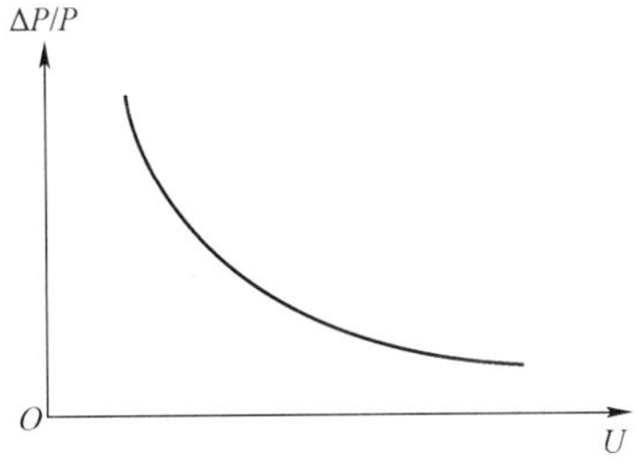

图 9-4 通货膨胀与失业率的相关关系

以纵轴表示通货膨胀率（$\Delta P/P$），横轴表示失业率（U）。图中的曲线即菲利普斯曲线，表示通货膨胀率与失业率的相关关系。当失业率越低时，通货膨胀率越高；反之，失业率越高，通货膨胀率越低。

政府在运用菲利普斯曲线制定经济政策时，首先要确定社会可接受或可容忍的最大失业率和通货膨胀率，并将其作为临界点。例如，如果认定通货膨胀率和失业率不高于4%是可以容忍的，则4%就是临界点。如果失业率和通货膨胀率都低于这一点，如图9－5中正方形部分（如图中的B点），则政府不必采取措施进行干预。如果经济处于A点，此时失业率低于临界点，但通货膨胀率超过临界值。根据通货膨胀率与失业率之间的替代关系，政府可以采取措施，在不使失业率超过临界点的前提下，以提高失业率为代价换取通货膨胀率的降低。相反，如果经济处于C点，通货膨胀率低于临界点，但失业率超出了临界点，此时政府可以用较高的通货膨胀率为代价，使失业率降低到临界点以下。

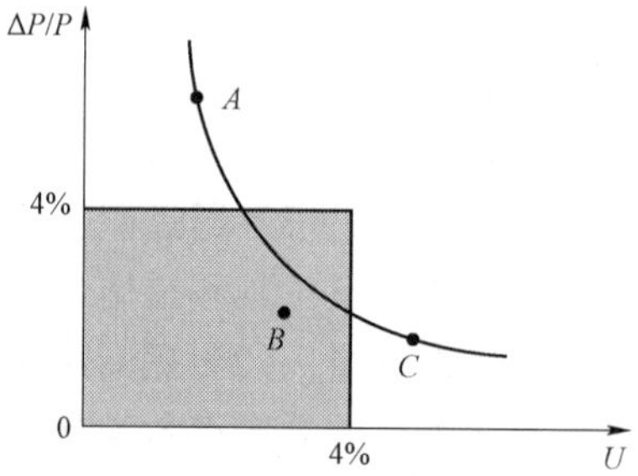

图9－5 根据菲利普斯曲线制定宏观调控政策

但是20世纪60年代中期以后，由于菲利普斯曲线所反映的物价与失业之间的替代关系发生了变化，较高的通货膨胀与较高的失业率同时发生，即经济中出现了滞胀现象，根据菲利普斯曲线制定的宏观经济调控政策不再奏效，于是一些西方国家又将所得政策作为治理通货膨胀的重要手段。

二、所得政策

所得政策，即借助于管制手段抑制成本冲击对物价上涨的压力，阻止菲利普斯曲线向右移动，从而为政府当局实现经济总体目标创造条件。具体包括工资管制和利润管制两方面。

（一）工资管制

工资管制是指政府以法令或政策形式对社会各部门和企业工资的上涨采取强制性的限制措施。工资管制一般是以货币工资增长率等于劳动生产率加上预期通货膨胀率作为控制工资增长的目标。政府所采取的具体办法包括以下几方面。

第一，道义规劝和指导，即由政府规劝、建议工人或企业自愿地克制对高工资、高价格的要求，自觉地控制工资、价格的增长。

第二，协商解决，这种措施是否对控制通货膨胀有效完全取决于协议双方是否愿意遵守协议规定，而对企业和个人来说，是否遵守协议取决于对现有工资水平的认可。

第三，冻结工资，即政府以法令或政策形式强制性地将全社会职工工资总额或增长率固定在一定的水平上。这种措施的影响较大，通常只用在通货膨胀严重恶化时期。

第四，开征工资税，对增加工资过多的企业按工资增长超额比率征收特别税款。这一办法的思路是拒绝工会过高的工资要求，从而有可能与工会达成工资协议，降低工资增长率。

（二）利润管制

利润管制是指政府以强制手段对可获得暴利的企业利润率或利润额实行限制措施，防止大企业或垄断性企业任意抬高产品价格，从而抑制通货膨胀。利润管制的办法主要包括以下内容。

第一，管制利润率。由于产品价格以成本加成为依据制定，所以政府对各种产品的加成比率即合理利润率加以规定，企业只能依此定价和销售。对于销售企业，政府规定其经营商品的进销差价率。

第二，对超额利润征收较高的所得税。这种措施可将企业不合理的利润纳入国库，对企业追求超额利润起到限制作用。

此外，一些国家还制定反托拉斯法，限制垄断高价，并对公用事业和国营企业的产品和劳务实行直接价格管制。

三、收入指数化政策

收入指数化政策又称指数联动政策，是指对货币性契约订立物价指数条款，使工资、利息、各种债券收益以及其他货币收入按照物价水平的变动进行调整。

这种措施主要有四方面作用：第一，能借此剥夺政府从通货膨胀中获得的收益，杜绝其制造通货膨胀的动机；第二，可以消除物价上涨对个人收入水平的影响；第三，可稳定通货膨胀环境下微观主体的消费行为，避免出现抢购、囤积商品，储物保值等加剧通货膨胀的行为；第四，可割断通货膨胀与实际工资、收入的互动关系，稳定或降低通货膨胀预期，从而抑制通货膨胀。

收入指数化政策对面临世界性通货膨胀的开放经济小国来说尤其具有积极意义，是这类国家对付输入型通货膨胀的有效手段。由于实行收入指数化政策在技术上有很大的难度，这会增加一些金融机构经营上的困难，而且有可能造成工资—物价的螺旋上升，反而加剧成本推动型的通货膨胀，因此该政策通常仅被当作一种适应性的反通货膨胀措施，不能从根本上对通货膨胀起到抑制作用。

四、单一规则——货币学派的政策

货币学派认为，20 世纪 70 年代资本主义国家经济滞胀的主要原因是政府不断采取扩张性的财政政策和货币政策，从而导致了通货膨胀预期提高、总供给曲线左移、菲利普斯曲线右移。

因此，货币主义认为，政府必须首先停止扩张性的总体经济政策，将货币供给的增长速度控制在一个最适当的增长率上，即采取所谓的单一规则政策，以避免货币供给波动对经济和预期的干扰。

货币主义学派强调，在已发生滞胀的情况下，只有严格控制货币供应量，才能使物价稳定，总体经济和社会恢复正常秩序。尽管降低货币供应量在短期内会引起失业增加、加重经济衰退，但付出这一代价将换来通货膨胀预期的下降和菲利普斯曲线的回落，并最终根除滞胀。

五、增加供给——凯恩斯学派和供给学派的政策

凯恩斯学派和供给学派都认为，总供给减少是导致经济滞胀的主要原因。

凯恩斯学派认为，总供给减少是导致经济滞胀的主要原因，总供给减少的最主要原因是影响供给的一些重要因素发生了变化，如战争、石油或重要原材料短缺、主要农作物歉收、劳动力市场条件变化等方面发生了变化，因而造成了总供给减少并引起通货膨胀。因此，治理经济滞胀必须从增加供给着手，对策主要包括政府减少失业津贴的支付、改善劳动条件、加强职业培训和职业教育、改进就业信息服务、调整财政支出结构和税收结构等。

供给学派认为，政府税率偏高是总供给减少的主要原因。因此，治理滞胀必须从降低税率入手，通过降低税率刺激生产力提高，从而增加供给，消除停滞膨胀的根源。供给学派相信，利用这些措施能够消除供给曲线和菲利普斯曲线移动的诱因，从而通过维持低水平的失业与通货膨胀的替代关系，避免停滞膨胀发生。

通货膨胀治理是一个十分复杂的问题，不仅造成通货膨胀的原因及其影响是多方面的，而且其治理的过程也必然会牵涉到社会生活的方方面面，影响到各个产业部门、各个企业、社会各阶层和个人的既得利益，因此不可能有十全十美的治理对策。既要从宏观经济整体出发，保持国民经济的较快增长和总供给的不断增长，解决因产业结构调整和社会劳动生产率提高而出现的失业率提高问题，又要适度控制流通中的货币总量和总需求，防止经济过热导致通货膨胀升温；既要通过推进经济体制改革，整顿经济秩序等综合治理措施，消除通货膨胀的环境因素，又要根据具体原因，采取一些针对性较强的有力措施。

第五节　通货紧缩的一般理论

一、通货紧缩的含义

通货紧缩是与通货膨胀相对立的一个概念，通常意义上是指一般物价水平的持续下跌。国际清算银行提出的标准是一国消费的价格连续两年下降可被视为通货紧缩。

关于通货紧缩，学术界也没统一的定义，从目前讨论的情况看，主要有三种说法：一是单要素说，认为通货紧缩就是物价总水平持续下降；二是两要素说，认为通货紧缩不仅是物价总水平持续下降，还是货币供应幅度下降，流通中的货币相对甚至绝对减少；三是三要素说，认为通货紧缩不仅是指物价总水平下降、货币供应下降，而且伴随着经济衰退或缓慢增长。尽管在通货紧缩的定义上尚有争议，但对于物价总水平的持续下降，

三种说法的观点是一致的。因此，货币供应量和经济增长率可作为判断和衡量通货紧缩的辅助指标，但不能作为主要标准。主要的判断和衡量标准只有一个，即持续性的商品价格水平下跌，或者说一定时期内通货膨胀率持续为负数。

二、通货紧缩的分类

通货紧缩通常可以按照其持续时间、严重程度和形成的原因等进行如下分类。

（一）按持续时间长短划分

通货紧缩可分为长期性通货紧缩、中长期通货紧缩与短期性通货紧缩。一般将10年以上的通货紧缩划分为长期通货紧缩，5～10年的通货紧缩为中长期通货紧缩，5年以下的通货紧缩为短期通货紧缩。

（二）按严重程度划分

通货紧缩可分为轻度通货紧缩、中度通货紧缩和严重通货紧缩。如果通货膨胀率持续下降并转为物价指数负增长的时间不超过两年即出现转机，可视为轻度通货紧缩；如果通货紧缩超过两年仍未见好转，但物价指数降幅在两位数以内，可视为中度通货紧缩；如果通货紧缩超过两年并持续发展，且物价降幅超过两位数，或者伴随着比较严重的经济衰退，则视为严重通货紧缩。

（三）按通货紧缩与经济增长状况划分

通货紧缩可分为增长型通货紧缩与衰退型通货紧缩。如果与通货紧缩相伴随的是经济的持续增长，则属于增长型通货紧缩；如果与通货紧缩伴随的是经济的衰退，则属于衰退型通货紧缩。

（四）按通货紧缩的成因划分

通货紧缩可分为政策紧缩型通货紧缩、产业周期型通货紧缩、需求拉下型通货紧缩、成本压低型通货紧缩、体制转轨型通货紧缩、外部冲击型通货紧缩和混合型通货紧缩。

三、通货紧缩的理论

有关通货紧缩的最早探讨可追溯到马克思在《资本论》及其手稿中的论述。马克思在分析流通中货币的膨胀和收缩问题时指出，通货的膨胀和收缩可能由产业周期引起，可能由投入流通中的商品数量、价格变动引起，也可能由货币流通速度变化引起，还可能由于技术因素产生。马克思关于通货膨胀和紧缩的论述主要建立在货币流通规律，尤其是作为价值符号的纸币流通条件下的货币流通规律的基础上。

英国经济学家凯恩斯于1923年在《币值变动的社会后果》一文中根据1914—1923年英国物价水平的变化与货币政策讨论了通货紧缩问题，并指出，从1920年起，重新恢复对其金融局势的控制的那些国家，并不满足于仅仅消灭通货膨胀，因而过分缩减了其货币供给，于是又尝到了通货紧缩的苦果。凯恩斯的代表作《就业、利息和货币通论》不仅是关于通货膨胀的经典文献，也是治理通货紧缩的经典之作。他针对20世纪30年代大危机提出的“有效需求不足”论断抓住了当时资本主义国家经济严重失衡和发生通货紧缩的症结所在。

美国经济学家欧文·费雪也于1933年根据对20世纪30年代世界经济危机状况的研

究提出了“债务—通货紧缩”理论。他认为，在经济处于繁荣阶段时，企业家追求利润最大化的动机会导致“过度负债”，而当经济不景气时，企业家为了清偿负债又会被迫降价倾销商品因而导致物价水平下跌即通货紧缩。该理论实际上将通货紧缩过程看作商业信用被破坏的过程和经济危机的过程，并认为在这一过程中，起关键作用的是预期资本的边际效率下降促使货币当局采取收缩政策与收缩行为。

弗里德曼和施沃慈（1963 年）认为，银行恐慌和信用收缩的产生也加重了通货紧缩，并引发了信用危机。

萨缪尔森、布坎南和瓦格纳则认为，通货紧缩和通货膨胀一样，都是政府干预过多、政策失当的产物。萨缪尔森和诺得豪斯在《经济学》一书中明确指出，货币收缩（通过公开市场业务）会提高利息率。这将压缩投资支出，并且通过乘数抑制总需求，并以此降低产量和价格。

20 世纪 90 年代以来，是否会发生世界性通货紧缩变成了经济理论界的热门话题和争论焦点。

美国著名经济学家保罗・克鲁格曼在 1998—2000 年发表了 20 余篇研究通货紧缩的论文，形成了一套“新凯恩斯主义”的反通货紧缩理论。与国际上流行的观点不同，克鲁格曼将当时世界性通货紧缩的原因归结为社会总需求不足，而不是供给过剩，并特别强调，需求不足在不同的国家或在同一国家的不同时期有着不同的社会制度根源。他证明了在“流动性陷阱”的条件下保持零通货膨胀的货币政策不再是中性的，因而主张用“有管理的通货膨胀”政策来治理通货紧缩。他还认为，实行联系或固定汇率制的国家在货币汇率发生高估时易受到其他出口国家货币突然贬值的冲击而导致国内价格突然下降，从而引起通货紧缩。

时任美联储主席格林斯潘对通货紧缩的解释是“正如通货膨胀是由一种货币状况的变化——人们不愿持有货币，而宁愿持有实物——而产生的，通货紧缩的发生则是由于人们更愿意把持有的实物换成货币”。他指出，导致通货紧缩的另一个可能的原因是资产泡沫的破裂对经济产生的致命的消极影响。正是资产泡沫的破灭摧毁了本已问题重重的金融中介，导致了长期性的通货紧缩。格林斯潘还指出，由技术革命推动导致的劳动生产率不断提高，尤其是信息技术的发展所反映的世界经济中的一些深层次的结构性变化，再加上其他一些结构性因素（例如国际贸易壁垒的不断破除），使价格的抑制过程在一定程度上得到了自我加强，这也是促使通货紧缩发生的重要因素。

四、通货紧缩的成因

尽管不同国家不同时期的通货紧缩有着不同的原因，但从国内外经济学家们关于通货紧缩的理论分析中，我们仍可概括出引致通货紧缩发生的一般原因。

（1）紧缩性的货币财政政策。一国当局采取紧缩性的货币政策或财政政策，大量减少货币发行或削减政府开支以减少赤字，会直接导致货币供应不足，或加剧商品和劳务市场的供求失衡，从而引起物价下跌，出现政策紧缩型的通货紧缩。

（2）经济周期的变化。经济周期达到繁荣的高峰阶段，生产能力大量过剩，供大于求，可引起物价下跌，出现经济周期型通货紧缩。

（3）生产力水平的提高和生产成本的降低。技术进步提高了生产力水平，放松管制和改进管理降低了生产成本，因而会导致产品价格下降，出现成本压低型通货紧缩。

（4）投资和消费的有效需求不足。当预期实际利率进一步降低和经济走势不佳时，消费和投资会出现有效需求不足，导致物价下跌，形成需求拉下型通货紧缩。金融体系的效率降低或信贷扩张过快导致出现大量不良资产和坏账时，金融机构“惜贷”或“慎贷”引起信用紧缩，也会减少社会总需求，导致通货紧缩。

（5）本币汇率高估和其他外部因素的冲击。一国实行钉住强币的汇率制度时，本币汇率高估，会减少出口，扩大进口，加剧国内企业经营困难，促使消费需求趋减，导致物价持续下跌，出现外部冲击型通货紧缩。国际市场的动荡也会引起国际收支逆差或资本外流，形成外部冲击性的通货紧缩压力。

（6）体制和制度因素。体制和制度方面的因素也会加重通货紧缩，如企业制度由国有制向市场机制转轨时，精简下来的大量工人现期和预期收入减少，导致有效需求下降；住房、养老、医疗、保险、教育等方面的制度变迁和转型，都可能会影响到个人和家庭的收支和消费行为，引起有效需求不足，导致物价下降，形成体制转轨型通货紧缩。

（7）供给结构不合理。由于前期经济中的盲目扩张和投资造成了不合理的供给结构和过多的无效供给，当负面因素积累到一定程度时必然会加剧供求之间的矛盾。一方面，许多商品无法实现其价值，迫使价格下跌；另一方面，大量货币收入不能转变为消费和投资，减少了有效需求，也会导致结构型通货紧缩。

五、通货紧缩的治理

通货紧缩有哪些危害，许多人不甚了解。其实通货紧缩对经济的破坏力与通货膨胀是一样的，甚至有过之而无不及。首先，通货紧缩会加速经济的衰退。其次，物价下跌还会提高实际利率，加重债务人的负担。银行则出现大量坏账，甚至因“金融恐慌”和存款人挤兑而被迫破产，使金融系统濒临崩溃。个人因担心银行倒闭更倾向于持有现金，从而导致“流动性陷阱”的产生，并因而造成经济持续衰退，失业率进一步提高。由于需求的持续下降使进口萎缩，会造成国际收支逆差和资本外流，使国家外汇储备减少，偿债能力削弱，甚至发生债务危机。

尽管世界各国家综合运用了财政政策和货币政策，把促进投资增长、刺激消费作为对付通货紧缩的根本办法，但是，这些措施的效果如何等尚不清楚，还有待人们从理论和实践两个层面进行探索和总结。但有一点是可以肯定的，那就是，虽然通货紧缩与通货膨胀是相对应的，但是治理通货紧缩的措施绝非照着治理通货膨胀措施的反面行之那样简单。

本章小结

1. 通货膨胀指在纸币流通条件下，流通中的货币量超过实际需要所引起的货币贬值、物价上涨的经济现象。

2. 通货膨胀的度量指标有消费物价指数（CPI）、批发物价指数（WPI）、国民生产总值平减指数（GNP Deflator）。

3. 通货膨胀按成因分类可分为需求拉动型通货膨胀、成本推进型通货膨胀、供求混合推进型通货膨胀、结构型通货膨胀、预期型通货膨胀和输入型通货膨胀六种。

4. 通货膨胀的效应包括经济增长效应、收入和社会财富的再分配效应、资源配置扭曲效应、经济秩序与社会秩序紊乱效应。

5. 通货膨胀的治理措施表现在以下五方面，即需求管理政策、所得政策、收入指数化政策、单一规则和增加供给。

6. 通货紧缩通常意义上是指一般物价水平的持续下跌。

重要概念

通货膨胀　消费物价指数　需求拉动型通货膨胀　成本推进型通货膨胀　结构型通货膨胀　菲利普斯曲线　收入指数化政策　单一规则　通货紧缩

选择题

1. 通货膨胀时期债权人将（　　）。

A. 增加收益　　B. 遭受损失

C. 不受影响　　D. 短期损失，长期收益更大

2. 主要针对滞胀的治理对策是（　　）。

A. 需求管理政策　　B. 所得政策

C. 供给学派政策　　D. 指数联动政策

3. 认为通货膨胀的原因在于经济发展过程中社会总需求大于总供给，从而引起一般物价水平持续上涨的理论是（　　）。

A. 需求拉动论　　B. 成本推进论

C. 开放型通货膨胀　　D. 隐蔽型通货膨胀

复习思考题

1. 什么是通货膨胀？通货膨胀的度量指标有哪些？

2. 通货膨胀的成因有几种？分别是什么？

3. 简述通货膨胀的效应。

4. 货币学派与凯恩斯学派在治理通货膨胀的主张上有什么不同？

5. 菲利普斯曲线的政策含义是什么？

实训案例

欧洲通货膨胀率创历史新高

2022 年 11 月，欧洲央行行长拉加德在欧洲议会就货币政策举行的听证会上表示，欧元区通胀尚未见顶，其风险甚至高于目前的预期，暗示未来还将进行一系列加息。

俄乌冲突爆发后，严重依赖俄罗斯能源的欧洲国家物价飙升，通胀加剧。10 月份，欧元区年化通胀率达到创纪录的 10.6%。

图 1　欧元区 CPI 走势图

资料来源：https://www.macroview.club/chart?name=eu_cpi。

为抑制需求，降低价格增长，在 10 月底的会议上，欧洲央行加息 75 个基点，利率升至十多年来的最高水平。这是该央行连续第二次加息 75 个基点，也意味着在四个月的时间里，欧洲累计加息 200 个基点，创下有史以来最激进的货币紧缩政策。

不过欧洲央行暗示对经济增长的担忧日益加剧，这促使投资者们押注该央行将很快缩小加息的规模。《金融时报》称，一些投资者预计，欧洲央行将与美联储保持一致，将加息幅度缩小至 50 个基点，而不再是 75 个基点。该报道还称，欧洲批发能源价格大幅下跌，供应链瓶颈有所缓解，人们对欧元区通胀放缓抱有希望；美国通胀在 10 月也有所下降，数据指标表明今年猖獗的全球通胀已经见顶。

路透社调查的经济学家也预测，欧元区 11 月通胀率将小幅降至 10.4%。他们预估，欧元区 2022 年的通胀率为 8.5%，2023 年为 6.0%，2024 年为 2.3%，最终在 2025 年达到欧洲央行的目标（2%）。

与之相反，拉加德对此持悲观态度。拉加德表示，“我希望看到通胀在 10 月份达到顶峰，但恐怕我不这么认为。”她还称，欧洲央行的经济学家仍然看到明显的“上行”风险。

拉加德认为，能源批发价格上涨仍将对消费价格产生一定的“传导效应”。虽然天然气价格已自峰值下跌约 40%，但在她看来，这反映出欧洲近期天气温和，减少了能源消耗并有利于填充储气罐，但明年情况可能会变得更糟。

拉加德此次发言还表明，欧洲央行并未准备好放慢脚步。拉加德称，必须停止刺激需求，欧洲央行处于“高度宽松的区域”，暗示其将进一步收紧政策。

资料来源：根据网络资料自行整理。

实训项目：

根据上述材料分析讨论：（1）文章主要用到哪些指标来衡量通货膨胀。（2）欧洲的通货膨胀主要是由于什么原因造成的？

第十章

货 币 政 策

学习目标

通过本章的学习，学生应明确货币政策的三大基本要素：货币政策目标、货币政策工具、货币政策中介指标；了解货币政策目标和中介指标选择的基本原则；熟练掌握货币政策工具的运用原理与方法；了解货币政策的传导机制与时滞。

第一节　货币政策及其目标

一、货币政策的含义

货币政策是指中央银行在一定时期内利用某些工具作用于某个经济变量，从而实现某种特定经济目标的制度规定的总和。它是实现中央银行金融宏观调控目标的核心所在，在国家宏观经济政策中居于十分重要的地位。

货币政策有三大构成要素，即货币政策工具、货币政策中介指标、货币政策目标。它们三者之间的关系是，货币政策工具作用于货币政策中介指标，通过货币政策中介指标去实现货币政策目标，具体如图 10－1 所示。

货币政策工具 → 货币政策中介指标 → 货币政策目标

图 10－1　货币政策三要素的关系

二、货币政策的最终目标

货币政策最终目标是指中央银行执行货币政策预期要达到的最终效果。一般而言，各国货币政策的最终目标主要有稳定物价、充分就业、经济增长、国际收支平衡等。上述目标的确立是随着社会经济的不断发展而完善的。

（一）稳定物价

在纸币流通条件下，稳定币值就是稳定货币购买力。货币购买力是用单位货币所能购买到的商品（或劳务）来衡量的，稳定货币购买力即指单位商品所能换到的货币数量保持不变，所以，稳定币值也就等于稳定物价。

稳定物价是将一定时期的物价水平增长幅度限制在一定范围内，对于把一般物价水平上升的幅度控制在何种范围之内，不同的经济学家有不同的看法，不同的国家也有不同的标准。从各国的实际情况看，中央银行在制定货币政策时，一般要求把物价上涨率控制在2%到3%以内。

（二）充分就业

严格意义上的充分就业是针对所有资源而言，它不仅包括劳动力的充分就业，还包括其他生产要素的充分就业，即充分利用。但人们通常所说的充分就业仅指劳动力而言，指任何愿意工作并有能力工作的人都可以找到一个有报酬的工作。

充分就业的标准一般是以劳动力的失业率来衡量的。所谓失业率，就是社会的失业人数与愿意就业的劳动力之比。失业率的大小也代表了社会的充分就业程度。失业实际上表示了生产资源的一种浪费。失业率越高，对社会经济增长越不利。因此，各国都力图把失业率降到较低的水平。根据各主要国家的经验，失业率若控制在4%左右，即可视为充分就业。

（三）经济增长

经济增长通常是指一国国内生产总值的增长。经济增长的程度表示了一个国家的生产能力和经济实力。货币政策目标所追求的经济增长是指发展速度加快、结构优化与效率提高三者之间的统一。

不同的国家、不同的经济时期对于经济增长率有不同的要求。美国以人均国内生产总值的年增长率达到1%～4%作为经济增长的目标。

（四）国际收支平衡

国际收支平衡是指一国对其他国家的全部货币收入和货币支出相抵，略有顺差或逆差。一定时期的国际收支平衡，反映了该国经济发展状况以及对外经济往来状况。保持国际收支平衡是保证国民经济持续稳定增长和国家安全稳定的重要条件，也是货币政策的重要目标。

各国中央银行一般均把平衡国际收支列为货币政策的目标。平衡国际收支作为一项政策目标，应根据各国所处不同发展阶段加以考虑。处于经济起飞阶段的国家和处于经济成熟阶段的国家以及处于经济调整阶段的国家，其国际收支状况是不同的。

三、货币政策各目标之间的矛盾与统一

（一）稳定币值与充分就业的矛盾与统一

就统一性看，币值稳定了，就可以为劳动者的充分就业与其他生产要素的充分利用提供一个良好的货币环境，充分就业同时又可能为币值的稳定提供物质基础。

稳定币值与充分就业之间更多地表现为矛盾性，即当币值比较稳定，物价上涨率比较低时，失业率往往很高。而要降低失业率，就得以牺牲一定程度的币值稳定为代价，稳定币值和充分就业两者难以兼顾。

（二）稳定币值与经济增长的矛盾与统一

一般而论，这两个目标是可以相辅相成的，稳定币值有利于发展经济，经济发展也有利于稳定币值。

但是，世界各国的经济发展史表明，过分强调币值稳定，经济增长与发展又会受阻。

（三）稳定币值与平衡国际收支的矛盾与统一

稳定币值主要是指稳定货币的对内价值，平衡国际收支则是为了稳定货币的对外价值。如果国内物价不稳，国际收支便很难平衡。

国内物价稳定时，国际收支并非一定能平衡，因为国际收支能否平衡还要取决于其他诸多因素的影响。

（四）充分就业与经济增长的矛盾与统一

通常就业人数愈多，经济增长速度愈快。而经济增长速度愈快，为劳动者提供的就业机会也就愈多。

但是，如果就业增加带来的经济增长伴随着社会平均劳动生产率的下降，那就意味着经济增长是以投入产出的比例下降为前提的，它不仅意味本期浪费更多的资源，还会妨碍后期的经济增长。

（五）充分就业与平衡国际收支的矛盾与统一

如果充分就业能够推动经济快速增长，那么，一方面可以减少进口，另一方面还可以扩大出口，这当然有利于平衡国际收支。

为了追求充分就业，就需要更多的资金和生产资料，当国内满足不了需求时，就需要引进外资、进口设备与原材料等，这对平衡国际收支又是一大不利因素。

（六）经济增长与平衡国际收支的矛盾与统一

当经济增长较快时，国家经济实力也相应增长，有利于国际收支的平衡。但经济的较快增长又会增加进口，从而引起国际收支逆差的出现。

可见，货币政策的诸目标之间既矛盾又统一，只有因势利导，慎重选择，才能把握全局。

四、货币政策的中介指标

货币政策中介指标是指中央银行为实现特定的货币政策目标而选取的操作对象。货币政策中介指标即是短期、量化、能够观测、便于日常操作、有助于货币政策最终目标实现的金融指标。

合适的货币政策中介指标应该具有如下四个特征：（1）可测性，即中央银行能够迅速和准确地获得它所选定的中介指标的各种资料，并且能被社会各方面理解、判断与预测；（2）可控性，即中央银行应该能够有效地控制；（3）相关性，即中介指标应与货币政策目标之间具有高度的相关关系；（4）抗干扰性，即作为操作指标和中介指标的金融指标应能较正确地反映政策效果，并且较少受外来因素的干扰。

目前，中央银行实际操作界和理论界所推崇的中介指标主要有利率、货币供给量、银行信用规模、基础货币、超额存款准备金、股票价值等。但由于中央银行本身不能左右股票价值，超额存款准备金和基础货币又都属于货币供给量范畴，而控制了货币供给量也就基本上控制了银行信用规模。因此，货币政策中介指标实质上只有两个候选对象，即利率和货币供给量。

由于金融市场上的利率类型多种多样，有时还经常变化，所以，对于中央银行来说，利率的可测性不如货币供给量。同时，对于再贷款利率，中央银行只能施加某种影响，而不能强行干预，只有货币供给量是中央银行直接操纵的。所以，从可控性上看，货币供给量对经济变量的作用比利率更直接。

货币供给量作为货币政策中介指标，有以下明显的优点：（1）货币供给量的变动能直接影响经济活动，即货币供给量与经济的运动方向是一致的，即经济繁荣时会增加，经济萧条时会自动收缩。（2）中央银行对货币供给量的控制力较强，即经济繁荣时，中央银行为防止通货膨胀而压缩货币供给量；经济萧条时，中央银行会扩张货币供给以复兴经济。这两者之间的界限非常明显，不可能误导中央银行的宏观决策。（3）与货币政策意图联系紧密。货币供给量增加，表示货币政策扩张；货币供给量减少，表示货币政策紧缩。（4）可以明确地区分政策性效果和非政策性效果。

当然，以货币供给量为中介指标也并非十全十美，其不足之处表现为：（1）中央银行对货币供给量的控制能力不是绝对的。在影响货币供给量的诸因素中，还有公众和商业银行的行为。（2）中央银行通过运用货币政策工具实行对货币供给量的控制存在一定的时滞性。

第二节　货币政策的工具

为了实现货币政策目标，中央银行需要有足够、良好的货币政策工具供其操作。货币政策工具就是中央银行为实现货币政策目标而使用的各种策略手段。货币政策工具可分为一般性货币政策工具、选择性货币政策工具和其他补充性货币政策工具三类。

一、一般性货币政策工具

一般性货币政策工具是指对货币供给总量或信用总量进行调节，且经常使用，是具有传统性质的货币政策工具。一般性货币政策工具主要有以下三个：法定存款准备金政策、再贴现政策和公开市场业务，它们也被称为货币政策的“三大法宝”。

（一）法定存款准备金政策

1. 法定存款准备金政策的含义

存款准备金是指银行及某些金融机构为应付客户提取存款和资金清算而准备的货币资金，准备金占存款或负债总额的比例就是存款准备金率。存款准备金分为法定存款准备金和超额存款准备金两部分。法定存款准备金是金融机构按中央银行规定的比例上缴的部分。超额存款准备金是指存款准备金总额减去法定存款准备金的剩余部分。

法定存款准备金政策是指由中央银行强制要求商业银行等存款货币机构按规定的比率上缴存款准备金，中央银行通过提高或降低法定存款准备金率达到收缩或扩张信用的目标。法定存款准备金政策是中央银行控制银行体系总体信用创造能力和调整货币供给量的工具。

2. 法定存款准备金政策的运用

中央银行通过调整存款准备金率来改变货币乘数、控制商业银行的货币创造，从而调节货币供应量。当经济扩张、发生通货膨胀时，中央银行可以提高存款准备金率，缩小货币乘数，迫使商业银行紧缩信贷规模，从而减少市场货币供应量；当市场货币量不足时或经济处于衰退时，中央银行可以降低存款准备金率，扩大货币系数，增加商业银行的超额准备，促使商业银行扩大信贷规模，增加市场货币供应量。这样存款准备金率成为中央银行调节货币量的一个重要的经济手段。

3. 法定存款准备金政策的效果和局限性

法定存款准备金政策的效果表现在它对所有存款银行的影响是平等的，对货币供给量具有极强的影响力，通常它被称作一帖“烈药”。

正因为法定存款准备金政策力度大、反应快，所以也存在明显的局限性：（1）对经济的震动太大，不宜轻易作为中央银行日常调控的工具；（2）存款准备金对各类银行和不同种类存款的影响不一致，如提高法定存款准备金，可能使超额准备金率低的银行立即陷入流动性困境，从而迫使中央银行通过公开市场业务或贴现窗口向其提供流动性支持。

（二）再贴现政策

1. 再贴现政策的含义

再贴现政策是指中央银行通过正确制定和调整再贴现率来影响市场利率和投资成本，从而调节货币供给量的一种货币政策工具。

一般来说，再贴现政策包括两方面的内容：一是再贴现率的调整，二是规定何种票据具有向中央银行申请再贴现的资格。前者主要是影响商业银行的准备金及社会的资金供求，后者则主要影响商业银行及全社会的资金投向。

2. 再贴现政策的运用

中央银行使用再贴现工具时，关键是正确制定和调整再贴现利率。中央银行通过调整再贴现率可以影响或干预商业银行的准备金及市场银根松紧。当中央银行提高再贴现率，使之高于市场利率时，商业银行向中央银行借款或贴现的资金成本上升，这就必然减少其向中央银行借款或贴现，从而使商业银行的准备金相应缩减。如果准备金不足，商业银行就只能收缩对客户的贷款和投资规模，从而缩减了市场的货币供应量。随着市场货币供应量的缩减，银根紧缩，市场利率也相应上升，对货币的需求也相应减少。当中央银行降低再贴现率，使之低于市场利率时，商业银行向中央银行借款或贴现的资金成本降低，借款比较容易，必然增加其向中央银行的借款或贴现，商业银行的准备金相应增加。于是，银行扩大其资产和信贷规模，从而导致市场货币供应量增加，市场利率也随之降低，社会对货币的需求也相应增加。

3. 再贴现政策的优缺点

再贴现政策最大的优点：中央银行可利用它来履行“最后贷款人”的职责，通过再贴现率的变动影响货币供给量、短期利率以及商业银行的资金成本和超额存款准备金，达到中央银行既调节货币总量又调节信贷结构的政策意向。

再贴现政策的缺点：（1）中央银行固然能够调整再贴现率，但借款与否和借款多少的决定权在商业银行，所以这一政策难以真正反映中央银行的货币政策意向。（2）当中央银行把再贴现率定在一个特定水平上时，市场利率与再贴现率中间的利差将随市场利率的变化而发生较大的波动，它可能导致再贴现贷款规模甚至货币供给量发生非政策意图的波动。（3）相对于法定存款准备金政策来说，贴现率虽然比较易于调整，但频繁调整会引起市场利率的经常波动，从而影响商业银行的经营预期。

（三）公开市场业务

1. 公开市场业务的含义

公开市场是指各类有价证券（包括政府债券、中央银行证券或私人票据等）自由议价，其交易量和交易价格都必须公开显示的市场。

公开市场业务则是指中央银行利用在公开市场上买卖有价证券的方法，向金融系统投入或撤走准备金，用来调节信用规模、货币供给量和利率以实现其金融控制和调节的活动。

公开市场业务并不是在所有国家都能开展的，它只能在具有完善的金融市场和存在以政府债券为主的大量有价证券买卖的国家中开展。

2. 公开市场业务的运用

中央银行通过公开市场上的证券买卖活动，可以达到扩张和收缩信用、调节货币供应量的目的。当金融市场上资金缺乏时，中央银行就通过公开市场业务买进有价证券，向社会投入了一笔基础货币。这些基础货币如果流入社会大众手中，则会直接地增加社会货币供应量；如果流入商业银行，则会引起信用的扩张和货币供应量的多倍增加。相反，当金融市场上货币过多时，中央银行就可以通过公开市场业务卖出有价证券，无论这些证券是由商业银行购买，还是由其他部门购买，总会有相应数量的货币回笼，从而引起信用规模的收缩和货币供应量的减少。

3. 公开市场业务的优缺点

公开市场业务具有明显的优越性：（1）运用公开市场业务操作的主动权在中央银行，其可以经常性、连续性地操作，并具有较强的弹性；（2）公开市场业务的操作可灵活安排，可以进行较小规模的微调，不至于对经济产生过于猛烈的冲击；（3）通过公开市场业务，促使货币政策和财政政策有效结合和配合使用。

公开市场业务操作也有局限性：（1）需要以发达的金融市场做背景，如果市场发育程度不够，交易工具太少，则会制约公开市场业务操作的效果。（2）必须有其他政策工具的配合。可以设想，如果没有存款准备金制度，这一工具是无法发挥作用的。

4. 我国公开市场业务的操作

我国公开市场业务操作包括人民币操作和外汇操作两部分。外汇公开市场操作于1994年3月启动，人民币公开市场操作于1998年5月26日恢复交易。中国人民银行从1998年开始建立公开市场业务的一级交易商制度，选择了一批能够承担大额债券交易的商业银行作为公开市场业务的交易对象。目前，公开市场业务一级交易商共包括40家商业银行。

我国在公开市场业务方面取得了一些成绩，但仍有不尽完善之处，需要从以下几方面完善。

（1）构建公开市场业务发挥作用的微观基础。公开市场业务操作的最大特点是通过市场将中央银行实施的货币政策与商业银行及其他金融机构的资金经营和资产合理配置融合在一起，这要求商业银行及其他金融机构是真正的、自负盈亏的企业。

（2）注重公开市场业务与其他货币政策工具的配合运用。公开市场业务相对于其他货币政策工具而言，虽具有较多明显的优点，但是它也有局限性，最明显的是其操作效果易受外部因素的干扰而被削弱。所以，必须注重公开市场业务与其他货币政策工具的配合运用，如与完善的存款准备金制度相配合、与再贴现业务相配合。

（3）注重与国债发行和交易相配合。我国公开市场业务的操作对象以国库券为主。作为开展公开市场业务的载体，国债特别是短期国债与公开市场业务相互的配合尤为重要。

国债的发行要与公开市场业务的适度规模相适应，要以短期国债为主，采取直接业务、回购协议和售购搭配等交易技巧来实施公开市场业务操作。

（4）注重与整个经济体制改革相配合。中央银行要正常开展公开市场业务操作，必须进行以下几方面改革：① 改革财政融资机制；② 改革商业银行机制；③ 发展全国统一的货币市场；④ 逐步实现利率的市场化；⑤ 建立完善的金融市场制度。

（5）注重与外汇市场的操作相配合。随着 20 世纪 70 年代布雷顿森林体系瓦解后浮动汇率制的实施，特别是近年来全球经济金融的一体化趋势，形成了国内货币金融市场同国际货币金融市场交互整合的趋势。公开市场操作已不再是单纯的国内货币金融问题，而是直接同国际货币金融市场问题交叉重合。因此，公开市场操作必然要涉及和外汇市场操作的协调和统一问题。

二、选择性货币政策工具

传统的三大货币政策工具，都是通过对货币总量的调节，以影响整个宏观经济。在这些一般性政策工具之外，还有一些选择性货币政策工具，即中央银行针对某些特殊的经济领域或特殊用途的信贷而采用的信用调节工具，主要有以下几种。

（一）消费者信用控制

它是指中央银行对不动产以外的各种耐用消费品的销售融资予以控制，如规定分期购买耐用消费品首期付款的最低限额等。消费者信用控制最早盛行于美国，后来许多国家（英国、法国、荷兰、比利时、加拿大等）都普遍推行了这种信用管理措施。

（二）证券市场信用控制

它是指中央银行对有关有价证券交易的各种贷款进行限制，目的在于限制用借款购买有价证券的比重。这种控制措施的内容包括：规定以信用方式购买股票或证券时，按保证金比率支付款项的额度；中央银行可根据金融市场状况随时调高或调低法定存款保证金比率。

（三）不动产信用控制

它是指中央银行对商业银行等金融机构在房地产方面放款的限制，主要目的是为了抑制房地产投机。如从 2005 年 3 月起，我国对房地产价格上涨过快城市或地区，商业住房贷款最低首付比例由 20%提高到 30%，其主要目的是为了抑制房地产投机。

（四）优惠利率

它是指中央银行对按国家产业政策要求重点发展的经济部门或产业，规定较低贴现利率或放款利率的一种管理措施，如基础产业、高科技产业等。

三、其他补充性货币政策工具

（一）直接信用控制

它是指中央银行从质和量两个方面以行政命令或其他方式对商业银行等金融机构的信用活动进行直接控制。如信用配额，即中央银行根据金融市场状况及客观经济需要，权衡轻重缓急，对商业银行的信用创造加以合理分配和限制等措施；如直接干预，即中央银行以“银行的银行”的身份，直接对商业银行的信贷业务施以合理的干预，包括规定商业银行的业务范围、放款政策等；如流动性比率，即中央银行为了限制商业银行扩张信用，规定流动资产对存款的比重；如规定利率最高限额，即规定商业银行的定期及储蓄存款所能支付的最高利率。

（二）间接信用指导

它是指中央银行通过道义劝告、窗口指导和金融检查等办法对商业银行和其他金融机构的信用变动方向和重点实施间接指导。

道义劝告是指中央银行利用自己在金融体系中的特殊地位和威望，通过对商业银行及其他金融机构的劝告，以影响其放款的数量和投资的方向，从而达到控制和调节信用的目的。道义劝告既能控制信用的总量，也能调整信用的构成。窗口指导是指中央银行根据产业行情、物价趋势和金融市场动向，规定商业银行的贷款重点投向和贷款变动数量等。

第三节　货币政策的传导机制和时滞

一、货币政策的传导机制

所谓货币政策传导机制，是指货币管理当局确定货币政策之后，从选用一定的货币政策工具进行现实操作开始到实现最终目标之间所经过的各种中间环节相互之间的有机联系及因果关系的总和。

（一）凯恩斯学派的传导机制理论

现代经济学家对货币政策传导机制的研究是从凯恩斯开始的。凯恩斯认为，货币政策主要通过两个途径发挥作用：（1）货币与利率之间的关系，即流动性偏好；（2）利率与投资之间的关系，即投资利率弹性的途径。他的具体思路是，货币供给相对于需求突然增加后，首先产生的影响是利率下降，然后又促使投资增加。如果消费倾向为已知量，则通过乘数作用，又可促使国民所得增加。但是，这种增加是随不同条件而发生变化的。凯恩斯认为，增加货币数量既会影响物价，也会影响产量，但首先促使产量增长，在达到充分就业之后，货币供给的增加就会影响物价（见图 10－2）。M_s 表示货币供给量，i 表示利率，I 表示投资，Y 表示国民收入，P 表示物价总水平。

$$M_s\uparrow \Longrightarrow i\downarrow \Longrightarrow I\uparrow \Longrightarrow Y\uparrow \Longrightarrow P\uparrow$$

图 10－2 凯恩斯的货币政策传导机制

不过，凯恩斯认为，上述传导机制很可能因以下两个因素而被堵塞：(1)“流动性陷阱”的出现，即当利率降低到不可再降低的地步时，任何货币量的增加，都会被经济单位所吸收，因而对总体需求所得及物价均不产生任何影响。(2) 当投资的利率弹性非常低时，利率的下降就不会对投资量有显著的刺激作用。如果投资量增加不大，则投资乘数也不会大，从而使货币政策的传导机制中断。

（二）后凯恩斯学派的传导机制理论

后凯恩斯学派的货币政策传导机制理论的主要有以下两个。

1. q 理论中的货币政策传导机制

詹姆斯·托宾（J.Tobin）根据经济学家关于货币政策通过对普通股票价格的影响也能影响投资的思想，发展成了一种有关股票价格和投资支出相互关系的 q 理论。按照托宾的定义

$$q=\frac{\text{企业的市场价值}}{\text{企业的重置成本}}$$

当 q 值很高（大于 1）时，表明股票市价大于重置成本，这时，企业因能通过发行较少股票而得到较多新的投资品，故投资支出会增加。换言之，当货币供给量增加时，社会公众会很快发现他们所持有的货币比他们所需要持有的多，于是必定会通过支出来花费这部分多余的货币，而花费的方式之一就是购买股票。社会公众对股票需求的增加会提高股票的价格（P_s），从而使 q 值上升，投资增加（见图 10－3）。M_s 表示货币供应量，I 表示投资，Y 表示国民收入。

$$M_s\uparrow \Longrightarrow P_s\uparrow \Longrightarrow q\uparrow \Longrightarrow I\uparrow \Longrightarrow Y\uparrow$$

图 10－3 托宾的货币政策传导机制

2. 米什金的货币政策传导机制

米什金认为，当货币增加导致个人财富增加时，其会增持金融资产，以此减少财务困难的可能性。在此前提下，消费者才会增加耐用消费品或住宅支出，从而使社会总收入增加（见图 10－4）。V 表示金融资产的价值，D 表示财务困难的可能性，C_A 表示耐用

消费品支出，H 表示住宅支出，其他符号含义同前。

$$M_s\uparrow \Rightarrow P_s\uparrow \Rightarrow V\uparrow \Rightarrow D\downarrow \Rightarrow C_A\uparrow \Rightarrow Y\uparrow$$

$$M_s\uparrow \Rightarrow P_s\uparrow \Rightarrow V\uparrow \Rightarrow D\downarrow \Rightarrow H\uparrow \Rightarrow Y\uparrow$$

图 10－4　米什金的货币政策传导机制

（三）货币学派的货币政策传导机制理论

弗里德曼等人在研究后得出结论：如果货币供给量增加到供过于求的状况，则货币资产的持有者，即个人或企业等经济单位会发现他们所实际持有的货币资产比他们希望持有的数额要多，于是，他们的反应是将多余的货币用于购买各种资产，即购买金融资产如债券、股票等，也购买实物资产如汽车、消费品等。这种支出（即资产结构的调整过程）会影响资产的价格（如有价证券利率会变动），也会影响商品供应的数额。而价格的变动又会影响货币库存余额的实际价值，从而通过货币需求函数再次发生反应。虽然货币学派认为这个作用过程是十分复杂的，但是他们把货币需求函数看成是稳定的量，所以，即使不知道在这个过程中会发生什么变化，人们也可以预测货币供给量变动的结果（见图 10－5）。C 表示消费，…表示可能存在但还未被揭示的过程，其他符号含义同前。

$$M_s\uparrow \Rightarrow V\uparrow \Rightarrow C\uparrow \Rightarrow I\uparrow \Rightarrow P\uparrow \Rightarrow \cdots\ Y\uparrow$$

图 10－5　货币学派的货币政策传导机制

（四）货币政策传导机制的一般模式

尽管不同学者所分析的传导机制不完全相同，但如果撇开一些次要问题，则有些基本的理论可以视为公认的。（1）货币数量增加后，对金融市场上的利率会产生影响，同时对股票价格或债券价格也会产生影响；（2）正是由于利率或股票价格、债券价格的变化，引起了企业家的投资和个人的消费欲望及现实支出的改变；（3）当投资和消费发生变化后，国民生产总值自然会发生相应变化。由此可以得到货币政策传导机制的一般模式（见图 10－6）。

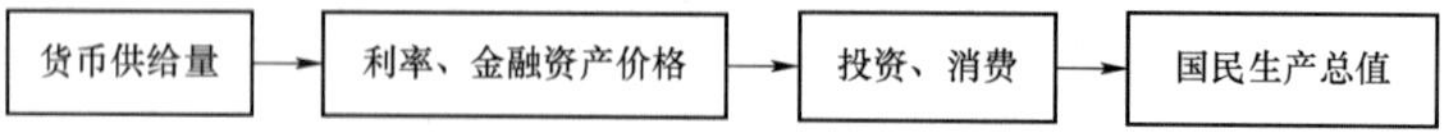

图 10－6　货币政策传导机制

（五）影响货币政策传导机制因素的新变化

货币政策传导机制的一般模式是：货币供给量的增加会降低利率，从而降低借贷成本，借贷成本的下降则促使企业增加投资，消费者增加消费支出，最终导致总产量的增加。减少货币供给量的效应则正好相反。

实践证明，完整的货币政策传导机制并非只注重利率，还必须考虑其他若干种资产价格对货币政策传导机制的作用。

（1）汇率的变化。各国普遍通过特定的货币政策影响汇率的变动，从而达到调节本国进出口和总产量的目的。

（2）权益价格的变动。通过货币政策的调节来增加货币供给量，有利于公众增加支出，进而增加对权益的需求，从而导致权益价格的提高。

（3）银行信贷的调节。扩张性的货币政策会使银行准备金和银行存款增加，从而使银行可用贷款量增加，刺激企业的投资。

（4）企业和家庭收支的调节。货币政策会直接或间接地影响企业和家庭的收支平衡状况，如扩大货币供给量会使企业的权益价格上升和家庭的财务状况得以改善，从而增加企业的投资支出和居民对流动性较差的耐用消费品和住房的支出，这些最终都会引起总需求和总产量的增加。

二、货币政策时滞

货币政策时滞，亦称货币政策的作用时滞，或称货币政策时差。它是指货币政策从研究、制定到实施后发挥实际效果的全部时间过程。

按发生源和性质分类，货币政策的时滞可以分为内在时滞和外在时滞两大类。

（一）内在时滞

内在时滞是指中央银行从制定政策到采取行动所需要的时间。内在时滞又可以细分为认识时滞和决策时滞两个阶段。

认识时滞是指从确定有实行某种政策的需要，到货币当局认识到存在这种需要所耗费的时间。这段时滞的存在，一是因为搜集各种信息资料需要耗费一定的时间，二是对各种复杂的经济现象进行综合分析，做出客观的、符合实际的判断需要耗费一定的时间。

决策时滞是指从认识到需要改变政策到提出一种新的政策所需耗费的时间。这部分时滞的长短取决于中央银行占有各种信息资料和对经济形势发展的预见能力。

（二）外在时滞

外在时滞是指中央银行从采取行动到这一政策对经济过程发生作用所需要的时间距离。外在时滞可细分为操作时滞和市场时滞两个阶段。

操作时滞是指从调整政策工具到其对中介指标发生作用所需要的时间距离。这段时滞的存在，是因为在实施货币政策的过程中，无论何种货币政策工具都要通过影响中介指标才能起作用。究竟能否生效，主要取决于商业银行及其他金融机构对中央银行政策的态度、对政策工具的反应能力和金融市场对央行政策的敏感程度。

市场时滞是指从中介指标发生反应到其对最终目标产生作用所需要的时间距离。这是因为企业部门对中介指标变动的反应有一个滞后过程，而且投资或消费的实现也有一个滞后过程。这一时滞的长短取决于调控对象对中介指标变动的反应，从而对最终目标产生影响。

内在时滞可由中央银行掌握，而中央银行对外在时滞很难进行实质性的控制，因为外在时滞的长短主要取决于政策的操作力度和金融部门、企业部门对政策工具的反应大小，它是一个由多种因素综合决定的复杂变量。货币政策各种时滞之间的相互关系如图 10－7 所示。

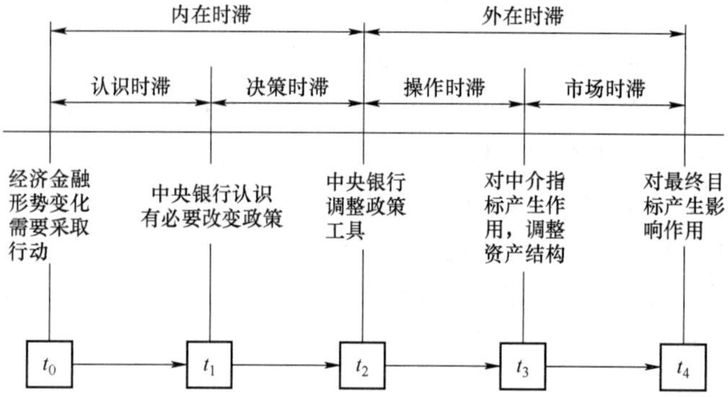

图 10－7　货币政策时滞关系

本章小结

1. 货币政策指中央银行在一定时期内利用某些工具作用于某个经济变量，从而实现某种特定经济目标的制度规定的总和。

2. 货币政策的最终目标是指中央银行执行货币政策预期要达到的最终效果。一般而言，各国货币政策的最终目标有四个，即稳定物价、充分就业、经济增长、国际收支平衡。

3. 货币政策的中介指标是指中央银行为实现特定的货币政策目标而选取的操作对象。货币政策中介指标实质上只有两个候选对象，即利率和货币供给量。

4. 货币政策工具就是中央银行为实现货币政策目标而使用的各种策略手段。货币政策工具可分为一般性货币政策工具、选择性货币政策工具和其他补充性货币政策工具三类。

5. 一般性货币政策工具是指对货币供给总量或信用总量进行调节，且经常使用，并具有传统性质的货币政策工具。一般性货币政策工具主要有法定存款准备金政策、再贴现政策和公开市场业务政策，也被称为货币政策的“三大法宝”。

6. 货币政策传导机制是指货币管理当局确定货币政策之后，从选用一定的货币政策工具进行现实操作开始到实现最终目标之间所经过的各种中间环节相互之间的有机联系及因果关系的总和。

7. 货币政策时滞亦称货币政策的作用时滞，或称货币政策时差，是指货币政策从研究、制定到实施后发挥实际效果的全部时间过程。

重要概念

货币政策　存款准备金政策　再贴现政策　公开市场业务政策　货币政策传导机制　货币政策时滞

选择题

1. 当中央银行降低再贴现率时，商业银行（　　）。

A. 相应降低企业贷款利率　　B. 相应提高企业贷款利率

C. 不会改变企业贷款利率　　D. 借款成本增加

2. 下列货币政策操作中，能引起货币供应量增加的是（　　）。

A. 提高法定存款准备金率　　B. 提高再贴现率

C. 降低再贴现率　　D. 中央银行在公开市场上卖出债券

3. 以下不属于直接信用控制的是（　　）。

A. 信用分配　　B. 利率高限

C. 流动性比率　　D. 窗口指导

复习思考题

1. 什么是货币政策？它由哪些要素构成？
2. 试述货币政策工具的内容。
3. 什么是法定存款准备金政策？其效果和局限性如何？
4. 什么是再贴现政策？它有哪些优缺点？
5. 什么是公开市场业务？它有哪些优缺点？
6. 什么是货币政策传导机制？
7. 什么是货币政策时滞？它由哪些部分组成？

实训案例

根据下列资料完成实训项目。

资料一：2022年第二季度中国货币政策执行报告

2022 年以来，面对复杂严峻的国际环境和艰巨繁重的国内改革发展稳定任务，在以习近平同志为核心的党中央坚强领导下，统筹疫情防控和经济社会发展工作，加大宏观政策调节力度，疫情防控取得积极成效，经济社会发展取得新成绩。2022 年上半年国内生产总值（GDP）同比增长 2.5%，其中二季度同比增长 0.4%，顶住压力实现正增长；上半年居民消费价格指数（CPI）同比上涨 1.7%，在全球高通胀背景下保持了物价形势的稳定。中国人民银行坚持以习近平新时代中国特色社会主义思想为指导，坚决贯彻党中央、国务院的决策部署，稳字当头、稳中求进，稳健的货币政策灵活适度，有效实施稳经济一揽子政策措施，坚决支持稳住经济大盘。

一是保持流动性合理充裕。上半年降准 0.25 个百分点，上缴央行结存利润 9 000 亿元，并运用再贷款再贴现、中期借贷便利、公开市场操作等多种方式投放流动性，增强信贷总量增长的稳定性；调增开发性政策性银行信贷额度 8 000 亿元，推动设立 3 000 亿元政策性开发性金融工具，支持中长期基础设施贷款投放。二是丰富和完善结构性货币政策工具箱。将普惠小微贷款支持工具提供的激励资金比例由1%提高到2%，增加1 000亿元支持煤炭清洁高效利用专项再贷款额度，出台科技创新、普惠养老、交通物流专项再贷款三项新的结构性货币政策工具，增加民航应急贷款，激励金融机构优化信贷结构，精准支持重点领域。三是促进企业综合融资成本稳中有降。引导公开市场7天期逆回购操作利率、MLF利率、1年期和5年期以上贷款市场报价利率（LPR）适度下行，发挥LPR改革效能和指导作用。建立存款利率市场化调整机制，加强存款利率监管，稳定银行负债成本。四是把握好内外平衡。深化汇率市场化改革，坚持市场在人民币汇率形成中起决定性作用，增强人民币汇率弹性，加强预期管理，发挥汇率调节宏观经济和国际收支自动稳定器功能。五是牢牢守住不发生系统性金融风险的底线，坚持市场化法治化原则处置风险，促进金融风险持续收敛。总体来看，今年以来中国人民银行按照“疫情要防住、经济要稳住、发展要安全”的要求，加大稳健货币政策实施力度，为实体经济提供了更有力支持。上半年新增人民币贷款13.68万亿元，同比多增9 192亿元；6月末广义货币（M_2）和社会融资规模存量同比分别增长11.4%和10.8%，较上年末分别上升2.4个和0.5个百分点。金融对小微企业、科技创新等重点领域和薄弱环节支持力度加大，6月末普惠小微贷款和制造业中长期贷款余额同比分别增长23.8%和29.7%。6月企业贷款加权平均利率为4.16%，较去年同期下降0.42个百分点，处于有统计以来的低位。人民币汇率双向浮动，在合理均衡水平上保持基本稳定。也要看到，当前全球经济增长放缓、通胀高位运行，地缘政治冲突持续，外部环境更趋严峻复杂，国内经济恢复基础尚需稳固，结构性通胀压力可能加大。但总的来看，我国经济长期向好的基本面没有改变，经济保持较强韧性，宏观政策调节工具丰富，推动经济高质量发展具备诸多有利条件，要保持战略定力，坚定做好自己的事。下一阶段，中国人民银行将坚持以习近平新时代中国特色社会主义思想为指导，贯彻落实党的十九大、十九届历次全会、中央经济工作会议精神和《政府工作报告》要求，按照党中央、国务院的决策部署，坚持稳字当头、稳中求进，完整、准确、全面贯彻新发展理念，加快构建新发展格局，深化供给侧结构性改革，建设现代中央银行制度，健全现代货币政策框架，抓好政策措施落实，着力稳就业稳物价，发挥有效投资的关键作用，巩固经济回升向好趋势。

加大稳健货币政策实施力度，发挥好货币政策工具的总量和结构双重功能，主动应对，提振信心，搞好跨周期调节，兼顾短期和长期、经济增长和物价稳定、内部均衡和外部均衡，坚持不搞“大水漫灌”，不超发货币，为实体经济提供更有力、更高质量的支持。保持流动性合理充裕，加大对企业的信贷支持，用好政策性开发性金融工具，重点发力支持基础设施领域建设，保持货币供应量和社会融资规模合理增长，力争经济运行实现最好结果。密切关注国内外通胀形势变化，不断夯实国内粮食稳产增产、能源市场平稳运行的有利条件，做好妥善应对，保持物价水平基本稳定。结构性货币政策工具积极做好“加法”，加大普惠小微贷款支持力度，支持中小微企业稳定就业，用好支持煤炭清洁高效利用、科技创新、普惠养老、交通物流专项再贷款和碳减排支持工具，促进金融资源向重点领域、薄弱环节和受疫情影响严重的行业、市场主体倾斜，培育新的经济增长点。健全市场化利率形成和传导机制，优化央行政策利率体系，加强存款利率监管，发挥存款利率市场化调整机制重要作用，着力稳定银行负债成本，发挥贷款市场报价利率改革效能和指导作用，推动降低企业综合融资成本。密切关注主要发达经济体经济走势和货币政策调整的溢出影响，以我为主兼顾内外平衡。坚持以市场供求为基础、参考一篮子货币进行调节、有管理的浮动汇率制度，坚持底线思维，加强跨境资金流动宏观审慎管理，保持人民币汇率在合理均衡水平上的基本稳定。遵循市场化法治化原则，统筹做好经济发展和风险防范工作，保持金融体系总体稳定，坚决守住不发生系统性金融风险的底线。着力稳定宏观经济大盘，保持经济运行在合理区间，力争实现最好结果，以实际行动迎接党的二十大胜利召开。

资料来源：整理自中国人民银行《2022 年第二季度中国货币政策执行报告》。

资料二：我国新增主要货币政策工具概述

1. 常备借贷便利

从国际经验看，中央银行通常综合运用常备借贷便利和公开市场操作两大类货币政策工具管理流动性。常备借贷便利的主要特点如下：一是由金融机构主动发起，金融机构可根据自身流动性需求申请常备借贷便利；二是常备借贷便利是中央银行与金融机构“一对一”交易，针对性强。三是常备借贷便利的交易对手覆盖面广，通常覆盖存款金融机构。全球大多数中央银行具备借贷便利类的货币政策工具，但名称各异，如美联储的贴现窗口（Discount Window）、欧央行的边际贷款便利（Marginal Lending Facility）、英格兰银行的操作性常备便利（Operational Standing Facility）、日本银行的补充贷款便利（Complementary Lending Facility）、加拿大央行的常备流动性便利（Standing Liquidity Facility）、新加坡金管局的常备贷款便利（Standing Loan Facility），以及新兴市场经济体中俄罗斯央行的担保贷款（Secured Loans）、印度储备银行的边际常备便利（Marginal Standing Facility）、韩国央行的流动性调整贷款（Liquidity Adjustment Loans）、马来西亚央行的抵押贷款（Collateralized Lending）等。

借鉴国际经验，中国人民银行于 2013 年初创设了常备借贷便利（Standing Lending Facility，SLF）。常备借贷便利是中国人民银行正常的流动性供给渠道，其主要功能是满足金融机构期限较长的大额流动性需求。其对象主要为政策性银行和全国性商业银行，期限为 1～3 个月。利率水平根据货币政策调控、引导市场利率的需要等综合确定。常备借贷便利以抵押方式发放，合格抵押品包括高信用评级的债券类资产及优质信贷资产等。

2. 中期借贷便利

当前银行体系流动性管理不仅面临来自资本流动变化、财政支出变化及资本市场 IPO 等多方面的扰动，同时也承担着完善价格型调控框架、引导市场利率水平等多方面的任务。为保持银行体系流动性总体平稳适度，支持货币信贷合理增长，中央银行需要根据流动性需求的期限、主体和用途不断丰富和完善工具组合，以进一步提高调控的灵活性、针对性和有效性。2014 年 9 月，中国人民银行创设了中期借贷便利（Medium-term Lending Facility，MLF）。中期借贷便利是中央银行提供中期基础货币的货币政策工具，对象为符合宏观审慎管理要求的商业银行、政策性银行，可通过招标方式开展。中期借贷便利采取质押方式发放，金融机构提供国债、央行票据、政策性金融债、高等级信用债等优质债券作为合格质押品。中期借贷便利利率发挥中期政策利率的作用，通过调节向金融机构中期融资的成本来对金融机构的资产负债表和市场预期产生影响，引导其向符合国家政策导向的实体经济部门提供低成本资金，促进降低社会融资成本。

3. 定向中期借贷便利

2019 年 1 月 23 日，中国人民银行开展了 2019 年第一季度定向中期借贷便利（TMLF）操作。操作对象为符合相关条件并提出申请的大型商业银行、股份制商业银行和大型城市商业银行。操作金额根据有关金融机构 2018 年第四季度小微企业和民营企业贷款增量并结合其需求确定为 2 575 亿元。操作期限为 1 年，到期可根据金融机构需求续做两次，实际使用期限可达到 3 年。操作利率为 3.15%，比中期借贷便利（MLF）利率优惠 15 个基点。

4. 抵押补充贷款

为贯彻落实国务院第 43 次常务会议精神，支持国家开发银行加大对“棚户区改造”重点项目的信贷支持力度，2014 年 4 月，中国人民银行创设抵押补充贷款（Pledged Supplemental Lending，PSL）为开发性金融支持棚改提供长期稳定、成本适当的资金来源。抵押补充贷款的主要功能是支持国民经济重点领域、薄弱环节和社会事业发展而对金融机构提供的期限较长的大额融资。抵押补充贷款采取质押方式发放，合格抵押品包括高等级债券资产和优质信贷资产。2022 年 9 月，国家开发银行、中国进出口银行、中国农业发展银行净新增抵押补充贷款 1 082 亿元。期末抵押补充贷款余额为 26 481 亿元。

5. 结构性货币政策工具

近年来，人民银行认真贯彻落实党中央、国务院决策部署，发挥好货币政策工具的总量和结构双重功能，围绕支持普惠金融、绿色发展、科技创新等国民经济重点领域和薄弱环节，服务经济高质量发展，逐步构建了适合我国国情的结构性货币政策工具体系。

（1）发挥总量和结构双重功能，促进信贷总量稳定增长。

我国的结构性货币政策工具是人民银行引导金融机构信贷投向，发挥精准滴灌、杠杆撬动作用的工具，通过提供再贷款或资金激励的方式，支持金融机构加大对特定领域和行业的信贷投放，降低企业融资成本。

结构性货币政策工具兼具总量和结构双重功能：一方面，结构性货币政策工具建立激励相容机制，将央行资金与金融机构对特定领域和行业的信贷投放挂钩，发挥精准滴灌实体经济的独特优势；另一方面，结构性货币政策工具具有基础货币投放功能，有助于保持银行体系流动性合理充裕，支持信贷平稳增长。

（2）建立多部门联动工作机制，形成政策合力。

结构性货币政策工具建立了“金融机构独立放贷、台账管理，人民银行事后报销、总量限额，相关部门明确用途、随机抽查”的机制，联通了金融机构贷款和央行再贷款“两本账”，有利于激励金融机构优化信贷结构，实现向绿色发展、科技创新等领域精准倾斜的效果。

一是人民银行按照“先贷后借”模式向金融机构提供资金，而非直接向企业发放贷款。金融机构按照市场化、法治化原则自主向企业发放贷款、管理台账，之后向人民银行申请再贷款或激励资金，人民银行按贷款发放量或余额增量的一定比例向金融机构发放再贷款或提供激励资金。

二是由行业主管部门确定支持的领域或行业范围。依托国家发改委、科技部、工信部、生态环境部、交通运输部、国家能源局等行业主管部门的产业基础，运用金融部门现有统计制度或建立专门台账，明确贷款支持的领域或行业范围，发挥各自优势、形成政策合力。

三是建立事后核查和纠错机制。行业主管部门联合金融部门事后随机抽查，审计监督和社会监督事后跟进，如果发现金融机构贷款台账超出支持范围，将采取递补台账差额、收回再贷款等措施，避免金融机构违规套取再贷款资金。

（3）丰富工具箱，精准滴灌实体经济。

目前存续的结构性货币政策工具可从以下三个维度划分：

一是长期性工具和阶段性工具。长期性工具主要服务于普惠金融长效机制建设，包括支农支小再贷款和再贴现。阶段性工具有明确的实施期限或退出安排，除支农支小再贷款和再贴现之外的其他结构性货币政策工具均为阶段性工具。

二是总行管理的工具和分支行管理的工具。人民银行总行管理的主要是阶段性工具，特点是面向全国性金融机构、“快进快出”，确保政策高效落地、及时退出。阶段性工具中除普惠小微贷款支持工具之外均为总行管理的工具。分支行管理的主要是长期性工具，如支农支小再贷款和再贴现，也有阶段性工具，如普惠小微贷款支持工具，特点是面向地方法人金融机构，确保政策贴近基层和普惠性。

三是提供再贷款资金的工具和提供激励资金的工具。提供再贷款资金的工具要求金融机构先对特定领域和行业提供信贷支持，人民银行再根据金融机构的信贷发放量的一定比例予以再贷款资金支持，结构性货币政策工具中除普惠小微贷款支持工具之外均采取这一模式。提供激励资金的工具要求金融机构持续对特定领域和行业提供信贷支持，人民银行再根据金融机构的信贷余额增量的一定比例予以激励资金，目前普惠小微贷款支持工具采取这一模式。

资料来源：中国人民银行，www.pbc.gov.cn。

实训项目：查阅 2019—2022 年我国《中国货币政策执行报告》，结合实际情况，分组讨论针对不同宏观经济形势，我国的货币政策目标是如何调整的，实施了哪些货币政策工具，效果如何。

第十一章

金 融 监 管

学习目标

习近平总书记在二十大报告中提出“加强和完善现代金融监管，强化金融稳定保障体系，依法将各类金融活动全部纳入监管，守住不发生系统性风险底线”要求。通过本章的学习，学生应掌握金融监管的含义与特征，了解金融监管的必要性，掌握金融监管的目标、原则以及监管手段，理解金融监管的分类及内容，掌握金融监管体制模式，了解我国金融监管体制的演变及构成。通过案例了解当前复杂的金融环境，强化金融安全意识，熟悉监管创新措施。

第一节 金融监管概述

一、金融监管的含义

金融监管是政府通过特定的机构，如中央银行、证券交易委员会等对金融交易行为主体作出的某种限制或规定。本质上金融监管是一种具有特定内涵和特征的政府规制行为。

金融监管是金融监督与金融管理的总称。金融监督是指金融主管当局对金融机构实施的全面性、经常性的检查和督促，并以此促进金融机构依法稳健地经营和发展。金融管理是指金融主管当局依法对金融机构及其经营活动实施的领导、组织、协调和控制等一系列的活动。

金融监管有狭义和广义之分。狭义的金融监管是指中央银行或其他金融监管当局依据国家法律规定对整个金融业（包括金融机构和金融业务）实施的监督管理。广义的金融监管在上述含义外，还包括金融机构的内部控制和稽核、同业自律性组织的监管、社会中介组织的监管等内容。

二、金融监管的特征

近年来，随着金融市场业务的不断创新，对金融监管的要求越来越高，监管内容也越来越复杂，金融监管也在不断地改进和完善。现代金融监管主要具有如下特征。

（一）金融监管与金融创新并重

金融市场对金融服务的需求层出不穷，一方面带来了金融创新的源源动力，另一方面也加大了金融风险的管控难度，对金融监管提出了更高的要求。金融监管需要与金融创新的需求相适应，与时俱进，并重发展。

（二）金融监管强调监管效益最大化

传统的金融监管更侧重考量监管带来的收益，而忽视了监管投入产生的成本，未对金融监管的整体效益做出合理量化与评估。现代金融监管加强对监管成本的关注，采用科学分析，对各项监管措施进行收益与成本的合理量化与评估，以实现监管效益最大化的目标。

（三）金融监管重视科学技术的运用

随着互联网金融的爆发，金融科技带来诸多新风险、新挑战，互联网金融的风险也日趋呈现。然而传统的监管制度与手段相对滞后，无法满足新的金融市场环境下的监管要求，新兴业态没有完善的监管制度或监管手段相匹配，新兴业态风险增大。现代金融监管以可持续发展为目标，重视全领域新技术的应用，通过科技手段促进监管质效提升、健全监管生态发展，更有效率地实现监管要求。

（四）全球化金融监管合作不断增强

金融市场已经出现高度跨界、多元化经营的趋势，整合一体，密切协调的监管框架应是大势所趋。增强金融监管的国际化合作，构建全球金融监管的框架势在必行。国际性金融机构在全球金融监管合作方面做出了越来越大的贡献，全球化金融监管合作不断增强。

三、金融监管的必要性

金融对社会经济的影响愈发显著，已然成为现代经济发展的核心。金融业的安全稳定对社会经济有序运行和健康发展具有重大意义。与此同时，金融业自身存在高风险性、金融脆弱性、外部性及市场失灵等特殊性，使得金融监管对金融业的运行和发展具有重要意义。

（一）金融业高风险性、脆弱性的要求

在经济全球一体化的背景下，以金融全球化、金融创新、金融混业经营为特征的金融业运行方式给金融市场带来了前所未有的风险与挑战。具体而言，金融全球一体化使得金融风险在世界范围内传播速度更快、传播范围更广、危害性与破坏性更强。一个国家或地区遭受的金融冲击极大可能引发区域性、全球性金融危机甚至经济危机。层出不穷的金融产品创新，导致不同领域的金融业务交叉频繁，法规空白带来不容忽视的金融风险。金融混业经营的新形势下，一个领域的金融个体风险极易导致整个金融体系的全局性风险，加剧了金融体系的脆弱性。在现代金融业发展的新形势下，金融监管尤显必要。金融监管当局不仅要一如既往地维护金融体系的安全稳定运行，为社会经济健康发展创造安全、稳定、可靠的金融环境，还要持续发展全面高效的现代化监管科学技术与手段。

（二）金融业外部性的要求

金融业的特殊性决定了金融业是一个外部效应外溢性很强的行业。在现实经济运行过程中，金融市场存在不完全竞争、市场信息不对称和负外部性等情况，完全竞争有效发挥作用的前提条件不能得到满足，从而导致市场失灵，无法发挥其自主调节作用。金融领域的信息不对称，使得金融风险不断累积，易导致逆向选择和道德风险，加剧金融市场的风险。金融市场的集中与垄断，使得信息不透明的情况进一步恶化，造成市场效率低下。在此背景下，放松监管无法使金融市场运行达到市场均衡与高效率的理想状态，需要借助监管当局通过法律法规、政策和各种监管措施对金融市场和金融机构进行必要的管制，以弥补市场缺陷，实现资源高效与最优配置。

（三）金融业公共性的要求

金融机构一方面是债务人向社会负债，另一方面是债权人向社会贷款和投资，还是社会经济活动的结算人。作为货币资金的聚集中心，金融机构涉及国民经济各部门，企事业单位、居民个人与家庭，对社会各个层面的影响广泛，不可替代。因此，金融机构运行的安全稳定对整个社会经济产生巨大影响，金融监管具有重大意义。

四、金融监管目标

金融监管目标是对金融业实施监管所要达到的目的，是监管当局实现有效金融监管的前提条件以及实施具体金融监管措施的重要依据。鉴于金融业在社会经济中占据的举足轻重的地位，金融监管当局需要通过实施监管，维持一个安全稳定、公平公正、高效率的金融体系。通常来讲，金融监管主要包括三大目标，即安全性目标、公平性目标和效率性目标。

（一）安全性目标

安全性目标是金融监管的首要目标。金融业在社会经济中发挥着至关重要的作用，因此金融体系的安全与稳定对社会经济的有序运行与健康发展具有重要意义。同时，金融体系是全社会货币供给者以及货币运行和信用活动的核心，涉及国民经济各个部门、企事业单位、居民个人与家庭。任何一家金融机构出现严重的经营危机，都会引起整个金融体系的连锁反应，极易导致金融、经济秩序出现混乱，引发金融危机甚至经济危机。因此，金融监管将维护金融体系的安全和稳定运行作为监管首要目标，从而为社会经济的发展创造安全、稳定、可靠的金融环境。

（二）公平性目标

公平性目标是金融监管的重要目标。公平性目标旨在保障金融市场弱势交易群体的合法利益。在金融业务活动中，存款人、投资者、保险人等社会广大公众作为金融市场的资金供给方，存在严重信息不对称的情况，在资金规模、经济地位、产品及风险信息获取等方面处于弱势地位，其合法权益易受到侵害。因此，金融监管当局需要通过金融监管，实现金融市场与金融机构业务运营的安全性与合规性，抑制金融风险的增加，减少金融体系信息不对称，保障金融市场中弱势交易群体的合法权益。

（三）效率性目标

效率性目标是金融监管的基本目标。提高金融体系效率是金融市场和金融机构业务运营的基本目标。作为市场经济的基本特征之一，良性竞争可以促进金融市场的资源配置，形成优胜劣汰的有效机制，提升金融市场的效率；而盲目竞争、不良竞争会导致金融机构的经营危机，从而导致金融业集中垄断程度过高，不利于形成安全、高效的金融体系，阻碍社会经济的稳定发展。金融监管当局要通过各种监管措施来促进金融市场的有序良性竞争，确保金融机构平等的法律地位及均等的市场机会，约束金融垄断、抑制恶性竞争，提高金融行业整体运行效率。

五、金融监管原则

金融监管原则是指在政府金融监管机构以及金融机构内部监管机构的金融监管活动中，始终应当遵循的价值追求和最低行为准则。金融监管应坚持以下基本原则。

（一）依法监管原则

依法监管原则又称合法性原则，是指金融监管必须依法进行，监管的主体、监管的职责权限、监管措施、相关各方的权利与义务的设定等必须以明确的法律法规为依据，确保金融监管的权威性、严肃性、强制性和一致性，从而确保金融监管的有效性。

（二）公开公正原则

金融监管机构在开展监管工作时应注重信息公开透明。监管机构应秉承公开公正原则进行执法监督，对待所有金融市场参与主体以及金融业务一视同仁，做到实体公正和程序公正。

（三）效率原则

效率原则是指金融监管应以保证金融市场内在调节机制正常发挥作用为前提，以提高金融体系的整体效率为监管目的。金融监管旨在建立一个高效透明、有序竞争的市场环境，既要杜绝金融高度集中、压制良性竞争、阻碍金融创新，又要避免过度竞争、破坏性竞争，影响金融行业的稳定。此外，金融监管机构应合理配置和运用监管资源以降低监管成本，节约社会公共资源。

（四）独立性原则

独立性原则是指各个参与金融监管的机构按照明确的监管责任与监管目标，依法履行监督管理职责，并应享有监管的自主权和先决条件，如稳健且可持续的宏观经济政策、完善的公共金融基础设施、有效的市场约束、高效率解决银行问题的程序、适当的系统性保护（或公共安全网）的机制。

（五）协调性原则

协调性原则是指不同监管机构之间应明确职责分工、明确权责义务，在针对关联度较高的金融业务特别是金融交叉业务开展监督工作中，监管机构应进行积极有效跨部门沟通，相互协调配合，以提升监管效率，提高监管实效，节约监管成本，杜绝多重监管、监管真空的现象。

六、金融监管手段

通常而言，监管当局综合运用多种手段实施金融监管，主要包括法律手段、经济手段、行政手段、技术手段等。不同国家与地区在不同时期采用的金融监管手段也不尽相同。市场体制健全的国家主要运用法律手段，而市场体制不发达不完善的国家则更多地采用行政手段。

（一）法律手段

法律手段即国家通过立法和执法，将金融市场运行中的各种行为纳入法治轨道，金融市场通过法律规范来约束金融市场中参与金融活动的主体行为，以法律形式维护金融市场良好的运行秩序。法律手段是金融监管的基础手段，其在金融市场管理中发挥着强制、规范、稳定的作用。运用法律手段进行金融监管，具有强制力和约束力，各金融机构必须以法律为依据，依法对自身经营行为进行约束与规范。因此，各国监管当局都致力于完善金融法律法规，确保有法可依，执法严格，以树立金融法律的权威性和有效性，保证金融监管的约束力与强制力。例如，运用法律手段监管证券市场，即要通过立法和执法抑制和消除证券机构等恶性投机、欺诈、垄断、操纵、内幕交易等违法违规行为，维护证券市场的有序运行，保护投资者的合法权益。

（二）经济手段

经济手段是指金融监管当局以监管金融机构及金融活动为主要目标，实施间接调控的方式影响金融活动和金融市场的参与主体的行为。金融监管的经济手段灵活多样，比如在对证券市场实施监管时，金融信贷手段和税收政策都是重要的经济手段；在对商业银行进行监管时，最后贷款人职能和存款保险制度等则是非常典型的经济手段。

（三）行政手段

行政手段是指金融监管当局采用计划、政策、制度、方法等进行直接的行政干预和管理。运用行政手段实施金融监管，具有权威性、高效性、针对性强等特点。尤其当金融市场面临较大波动时，行政手段的时效性不可替代。然而，在市场经济条件下，行政手段只能是一种辅助性的手段，法律手段和经济手段依然占主导地位。从现代金融监管的发展趋势来看，世界各国和地区正在逐步放弃单独以行政手段来实施金融监管，而更多的是以法律手段和经济手段为主导，以行政手段相辅助来开展监管活动。由于行政手段的外部干预在一定程度上与金融市场自发调节机制存在矛盾，尽管力度大、见效快，但对金融机构与金融活动的震动大、副作用大，缺乏持续性和稳定性，不宜作为日常监管手段。但由于金融市场自身存在着外部性、脆弱性等特征，市场失灵的情况在所难免，单纯依赖市场自发调节机制无法解决，因此要完全摒弃行政手段也是不现实的。因此在特殊时期，即便是金融市场高度发达的国家，依然需要采用行政手段进行监管。

（四）技术手段

随着互联网金融的蓬勃发展，金融科技为金融市场带来了新的风险，也对金融监管提出了更高的要求。传统的监管手段无法满足新金融环境下新兴业态的监管需求，监管当局实施金融监管必须采用先进的科学技术手段来与之相适应。监管当局通过技术手段不仅可以迅速提升收集、处理信息的速度，提高对监管对象经营状况的评估能力，还可以扩大监管范围，增加监管频率，及时发现监管问题与隐患，快速反馈监管结果，确保金融机构业务运行的合规性，保证金融市场运行的安全与稳定。金融监管当局运用技术手段进行监管，可实现将监管内容量化成各项监测指标，通过指标数据的收集与分析，及时反映金融机构与金融活动的情况，促进监管质效提升、健全监管生态发展。

第二节　金融监管分类与监管内容

一、金融监管分类

（1）按金融机构监管范畴的不同，金融监管可分为金融机构行政监管和业务监管。金融机构行政监管是对各金融机构的设立、撤并、升格、降格、更名、迁址、法人资格审查、证章牌照管理、业务范围界定、资本金年审等的监管。金融机构业务监管是对金融机构的经营范围、存贷款利率、结算、信贷规模、资产负债比例、现金、信贷资产质量、经营风险、账户、业务咨询、存款准备金等的管理、监测和检查。

（2）按监管性质的不同，金融监管可分为合规性监管与风险性监管。合规性监管是指对金融机构设立的审批、信贷资金管理、中央银行基础货币监督、结算纪律监督、账户管理监管、外汇外债监管、金融市场监管、社会信用监控、金融创新规范化监管、章证牌照真实性检验等。风险性监管是指监测金融机构的资本充足性、资产流动性、资产风险性、经营效益性等风险性指标。

（3）按监管的主要内容的不同，金融监管可分为市场准入监管、业务运营监管和市场退出监管。

二、金融监管内容

一般认为，金融监管的内容可以归纳为事前监管、事中监管以及事后监管。上述三方面内容也被称为金融监管的“三道防线”。具体来说，事前监管体现为市场准入监管，事中监管体现为业务运营监管，事后监管体现为市场退出监管。

（一）市场准入监管

市场准入是指监管机构依法对金融机构筹建、设立、经营、进入金融市场的监管，是批准金融机构获得许可证的过程，是各国对金融机构实行监管的首要事项。实行市场准入监管旨在规避不合格的金融机构进入金融市场，防止其对金融消费者的合法权益、金融体系的健康运行造成危害。同时市场准入可以将金融机构的数量、规模等条件予以有效控制，以便保持金融市场的发展符合国家经济金融发展规划和市场需要，并与金融监管当局的监管能力相适应。

市场准入监管的内容主要包括以下方面：

（1）金融机构是否具备符合法律规定的公司章程等法律文件。

（2）金融机构的注册资本是否符合最低认缴金额的规定。根据我国相关法律法规的规定，设立全国性商业银行的注册资本最低限额为10亿元人民币，设立城市商业银行的注册资本最低限额为1亿元人民币，设立农村商业银行的注册资本最低限额为5千万元人民币，设立信托投资公司注册资本最低限额为3亿元人民币，设立保险公司注册资本最低限额为2亿元人民币，设立综合类证券公司注册资本最低限额为5亿元人民币，设立经纪类证券公司注册资本最低限额为5千万元人民币，设立企业集团财务公司注册资本最低限额为 1 亿元人民币，设立金融租赁公司注册资本最低限额为 1 亿元人民币，设立汽车金融公司注册资本最低限额为 5 亿元人民币，设立货币经纪公司注册资本最低限额为 2 千万元人民币，设立消费金融公司注册资本最低限额为 3 亿元人民币，注册资本应当是实缴资本。

（3）金融机构是否具备任职专业知识和业务工作经验的董事、高级管理人员。

（4）金融机构是否具有健全的组织机构与管理制度等。

（5）金融机构是否具有符合要求的营业场所、安全防范措施、与业务有关的其他设施。此外，金融机构的设立还应当符合监管部门的其他审慎性条件要求。

（二）业务运营监管

实践经验表明，金融机构在开展日常业务活动时面临着各种各样的金融风险，这些风险在日常业务营运过程的每个环节均有可能发生。因此，金融监管机构在市场准入监管后，还要对金融机构的业务运营过程实施严格监督与管理。

业务运营监管是对金融机构的各项经营行为的监管。金融监管部门依据金融机构业务运营的特点对其业务运营具体开展实施监管。但通常情况下，金融监管当局的监管内容主要体现在金融机构经营的安全性、流动性、盈利性三个方面。近年来，随着金融市场业务的不断创新，对金融监管的要求越来越高，监管的内容也越来越复杂，金融监管也在不断地改进和完善。一般来说，对金融机构业务运营监管主要包括业务经营范围的合法合规性，资本充足性，资产风险的分散性、资产负债流动性、经营盈利性、外汇管理的平衡性与稳定性、外债规模、结构、投向与风险的合理性、信息披露的合规性、内部管理水平和内控制度的健全性等方面。

（三）市场退出监管

市场退出监管是指金融监管当局对金融机构退出金融市场、破产倒闭或合（兼）并、变更等的管理。金融机构退出市场，表明该金融机构已经停止经营金融业务，依法处理其债权债务，分配剩余财产，注销工商登记，其最终结果是该金融机构法人资格的消灭。金融机构市场退出的原因和方式可以分为两类：主动退出与被动退出。主动退出是指金融机构因分立、合并或者出现公司章程规定的事由需要解散而退出市场，其主要特点是自行要求解散。被动退出是指由于法定的理由，如由法院宣布破产或严重违规、资不抵债等，金融监管当局将金融机构依法关闭，取消其经营金融业务的资格，金融机构因此而退出市场。

我国对金融机构市场退出的监管也是由法律规定的，包括接管、收购、分立或合作、解散、吊销经营许可和破产清算等形式。监管当局对业务开展出现严重问题或经营管理存在重大风险的金融机构采取救助性或惩罚性强制措施。救助性措施主要包括接管、合作、兼并或收购；惩罚性措施主要包括吊销经营许可和破产清算。市场退出监管旨在采取及时有效手段，避免因个别金融机构的经营危机而对整个金融体系的金融安全与金融稳定带来负面影响。当金融机构无法通过市场调节机制来解决其流动性等经营问题时，监管当局为维护金融体系的安全与稳定，通过协调和组织同业支持、发挥中央银行最后贷款人职能等方式向金融机构提供紧急救助，但不承担金融机构不倒闭的义务。从针对市场退出的金融监管实践看，当个别金融机构遇到严重危机时，金融监管当局通常会出面促成其他符合条件的资金方对其进行兼并或收购。吊销经营许可和破产清算一般不会被监管当局轻易采用。

第三节　金融监管体制

一、金融监管体制的含义

金融监管体制是金融监管当局基于信息不对称、逆向选择与道德风险等因素，对金融机构、金融市场、金融业务进行监督管理的体制模式。

二、金融监管体制模式

（一）集中统一的监管体制模式

集中统一的监管体制模式又称为单一的、一元化的监管体制模式，即将不同的金融业作为一个相互关联的整体，由中央银行或另外设立的专门监管机构承担对金融业集中统一监管职责的体制模式。采取集中统一监管体制模式的国家有日本、韩国等。

实行集中统一的监管体制模式的一般是金融业混业经营的国家，因此该监管体制模式又称为混业监管模式。混业经营有两种表现形式，一种是全能银行，即银行直接经营银行、证券、保险等一系列金融业务；另一种是银行通过投资证券公司、保险公司等，以持股或控股的形式，间接地从事非银行业务。一个国家或地区是否实行集中统一的监管体制主要取决于三个因素：首先取决于银行机构提供金融服务的水平；其次取决于金融监管的水平；最后取决于金融自由化和金融创新的发展程度。

集中统一的监管体制模式的优点主要体现为：（1）监管成本较低。集中统一的金融监管模式有利于降低监管投入，节约信息获取成本，提高监管效率，提升规模经济效益；此外，集中统一监管使得监管部门能够及时应对金融市场的变动，适应金融业务的新需求，有利于促进金融创新。（2）避免发生重复监管或监管真空的现象。集中统一的金融监管有利于监管职责的明确，既可以规避不同机构监管交叉、多重监管对金融创新的阻碍，又可以避免责任空白，不同机构互相推诿，影响业务开展的情况。

集中统一的监管体制模式的缺陷主要包括：（1）缺乏金融监管的竞争性。集中统一的金融监管模式忽视了银行业与其他非银行业如保险业、证券业等不同金融领域之间的业务差异，无法进行有的放矢的精准监管。（2）易导致金融监管的低效率和官僚主义。由于集中统一监管，使得监管部门权力巨大，容易导致监管部门作风官僚化、办公低效化，不利于监管效率的提升以及改革创新。

（二）分业监管体制模式

分业监管体制模式是指由多个监管部门对金融业的不同主体及其业务范围分别进行监管的组织形式。分业监管体制模式主要是在银行、证券和保险等不同金融领域分别设立专职的监管机构，负责对各行业进行审慎监管。实行分业监管体制模式的大多是银行业实行分业经营的国家或地区。美国是分业监管体制模式的典型代表。

实行分业监管体制模式的主要原因是：其一，在混业经营的背景下，如果金融机构缺乏健全的内控机制，金融监管不到位，当金融风险发生时，风险将迅速传导至整个金融体系，扩大金融危机的影响范围，造成更大的损失。其二，在市场机制不健全的条件下，行业间易产生不合理的资金流动，引发泡沫经济。一旦证券市场发生波动，其风险就会通过银行体系扩散，导致金融体系的全局性风险。

相对于集中统一的监管体制模式，分业监管体制模式的优势为：（1）分工明确。分业监管针对性较强，使得监管更加精准，解决了各金融领域业务迅速发展期带来的监管挑战。（2）专业性强。分业监管能充分发挥监管者的专业优势，可以迅速提高监管的专业化水平。（3）具有竞争优势。不同监管机构之间存在竞争性、有利于提升监管效率。（4）抑制官僚、腐败问题滋生。分业监管避免了监管权力过分集中的问题，抑制了官僚与腐败问题的滋生。

分业监管体制模式的弊端主要为：（1）跨部门监管协调困难。不同监管机构的监管目标和政策规范存在差异，而金融业务间关联度较高，对于交叉类业务，需要跨部门协调，影响监管效率，甚至易出现多重监管或监管盲区的问题。（2）监管成本加大。由于监管机构规模庞大，使得监管投入成本较高、监管效率低下，经济规模效益下降。

（三）不完全统一的监管体制模式

不完全统一监管体制模式是对集中统一监管体制模式和分业监管体制模式的一种改进模式。其具体形式包括“牵头式”监管模式和“双峰式”监管模式。

“牵头式”监管模式是指在多重监管主体之间建立磋商与协调机制，指定一个监管机构作为牵头机构负责不同监管主体之间的协调工作。巴西是“牵头式”监管模式的代表。“双峰式”监管模式是根据监管目标设立两类金融监管机构，一类监管机构负责对所有金融机构进行审慎监管，防范与控制金融体系的系统性风险；另一类监管机构负责对不同的金融业务经营活动进行具体监管。澳大利亚是采用“双峰式”监管模式的国家。

不完全统一监管体制模式兼具了集中统一监管体制模式和分业监管体制模式的优势，也在一定程度上规避了其他两种监管体制模式的缺陷。与集中统一监管体制模式相比，不完全统一监管体制模式的优势在于：（1）多个监管机构分散了过于集中的监管权力，机构之间维持一定的竞争与平衡，有利于提升监管效率与时效；（2）多个监管机构在各自金融领域发挥专业性的监督，有助于金融业务的创新。与分业监管体制模式相比，不完全监管体制模式的优点体现在：（1）有统筹监管的角色设置，降低跨机构协调沟通成本，避免监管交叉与监管空白的问题；（2）一定程度上克服了分业监管机构规模庞大，监管成本高的弊端。

三、我国金融监管体制

（一）我国金融监管体制的演变

改革开放以来，我国金融监管体制经历了四个阶段的演变，分别是“一行”集中监管阶段、“三足鼎立”分业监管阶段、“一行三会”分业监管阶段以及“一委一行两会一局”新格局阶段。

1.“一行”集中监管阶段（1979—1992 年）

从 1979 年起，我国陆续恢复建立农业银行、中国银行、建设银行、工商银行等国有商业银行，成立国家外汇管理局，由中国人民银行管理。1983 年，中国人民银行开始专门行使中央银行职能。1986 年 1 月 7 日，国务院发布《中华人民共和国银行管理暂行条例》，指出中国人民银行依法对金融机构进行登记、核发经营金融业务许可证和办理年检。这是我国第一部有关金融监管的行政法规。这一阶段，中国人民银行作为全能的金融监管机构，对金融业采取统一监管的模式。监管主体为中国人民银行，监管对象为银行和非银行金融机构。此阶段的特征为初步实现机构监管；中国人民银行金融监管的权力逐渐扩大，金融机构资产增加的速度较快，地方监管资源配置差异较大，我国金融业获得较好的发展。

2.“三足鼎立”分业监管阶段（1992—2003 年）

1992 年，我国金融监管体系发生了历史性变革，中国证券监督管理委员会（简称中国证监会）成立，监管证券市场业务职责从中国人民银行分离，并移交给新成立的中国证监会。这是我国分业监管的开端。1998 年 11 月 18 日，中国保险监督管理委员会（简称中国保监会）成立，原由中国人民银行行使的保险监管权交由该会行使，我国分业监管体制进一步完善。监管主体为中国人民银行、中国证监会和中国保监会；监管对象为银行和非银行金融机构。此阶段的特征体现为：继续实行机构监管；中国人民银行金融监管的权力逐渐缩小；金融业的监管以银行业为主；金融业不良贷款问题较为突出；我国金融业持续良好发展。

3.“一行三会”分业监管阶段（2003—2017 年）

2003 年 3 月，十届全国人大一次会议审议批准了国务院机构改革方案，授权成立中国银行业监督管理委员会（简称中国银监会）。至此，由中国人民银行、中国银监会、中国证监会、中国保监会组成的“一行三会”分业监管格局正式形成，我国的金融分业监管体制得到进一步完善。监管主体为中国人民银行、中国银监会、中国证监会、中国保监会；监管对象为存款类金融机构和非存款类金融机构。此阶段的特征表现为：机构监管保持不变；中国人民银行金融监管的地位有所提升；银行、保险、证券、信托等股份制金融机构迅速发展扩张；分业监管机制较好地适应了金融市场成长期需求，监管分工迅速提高了监管的专业化水准；我国金融业继续良好发展。

4.“一委一行两会一局” 新格局（2017 年至今）

2017 年 11 月，国务院金融稳定发展委员会（简称国务院金融委）成立，负责统筹金融改革发展与监管的重大事项，明显提升了金融监管权威性和有效性。2018 年，中国银监会和中国保监会实现职能整合，组建中国银行保险监督管理委员会（简称中国银保监会），这是我国金融监管体制的一次重大调整，监管的权威性和协调性进一步加强，现代金融监管体系持续完善。目前，我国已经形成了国务院金融委统筹，“一行”“两会”“一局”（即中国人民银行、中国证监会和中国银保监会、国家外汇管理局）和地方分工负责的金融监管新格局。这一全新的金融监管体系有利于解决监管交叉与监管空白并存等问题，有利于促进金融创新，有利于防范系统性金融风险。

《中华人民共和国国民经济和社会发展第十四个五年规划和 2035 年远景目标纲要》提出，要完善现代金融监管体系，补齐监管制度短板，在审慎监管前提下有序推进金融创新，健全风险全覆盖监管框架，提高金融监管透明度和法治化水平。这一部署对于保障金融稳定和国家安全、推进国家治理体系和治理能力现代化、实现经济与社会高质量发展具有十分重要的意义。

（二）我国现行金融监管体制的构成

1. 国务院金融委

国务院金融稳定发展委员会的设立旨在强化人民银行宏观审慎管理和系统性风险防范职责，强化金融监管部门监管职责，确保金融安全与稳定发展。金融委的主要职责包括：落实党中央、国务院关于金融工作的决策部署；审议金融业改革发展重大规划；统筹金融改革发展与监管，协调货币政策与金融监管相关事项，统筹协调金融监管重大事项，协调金融政策与相关财政政策、产业政策等；分析研判国际国内金融形势，做好国际金融风险应对，研究系统性金融风险防范处置和维护金融稳定重大政策；指导地方金融改革发展与监管，对金融管理部门和地方政府进行业务监督和履职问责等。

2. 中国人民银行

中国人民银行现行职能由主要通过银行业金融机构的设立审批、业务审批和高级管理人员任职资格审查和日常监督管理等直接监管的职能，转换为履行对金融业宏观调控和防范与化解系统性风险的职能，即维护金融稳定职能。在金融监管方面，中国人民银行被赋予了金融稳定、反洗钱和征信管理等和监管有关的重要职能。主要监管职能包括：牵头建立宏观审慎管理框架、制定审慎监管基本制度、负责宏观审慎管理；牵头负责系统性金融风险防范和应急处置，负责金融控股公司等金融集团和系统重要性金融机构基本规则制定、监测分析和并表监管，视情责成有关监管部门采取相应监管措施，并在必要时经国务院批准对金融机构进行检查监督；监督管理银行间债券市场、货币市场、外汇市场、票据市场、黄金市场及上述市场有关场外衍生产品；牵头负责跨市场跨业态跨区域金融风险识别、预警和处置，负责交叉性金融业务的监测评估；牵头负责重要金融基础设施建设规划并统筹实施监管，推进金融基础设施改革与互联互通，统筹互联网金融监管工作；统筹国家支付体系建设并实施监督管理；承担全国反洗钱和反恐怖融资工作的组织协调和监督管理责任，负责涉嫌洗钱及恐怖活动的资金监测。

3. 中国银保监会

中国银保监会依照法律法规统一监督管理银行业和保险业，维护银行业和保险业合法、稳健运行，防范和化解金融风险，保护金融消费者合法权益，维护金融稳定。主要监管职责包括：对全国银行业和保险业实行统一监督管理，维护银行业和保险业合法、稳健运行；对银行业和保险业改革开放和监管有效性开展系统性研究；参与起草银行业和保险业重要法律法规草案以及审慎监管和金融消费者保护基本制度；依据审慎监管和金融消费者保护基本制度，制定银行业和保险业审慎监管与行为监管规则，制定小额贷款公司、融资性担保公司、典当行、融资租赁公司、商业保理公司、地方资产管理公司等其他类型机构的经营规则和监管规则，制定网络借贷信息中介机构业务活动的监管制度；依法依规对银行业和保险业机构及其业务范围实行准入管理，审查高级管理人员任职资格，制定银行业和保险业从业人员行为管理规范；对银行业和保险业机构的公司治理、风险管理、内部控制、资本充足状况、偿付能力、经营行为和信息披露等实施监管；对银行业和保险业机构实行现场检查与非现场监管，开展风险与合规评估，保护金融消费者合法权益，依法查处违法违规行为；负责统一编制全国银行业和保险业监管数据报表，履行金融业综合统计相关工作职责；建立银行业和保险业风险监控、评价和预警体系，跟踪分析、监测、预测银行业和保险业运行状况；会同有关部门提出存款类金融机构和保险业机构紧急风险处置的意见和建议并组织实施；依法依规打击非法金融活动，负责非法集资的认定、查处和取缔以及相关组织协调工作；根据职责分工，负责指导和监督地方金融监管部门相关业务工作；参加银行业和保险业国际组织与国际监管规则制定，开展银行业和保险业的对外交流与国际合作事务；负责国有重点银行业金融机构监事会的日常管理工作。

4. 中国证监会

中国证监会依照法律、法规和国务院授权，统一监督管理全国证券期货市场，维护证券期货市场秩序，保障其合法运行。其基本职能包括：建立统一的证券期货监管体系，按规定对证券期货监管机构实行垂直管理；加强对证券期货业的监管，强化对证券期货交易所、上市公司、证券期货经营机构、证券投资基金管理公司、证券期货投资咨询机构和从事证券期货中介业务的其他机构的监管，提高信息披露质量；加强对证券期货市场金融风险的防范和化解工作；负责组织拟订有关证券市场的法律、法规草案，研究制定有关证券市场的方针、政策和规章；制定证券市场发展规划和年度计划；指导、协调、监督和检查各地区、各有关部门与证券市场有关的事项；对期货市场试点工作进行指导、规划和协调；统一监管证券业。

5. 国家外汇管理局

国家外汇管理局是我国从事外汇管理的职能机构，是国务院部委管理的国家局，总局设在北京，由中国人民银行归口管理。在金融监管体制下，外汇管理局构建跨境资本流动“宏观审慎+微观监管”两位一体管理框架。宏观审慎以市场化方式逆周期调节外汇市场顺周期波动，防范国际经济金融风险跨市场、跨机构、跨币种、跨国境传染，维护外汇市场基本稳定。微观监管依法依规维护外汇市场秩序，强调反洗钱、反恐怖融资和反逃税，保持政策和执法标准跨周期的稳定性、一致性和可预期性。

国家外汇管理局主要监管职能包括：负责国际收支、对外债权债务的统计和监测，按规定发布相关信息，承担跨境资金流动监测的有关工作；负责全国外汇市场的监督管理工作，承担结售汇业务监督管理的责任，培育和发展外汇市场；负责依法监督检查经常项目外汇收支的真实性、合法性，负责依法实施资本项目外汇管理，并根据人民币资本项目可兑换进程不断完善管理工作，规范境内外外汇账户管理；负责依法实施外汇监督检查，对违反外汇管理的行为进行处罚；承担国家外汇储备、黄金储备和其他外汇资产经营管理的责任；拟订外汇管理信息化发展规划和标准、规范并组织实施，依法与相关管理部门实施监管信息共享。

本章小结

1. 金融监管是金融监督与金融管理的总称。狭义的金融监管是指中央银行或其他金融监管当局依据国家法律规定对整个金融业（包括金融机构和金融业务）实施的监督管理。广义的金融监管在上述含义之外，还包括金融机构的内部控制和稽核、同业自律性组织的监管、社会中介组织的监管等内容。

2. 金融监管的特征包括金融监管与金融创新并重、强调监管效益最大化、重视科学技术运用以及全球化金融监管合作不断增强等。

3. 金融监管的必要性体现在金融业的高风险性、脆弱性的要求；金融业外部性的要求以及金融业公共性的要求。

4. 金融监管主要包括三大目标，即安全性目标、公平性目标和效率性目标。

5. 金融监管原则包括依法监管原则、公开公正原则、效率原则、独立性原则和协调性原则。

6. 金融监管当局综合运用多种手段实施金融监管，主要包括法律手段、经济手段、行政手段、技术手段等。

7. 金融监管内容包括市场准入监管、业务运营监管和市场退出监管。

8. 金融监管体制模式主要分为集中统一监管体制模式、分业监管体制模式、不完全统一监管体制模式。

9. 改革开放以来，我国金融监管体制经历了四个阶段的演变，最终形成 “一委一行两会一局”即国务院金融稳定发展委员会统筹，中国人民银行、中国证券监督管理委员会、中国银行保险监督管理委员会、国家外汇管理局和地方分工负责的金融监管新格局。

重要概念

金融监管　市场准入监管　业务运营监管　市场退出监管　金融监管体制
集中统一监管体制模式　分业监管体制模式　不完全统一监管体制模式

选 择 题

1. 金融监管内容主要包括（　　）。

A. 市场准入监管　　B. 业务运营监管

C. 金融机构行政监管　　D. 市场退出监管

2. 金融监管体制模式主要分为（　　）。

A. 集中统一监管体制模式　　B. 分业监管体制模式

C. 牵头式监管体制模式　　D. 双峰式监管体制模式

3. 我国现行金融监管体制为（　　）。

A. “一行”集中监管　　B. “三足鼎立”分业监管

C. “一行三会”分业监管　　　　D. “一委一行两会一局”新监管格局

复习思考题

1. 什么是金融监管？它具有哪些特征？

2. 金融监管的必要性主要体现在哪些方面？

3. 金融监管的目标有哪些？监管过程中需要遵循哪些原则？

4. 金融监管当局综合运用多种手段实施金融监管，主要包括哪些手段？监管的主要内容是什么？

5. 金融监管体制模式分为哪几类？简述我国金融监管体制的演变。

实训案例

实训案例一：更好建设金融稳定长效机制守住不发生系统性风险底线——人民银行副行长宣昌能在2022金融街论坛年会上的讲话（节选）

当前，全球发展面临不少新挑战和不确定性，国际金融风险增加。通胀持续维持高位，成为全球经济的最大挑战。百年变局和世纪疫情叠加，主要发达经济体央行快速收紧货币政策，全球经济衰退迹象已经显现，或将进入滞胀状态。值得关注的是，新冠疫情导致政府债务大幅增加，企业和家庭部门的资产负债表受到损害，全球杠杆率高企，金融市场容易受到情绪和宏观政策因素等的影响，债务较重的部分经济体对全球融资紧缩更加敏感，一些脆弱国家的经济金融走向有很大的不确定性。

从国内看，近期国民经济主要指标恢复企稳，积极因素累积增多，总体运行在合理区间。但也要看到，我国发展进入战略机遇和风险挑战并存时期，国内经济恢复基础仍不牢固。

党的十八大以来，在以习近平同志为核心的党中央坚强领导下，我国金融业改革发展稳定，取得历史性的伟大成就，金融服务实体经济能力和水平显著提高，金融风险整体收敛、总体可控，金融治理体系和治理能力现代化持续推进。同时也要看到，当前金融服务高质量发展任务艰巨，金融改革发展稳定面临一系列新课题新挑战，国内依然存在金融风险隐患，防范金融风险还须解决许多重大问题。

党的二十大报告明确指出，要守住不发生系统性风险底线。我们必须深入学习贯彻党的二十大精神，把习近平新时代中国特色社会主义思想贯彻落实到金融工作的各方面、全过程。必须按照党中央决策部署，深化金融体制改革，推进金融安全网建设，持续强化金融风险防控能力。在此，我借这个机会，与大家交流关于扎实推进金融稳定长效机制建设的一些体会和思考。

1.《巴塞尔协议Ⅲ》与系统性金融风险防范

牢牢守住不发生系统性金融风险的底线，切实维护金融稳定，已是我国金融监管的重中之重。资本是银行承担风险和吸收损失的首要资金来源，建立资本约束机制是促进商业银行稳健经营的重中之重。巴塞尔银行监管委员会（BCBS）在资本金约束规则的基础上，逐步推动形成银行业的监管规则体系。

2008 年国际金融危机后，巴塞尔委员会先后于 2010 年 12 月和 2017 年 12 月发布了《增强银行和银行体系稳健性的全球监管框架》和《后危机改革的最终方案》两份《巴塞尔协议Ⅲ》框架文本，在文中对资本工具的定义进行了调整，提出杠杆率、流动性覆盖率、净稳定资金比例等监管要求，强化了流动性监管，增加流动性覆盖率和净稳定融资比率指标，提出资本留存缓冲和逆周期资本缓冲的要求，体现了宏观审慎监管理念，形成了宏观审慎和微观审慎相结合的全新金融监管框架。

随着《巴塞尔协议Ⅲ》最终版落地在即，我国开始筹备相关管理办法的修订工作。2022 年 7 月 1 日，在银保监会发布的《中国银保监会 2022 年规章立法工作计划》中，就明确提出了关于《商业银行资本管理办法（试行）》的修订计划。

然而，《巴塞尔协议Ⅲ》也绝非万能药，还存在一些不足。从防范和化解金融风险的角度，《巴塞尔协议Ⅲ》主要还是围绕资本监管这一指标进行“修修补补”，对于系统性风险的管理主要集中在微观层面的改进，并未触及本质制度安排。系统性风险的防范还需要其他配套制度和措施同向发力。

2. 实施并完善存款保险制度

存款保险是防止挤兑、促进银行体系稳定运行的一项基础性制度安排，是现代金融安全网的重要组成部分。在多年深入调查研究和广泛征求意见的基础上，2015 年我国《存款保险条例》正式实施，2022 年 6 月末全国共有 4018 家投保机构。

我国存款保险制度旨在加强对存款人的保护，推动形成市场化的风险防范和处置框架，建立维护金融稳定运行的长效机制，促进金融改革和银行业健康发展，目前这方面的作用正在逐步显现。在包商银行等高风险中小银行风险处置过程中，存款保险的很多功能得到了有效发挥。随着风险差别费率、早期纠正、风险处置等核心机制逐步发挥作用，未来对存款类金融机构的市场约束更强，有助于及时防范和化解金融风险，进一步提升金融安全网的整体效能，助推金融业稳健发展。

3. 健全宏观审慎管理体系

2008 年国际金融危机后，国际社会从“逆周期、防传染”的视角，重新检视和强化金融监管安排，完善分析框架和监管工具，强化宏观审慎管理在某种意义上已成为全球性共识。健全宏观审慎管理体系，避免金融风险跨机构、跨市场传染，加强对系统重要性金融机构的统筹监管，逐步将主要金融活动、金融市场、金融机构和金融基础设施纳入宏观审慎管理。

从全球看，近年来，主要经济体货币政策超常宽松、政府部门过度举债、资产市场泡沫化严重、金融产品复杂化等问题反复引发金融隐忧。例如，近期英国政府减税计划引起金融市场大幅震荡，英格兰银行被迫暂缓收紧货币政策，来稳定金融市场。

我国在宏观审慎管理方面取得了积极进展。例如，2020 年 9 月，中国人民银行、银保监会发布了《关于建立逆周期资本缓冲机制的通知》；2021 年 12 月，中国人民银行发布了《宏观审慎政策指引（试行）》，等等。中央银行如何有效实施宏观审慎管理，如何与货币政策良好配合形成双支柱宏观政策框架，仍然是一个值得探索的前沿课题。

4. 加强全球系统重要性银行总损失吸收能力建设

全球系统重要性金融机构规模大、复杂性高、与其他金融机构关联性强，在金融体系中提供关键的金融服务，对整个金融体系高效运行有着重要影响。在 2008 年金融危机中，西方国家通过提供担保、直接注资、购买问题资产等方式救助大型银行集团，付出了高昂的公共成本，不但增加了财政负担，还导致"大而不能倒"的道德风险。总损失吸收能力（TLAC）就是在这个背景下提出的，TLAC 强调应当由股东和机构债权人先行吸收损失，降低公共资金救助成本，力图从根本上解决"大而不能倒"问题。

2015 年，金融稳定理事会（FSB）正式发布 TLAC 条款，对全球系统重要性银行（G-SIBs）提出了 TLAC 要求，要求确保全球系统重要性银行在处置中具备充足的损失吸收和资本重组能力，在陷入危机时，首先采取"内部纾困（bail-in）"或"自救"的方式，维持关键业务和服务功能的连续性，避免动用公共资金进行"外部援助（bail-out）"。目前，TLAC 监管国际标准已成为相关国家监管当局和市场参与者评估单家全球系统重要性银行稳健性的重要指标。

2011 年以来，中国银行、中国工商银行、中国农业银行、中国建设银行相继被认定为全球系统重要性银行，未来交通银行、招商银行等也可能进入全球系统重要性银行名单。

加强我国全球系统重要性银行 TLAC 建设，保障其具有充足的损失吸收和资本重组能力，有助于增强我国金融体系的稳定性和健康性，防范化解系统性金融风险。2021 年 10 月，中国人民银行、银保监会和财政部发布《全球系统重要性银行总损失吸收能力管理办法》（简称《管理办法》），对我国全球系统重要性银行提出了 TLAC 监管要求，构建了全面的 TLAC 监管框架，有助于提高全球系统重要性银行服务实体经济和抵御风险能力，增强我国金融体系的稳定性和健康性。

2022 年 4 月，中国人民银行、银保监会发布《关于全球系统重要性银行发行总损失吸收能力非资本债券有关事项的通知》，在我国正式推出 TLAC 非资本债券这一创新型工具，进一步拓宽了我国全球系统重要性银行的 TLAC 补充渠道，丰富了债券市场产品序列，对我国金融市场的发展具有积极意义。

《管理办法》以我国系统重要性银行为监管对象，构建了我国的 TLAC 监管框架，对 TLAC 定义、构成、达标要求、监督检查和信息披露等方面进行了全面规范。应该说，我国的 TLAC 框架在与国际金融监管标准接轨的同时，也充分考虑了我国银行业发展实践。具体而言，主要体现在以下方面：

一是明确 TLAC 非资本债务工具的合格标准，理顺现有各类工具的损失吸收顺序；二是借鉴相关国际经验，允许存款保险基金计入 TLAC；三是合理安排 TLAC 非资本债务工具实施资本扣减规则的过渡期；四是强化监督检查要求，将 TLAC 监管与我国全球系统重要性银行的处置机制建设相结合，审查全球系统重要性银行的恢复与处置计划，评估 TLAC 工具的可执行性。

关于进一步推动我国TLAC达标，有以下几点思考和建议。

一是落实主体责任，国内全球系统重要性银行应建立完善的TLAC内部管理机制，制订中长期TLAC达标规划，确保2025年和2028年起分别满足TLAC监管要求。

二是推进TLAC工具的外源补充。统筹规划资本工具、TLAC非资本债务工具的发行。

三是推动TLAC工具发行，加大市场培育力度。应继续加大对TLAC非资本债务工具的市场培育力度，改善发行环境，拓宽投资者范围，鼓励我国全球系统重要性银行赴境外市场发行TLAC非资本债务工具。

四是完善制度框架，夯实法律基础。在《管理办法》基础上，进一步研究TLAC信息披露、内部TLAC规则等，不断完善我国TLAC监管制度体系，提高全球系统重要性银行在境内外的可处置性。

此外，可以考虑以修订《商业银行法》等相关法律为契机，进一步细化和明确银行破产债权等级序列，将TLAC非资本债务工具的清偿顺序和损失吸收能力进一步明确化、清晰化，更好地保障各类债权人在处置阶段的合法权益，确保处置程序有序展开。

金融是经营管理风险的行业，防范化解金融风险是金融工作的永恒主题。人民银行坚持以习近平新时代中国特色社会主义思想为指导，深入学习贯彻落实党的二十大精神，走中国特色金融发展之路，持续抓好金融改革发展稳定工作，建立维护稳定的金融长效机制，牢牢守住不发生系统性金融风险的底线。

资料来源：中国人民银行，http://www.pbc.gov.cn/goutongjiaoliu/113456/113469/4717915/index.html。

实训项目：结合上述资料，阐述金融监管的必要性，分析我国在建立维护稳定的金融长效机制方面，实施了哪些有效措施？

实训案例二：中国银保监会中国人民银行有关部门负责人就《关于规范商业银行通过互联网开展个人存款业务有关事项的通知》答记者问

为加强对商业银行通过互联网开展个人存款业务的监督管理，维护市场秩序，防范金融风险，保护消费者合法权益，银保监会办公厅、人民银行办公厅近日印发了《关于规范商业银行通过互联网开展个人存款业务有关事项的通知》(简称《通知》)。日前，银保监会、人民银行有关部门负责人就《通知》相关问题回答了记者提问。

1.《通知》的制定背景是什么？

近年来，商业银行为适应互联网金融发展的趋势，陆续通过互联网销售个人存款产品，在拓宽银行获客渠道、提高服务效率等方面进行了有益探索。然而，在发展过程中，也暴露出一些风险隐患，比如产品管理不规范、消费者保护不到位等。当前，对商业银行通过互联网开展存款业务，尚缺少针对性的监管制度。因此，亟需补齐制度短板，引导商业银行规范开展互联网渠道存款业务。

2.《通知》对商业银行通过互联网开展存款业务提出了哪些监管要求？

《通知》结合商业银行通过互联网开展存款业务的实际情况，有针对性地提出了相应监管要求：一是坚持依法合规。商业银行通过互联网开展存款业务，应当严格遵守法律法规和监管规定，不得借助网络等手段违反或者规避监管规定。二是强化风控管理。商业银行通过互联网开展存款业务，应当评估业务风险，完善风险治理架构。同时，持续监测和控制各类风险。三是规范销售行为。商业银行应当强化互联网渠道存款销售管理和网络安全防护，切实保护消费者合法权益，保障消费者个人信息安全。四是坚守发展定位。地方性法人商业银行应当确保通过互联网开展的存款业务，立足于服务已设立机构所在区域的客户。

3.《通知》明确商业银行不得通过非自营网络平台开展定期存款等业务，请问有什么考虑？

金融管理部门始终坚持审慎包容的监管导向，支持商业银行按照依法合规、风险可控的原则与非自营网络平台开展业务合作，更好地支持实体经济发展、服务人民生活。同时，依法将金融活动全面纳入监管，对同类业务、同类主体一视同仁。目前，保险公司、基金公司等通过非自营网络平台销售相关产品受到相应监管。存款作为最基础的金融服务，理应受到更为严格的监管。

商业银行通过非自营网络平台开展存款业务，是互联网金融快速发展的产物，最近业务规模增长较快。但该业务在发展过程中也暴露出一些风险隐患，涉嫌违反相关监管规定和市场利率定价自律机制相关要求，突破地方法人银行经营区域限制，并且非自营网络平台存款产品稳定性较差，对商业银行的流动性管理也带来挑战。因此，为防范金融风险，依法对上述定期存款以及定活两便存款业务予以叫停。需要指出的是，商业银行与非自营网络平台进行合作，通过开立Ⅱ类账户充值，为社会公众购买服务、进行消费等提供便利，这部分业务不受影响，可继续开展。

4.《通知》对已经通过商业银行非自营网络平台进行存款的消费者有何影响？

《通知》明确，商业银行通过非自营网络平台已经办理的存款业务，到期后自然结清。在此期间，相关存款依法受到保护，消费者可以依据法律规定和存款协议到期取款或者提前支取。商业银行应当继续提供查询、资金划转等相关服务，切实保障消费者合法权益。

5.《通知》发布实施后，如何推动商业银行稳妥整改、平稳过渡？

目前，相关商业银行通过非自营网络平台开展的存款业务规模不一，各自的经营状况也有所差别。为避免次生风险，《通知》明确监管部门可根据相关商业银行的风险水平，按照“一行一策”和“平稳过渡”的原则，督促商业银行稳妥有序整改。

资料来源：中国人民银行，www.pbc.gov.cn。

实训项目：根据上述资料，结合现代金融监管的特征以及原则，谈谈金融监管应该如何创新以适应金融科技蓬勃发展、新兴业态层出不穷所引发的金融市场监管新要求？

参 考 文 献

1. 弗雷德里克·S. 米什金. 货币金融学. 12 版. 北京：中国人民大学出版社，2021.
2. 黄达. 金融学. 5 版. 北京：中国人民大学出版社，2020.
3. 曹龙骐. 金融学. 6 版. 北京：高等教育出版社，2019.
4. 艾洪德，范立夫. 货币银行学. 2 版. 大连：东北财经大学出版社，2017.
5. 王广谦. 中央银行学. 5 版. 北京：高等教育出版社，2021.
6. 姚长辉，吕随启. 货币银行学. 5 版. 北京：北京大学出版社，2018.
7. 易纲，吴有昌. 货币银行学. 上海：格致出版社，上海人民出版社，2020.
8. 田娟娟，陈岗. 金融学. 北京：北京理工大学出版社，2021.
9. 李平. 金融学. 北京：北京理工大学出版社，2020.